Emma Allestein

Kleines Kochbuch für angehende Köchinnen

Emma Allestein

Kleines Kochbuch für angehende Köchinnen

ISBN/EAN: 9783743302068

Hergestellt in Europa, USA, Kanada, Australien, Japan

Cover: Foto ©Andreas Hilbeck / pixelio.de

Manufactured and distributed by brebook publishing software
(www.brebook.com)

Emma Allestein

Kleines Kochbuch für angehende Köchinnen

Kleines Kochbuch

für

angehende Köchinnen

und

kleinere Haushaltungen

von

Emma Allestein.

Neu bearbeitet von M. Schlömilch.

Auszug aus dem größeren Werke der Verfasserin:

Das beste bürgerliche Kochbuch.

Dritte Auflage.

Gera.

Hermann Kanitz' Verlag.

1898.

I. Vorbereitungen zum Kochen.

1. Backteig.

Hierzu rührt man $^8/_4$ Pfd. feines Mehl, 2 ganze Eier, 2 Eidotter, 3 Speiselöffel voll Rum, 35 Gr. zerlassene Butter, $^1/_2$ Theeköpfchen voll guter Hefen und so viel Milch zusammen, daß diese Masse so dick ist, wie die zum Eierkuchen; dann stellt man sie an einen warmen Ort und läßt sie eine Stunde aufgehen. — Man braucht diese Masse, um darin Kalbsfüße, junge Hühner oder Gebröschen zu tauchen, und diese dann in Schmelzbutter auszubacken.

2. Blanchieren.

Man blanchiert Hühner, Tauben, Kalbfleisch 2c., indem man diese Sachen in heißem Wasser aufkochen läßt, sie dann 10 Minuten in kaltes Wasser legt und bann darin rein abwäscht. Man thut dies, weil dadurch das Fleisch ein schöneres Aussehen bekommt und das Kalbfleisch, namentlich wenn es zu Braten oder Frikandons bestimmt ist, sich besser spicken läßt. Man blanchiert Reis, Hirse 2c., indem man beides in kaltem Wasser einigemal abquirlt und es dann in heißem Wasser einige Minuten ziehen läßt; das Wasser wird dann rein abgegossen. — Man blanchiert grünes Gemüse, indem man es wie das Fleisch aufkocht und dann in kaltes Wasser legt, das nach einigen Minuten rein ausgedrückt wird.

3. Butter, welche man zum Backen oder zu anderen Zwecken brauchen will, abzuklären. (Friture.)

Man thut die Butter in ein Kasserol, setzt dieses auf gelindes Feuer, damit die Butter langsam schmilzt, und läßt sie eine Stunde langsam kochen, aber ja nicht braun werden. Wenn nun die Butter klar und wie Öl aussieht, nimmt man sie vom Feuer weg und läßt sie einige Augenblicke ruhig stehen, damit sich das Salz zu Boden setzt. Hierauf nimmt man mit einem Schaumlöffel das obere Unreine ganz behutsam ab und gießt die reine klare Butter in einen

1

Topf, welcher recht rein ausgetrocknet ist. Es bleibt auf diese Weise alles Salzige und Quarkige zurück, welches letztere man aber zum Braten einer Kalbskeule gebrauchen kann.

4. Krebsbutter.

Um recht rote Krebsbutter zu bereiten, werden 15 Stück in kaltem Wasser rein gewaschene, mittelgroße Krebse in ein Kasserol mit $1\frac{1}{2}$ Liter kochendem Wasser und einem Theelöffel Salz gethan und nur so lange darin gekocht, bis die Krebse eine schöne rote Farbe annehmen, dann gießt man das Wasser rein ab. Die Krebse werden nun aufgebrochen, die Schwänzchen und das Scherenfleisch heraus- genommen, die sämtlichen Schalen der Scheren, mit Ausnahme der Köpfe und grauen Leiber, in einem Mörser recht klar gestoßen. Mit $\frac{3}{4}$ Pfd. frischer Butter schmort man die gestoßenen Schalen bei öfterem Umrühren in einem Kasserol langsam, bis die klare rote Butter hervortritt. Dann schöpft man dieselbe ab und läßt sie durch ein feines Drahtsieb in das Gefäß laufen, in welchem man sie aufbewahren will, und verbindet sie erkaltet gut, da sie, der Luft ausgesetzt, bald an Geschmack und Farbe verliert, wohlverwahrt sich aber ein paar Monate hält. Aus den noch fetten Schalen bereitet man, um sie noch auszunützen, eine kräftige Suppe oder Sauce, indem man 2 Speiselöffel feines Mehl unter die noch fetten Schalen rührt, und ebenso die zurückgelegten grauen Leiber der Krebse; man dünstet dieses nun noch 10 Minuten bei öfterem Um- rühren, füllt dann ein reichliches Liter Fleischbrühe darauf und läßt die Schalen noch eine halbe Stunde tüchtig kochen, salzt es noch ein wenig, gießt nun die sämige und kräftig schmeckende Brühe durch ein feines Drahtsieb ab und benutzt sie mit den ausgebrochenen Krebsschwänzchen und dem Scherenfleisch zu einer Suppe oder Sauce, zu Blumenkohl, auch jungem Kohlrabi.

5. Sardellenbutter.

$\frac{1}{4}$ Pfd. Sardellen werden rein gewaschen, nicht gewässert, mit einem Tuch getrocknet, von Gräten rein gemacht und in einem Mörser klargestoßen, dann mit 170 Gr. ungesalzener Butter durch- stoßen und durch ein feines Sieb gestrichen. Man gebraucht diese Butter zu manchen Saucen; außerdem giebt man sie zu gekochten

Kartoffeln und streicht sie bei kaltem Abendessen auf Semmelscheiben. Um den Geschmack noch angenehmer zu machen, giebt man in die Sardellenbutter noch etwas feingewiegte Petersilie und einige fein= gewiegte Kapern.

6. Estragonessig.

Dieser ist ebenfalls bei der Zubereitung brauner Saucen und Ragouts sehr zu empfehlen, auch jedem Salat giebt er einen beson= deren Wohlgeschmack. Hierzu nimmt man guten Rheinweinessig, und auf $3\frac{1}{2}$ Liter 3 Hände voll ganz junger, von den Stielen gereinigter Estragonblätter, giebt 8 kleine Stengel Basilikum, eben= soviel Thymian, und eine Schote spanischen Pfeffer dazu und läßt dieses zusammen in einer großen, wohlverwahrten Flasche einige Wochen an einem warmen Ort oder in der Sonne stehen. Alsdann wird dieser Essig durch eine Serviette gegossen und in einzelnen kleinen Flaschen verwahrt.

7. Das Abquirlen von Suppen oder Gemüsen.

Da viele Speisen beim Abquirlen sehr häufig gerinnen oder käsig werden, so ist es nicht überflüssig, das beste Verfahren beim Abquirlen bekannt zu machen. Es ist zwar besser, wenn man sich bloß des Eidotters beim Abquirlen bedient; allein unbegründet ist es, daß das Weiße dazu unbrauchbar sei. Zur Ersparnis der Eier kann dieses auch mitbenutzt werden, und macht die Speisen noch sämiger. Auf ein Ei nimmt man einen Löffel voll Mehl und einen Löffel voll Wasser, quirlt es gut untereinander, gießt dann von der Suppe oder Sauce, oder was sonst damit abgezogen werden soll, wenn selbiges in vollem Kochen ist, unter stetem Quirlen etwas davon hinzu und giebt es so zu der bestimmten Speise. War diese recht siebend heiß, so vermeide man das nochmalige Aufkochen, wo= durch das Gerinnen befördert wird. Oder man quirlt eine Speise auch ohne Mehl nur mit Eiern ab und nimmt dazu die Flüssigkeit, die zu derselben paßt (sei es Milch, Wein, Wasser), quirlt es gut untereinander und gießt es durch ein Sieb zu der Speise, damit nichts von den weißen Häutchen der Eier mit in dieselbe kommt. Man ziehe jede Speise erst kurz vor dem Anrichten ab, denn durch längeres Stehen gerinnt dieselbe; eine Ausnahme davon machen nur die Saucen, worin Essig oder Citronensäure enthalten ist.

1*

Sollte es aber dennoch vorkommen, daß eine schon abgequirlte
Speise längere Zeit vor dem Anrichten stehen müßte, so setze man
sie in einem Kasserol mit heißem Wasser warm und quirle sie öfter
auf, und wäre sie trotz dieser Vorsicht geronnen, so muß man sich
durch nochmaliges Abquirlen mit ein paar anderen Eiern helfen;
auf diese Weise verliert sich das Käsige wieder.

8. Das Spicken der Braten.

Man nehme zum Spicken schönen Luftspeck, oder solchen, der
nur schwach geräuchert ist, nicht zu dick, und schön weiß und fest
ist. Um die zum Spicken erforderlichen Speckfäden zu erlangen,
schneidet man zuerst von dem oberen weichen Teil des Speckes,
welchen man zu anderen Zwecken verwenden kann, so viel ab, daß
nur zweifingerhoch Speck auf der Schwarte bleibt, und schneidet
dann diesen letzteren in Stücke, die so breit sind, als die Speckfäden
lang werden sollen. Diese Stücke schneidet man nun mit einem
dünnen, scharfen Messer in der Quere von oben herab bis auf die
Schwarte in dünne Scheiben, drückt dieselben dann fest aneinander,
stellt das Speckstück auf die hohe Kante und schneidet es in Fäden
von der Dicke, wie man diese zu haben wünscht. Um gut zu spicken,
müssen die Fäden möglichst gleich und scharfkantig geschnitten sein.
Will man nun eine Rindslende spicken, so legt man dieselbe der
Länge nach auf ein reines Brett vor sich hin, hält sie mit der linken
Hand und fängt von der Mitte der Lende zu spicken an. Man
macht sich mit der Spitze der Spicknadel drei erkennbare Linien quer
über die Lende, jede 2 bis 3 Centimeter breit von der anderen entfernt, sticht dann die flachgehaltene Spicknadel am äußersten linken
Ende der untersten Linie so in das Fleisch, daß die Spitze auf der
ersten Linie wieder herauskommt, steckt dann einen Speckfaden in
die Nadel und zieht diese schnell und geschickt durch das Fleisch, so
daß der Speck mit einem Drittel seiner Länge im Fleische stecken
bleibt und auf der oberen und unteren Linie ein Drittel heraussteht,
führt nun dicht daneben auf gleiche Weise einen Speckfaden durch
das Fleisch und fährt so fort, bis die erste Reihe fertig gespickt ist.
Dann bezeichnet man unter der dritten Linie eine vierte und spickt
eine zweite Reihe, indem man die Nadel in der vierten Reihe ein-
sticht und in der zweiten herauszieht; dann bezeichnet man eine

fünfte Linie und sticht von dieser bis zur britten, so fährt man fort, bis die ganze Lende dicht und kraus bespickt ist. Hirsch-, Rehrücken und Hasen spickt man auf gleiche Weise, aber nicht der Quere, sondern nach der Länge des Wildprets.

9. Bouillon.

Um eine gute Bouillon zu bereiten, ist es ein Haupterfordernis, daß man gut ausgewachsenes Rindfleisch nimmt; über die Wahl des Stückes kann man keine bestimmte Vorschrift geben, weil es namentlich in kleinen Städten schwer ist, das Fleisch so zu erhalten, wie man es eben wünscht. Eine Hauptregel ist sowohl bei dem Kochen als Braten, daß man das Fleisch nicht einwässert, weil es dadurch einen großen Teil der Kraft verliert, sondern es bloß in lauwarmem Wasser rein abwäscht.

Man setzt 3 Pfd. Rindfleisch mit 3 Liter kaltem Wasser zu, so daß der Topf nicht ganz voll ist, damit der Inhalt desselben nicht überlaufen kann, und wenn er zu kochen anfängt, nimmt man sorgfältig allen Schaum ab. Nun thut man ½ Speiselöffel Salz, ein kleines Stückchen Ingwer, 2 Lorbeerblätter, einige Pfefferkörner, eine Möhre, ¼ Kopf Sellerie, ebensoviel Kohlrabi, eine Petersilienwurzel und eine Zwiebel mit der gelben Schale dazu und läßt es 3 Stunden wohl zugedeckt langsam kochen. In Ermangelung der Sellerie- oder Petersilienwurzel kann man auch nur etwas Kraut von beiden zusammenbinden und mitkochen lassen; kocht die Brühe zu schnell ein, so muß man öfters etwas heißes Wasser zugießen, so daß, wenn das Fleisch weich ist, man noch 2 Liter Brühe hat. Will man die Fleischbrühe nun zu Suppe oder Gemüse verbrauchen, so gießt man sie durch ein Haarsieb rein ab; zu Sagosuppe ist es, um sie ganz rein zu haben, noch besser, wenn man sie durch ein reines, leinenes, vorher aber gebrühtes Tuch gießt, oder man quirlt, um die Fleischbrühe ganz klar zu haben, einige Eiweiß mit etwas Wasser, gießt diese in die etwas vom Feuer genommene Bouillon, läßt sie dann wieder bis zum Kochen heiß werden und nimmt dann den Eiweißschaum, der alles Unreine an sich gezogen hat, sorgfältig mit dem Schaumlöffel ab, worauf man sie durch das leinene Tuch gießt. Gestandene Fleischbrühe muß man, wenn man sie benutzen will, ehe man sie ans Feuer setzt, langsam in einen anderen Topf gießen,

damit der Bodensatz zurückbleibt. Einige getrocknete Steinpilze
oder Champignons geben der Fleischbrühe einen noch kräftigeren
Geschmack; will man ihr eine schöne dunklere Farbe geben, so legt
man die zur Bouillon bestimmten Möhren, ehe man sie an das
Fleisch thut, in die obere Röhre des Ofens und läßt sie wie einen
Apfel braun braten, oder man schmort mit wenig Fett in einem
kleinen Tiegel Möhren, Kohlrabi und Sellerie schön braun und giebt
dies in die Fleischbrühe, die Zwiebel dagegen wird mit der gelben
Schale ungeschmort zur Brühe gethan. Notwendig ist es, daß das
Fleisch im Anfang schnell kocht, weil sich dadurch der Schaum
schneller aus dem Fleisch herauszieht; später darf es nur mäßig
kochen, doch nicht aus dem Kochen herauskommen, weil sonst das
Fleisch weniger saftig wird.

II. Zubereitung der Bouillon-Suppen, Wasser- und Weinsuppen und Kaltschalen.

Bouillon-Suppen.

10. Legierte weiße Suppe.

Man schwitze in 60 Gr. frischer Butter einen Speiselöffel Mehl hellgelb, fülle dies mit 1 Liter heißer Fleischbrühe auf und koche es unter beständigem Quirlen rasch auf. Dann quirle man die Suppe mit 2 Eidottern ab und richte sie über geröstete Weißbrotstreifen an.

11. Billige Suppe à la reine.

Von der Zulage der Kalbskeule oder den Abgängen von Koteletten schneidet man alles Fleisch ab und setzt die Knochen mit Wurzelwerk, Salz, Gewürz und kaltem Wasser zum Kochen zu. Das Fleisch wird in kleine Stücke geschnitten, mit etwas frischer Butter und Wurzelwerk weich, aber nicht braun gedämpft, 1 bis 2 Eßlöffel Mehl daran gestäubt und mit der Brühe der Knochen aufgefüllt. Dazu thut man einige Scheibchen Semmel ohne Rinde, 1 Zweig Thymian, Estragon und Basilikum und läßt alles langsam durchkochen. 2 bittere Mandeln werden in etwas Milch gerieben, ¼ Stunde stehen gelassen, dann ein Eigelb daran gequirlt und damit die Suppe, die man vorher durch ein feines Sieb schlägt, abgezogen.

12. Krebssuppe.

Für 8 Personen rechnet man 20 Stück Krebse von mittlerer Größe, kocht sie in leichtem Salzwasser ab und bricht sie dann gehörig aus. Die Schwänze und das Fleisch der Scheren legt man beiseite, aus den Nasen putzt man das Bittere rein aus und stößt sie nebst den übrigen Schalen, mit Ausnahme der grauen, faserigen Bauchstücke, in einem Mörser ganz klar. Hierauf zerläßt man in einem Kasserol ¹/₄ Pfd. Butter, thut die gestoßenen Schalen hinein und läßt sie so lange schmoren, bis es schön hellrot aussieht (ungefähr eine halbe Stunde), rührt es dabei aber immer fleißig um. Nun thut man 1 Eßlöffel feines Weizenmehl und für 3 Pfennige altbackene, zerschnittene Semmeln dazu und läßt es noch etwas schmoren, füllt es hierauf mit Kalbs-, Hühner- oder Rindsbrühe auf und läßt es 1¹/₂ Stunden kochen. Alsdann streicht man die Suppe durch ein feines Haarsieb und zieht sie mit 2 bis 3 hartgekochten Eidottern oder ebensoviel rohen, die man in einer Obertasse voll Rahm glatt gerührt hat, ab, doch machen die hartgekochten Eidotter die Suppe noch sämiger. Diese darf, nachdem die Eier daran sind, nicht wieder kochen, sondern muß nur heißgestellt werden. Dann richtet man sie über die Schwänze der Krebse, über Hühner- und Taubenmagen oder auch Gebröschen, Blumenkohl, Spargel und Morcheln an.

13. Rebhühnersuppe mit Linsen.

Zwei bis drei Rebhühner werden mit Gewürz, Wurzelwerk, Salz und 1¹/₂ Liter Wasser weich gekocht. 250 Gr. Linsen werden gelesen, in Salzwasser weich ausgequollen und durch ein Sieb geschlagen. Dann schwitzt man in 50 Gr. Butter einen Löffel Mehl mit einer feingewiegten Zwiebel hellbraun, rührt die durchgeschlagenen Linsen dazu, füllt dies mit der Brühe, worin die Rebhühner gekocht worden sind, auf, giebt ein Weinglas Madeira dazu und quirlt die Suppe glatt. Dann läßt man die Rebhühner darin noch 10 Minuten anziehen. Beim Anrichten schneidet man die Rebhühner in zwei Teile, legt in jeden Suppenteller ¹/₂ Rebhuhn und gießt die Suppe darüber.

14. Portulak-Suppe.

Von 2 Händen voll Portulak nimmt man bloß die Blättchen, reinigt sie von Stielen und wäscht sie; dann läßt man 35 Gr. Butter in einem Kasserol zergehen, thut den Portulak hinein und läßt ihn schmoren. Währenddessen setzt man die Fleischbrühe ans Feuer; wenn sie kocht, quirlt man 2 Eidotter mit 1 Eßlöffel Mehl

und etwas Waffer und zieht damit die Fleischbrüh. ab, thut den
Portulak und etwas feingeſtoßene Muskatblüte hinzu, läßt es noch
einige Minuten anziehen, aber nicht kochen, weil ſich ſonſt die Eier
hacken, und richtet die Suppe dann an.

15. Franzöſiſche Wurzelſuppe.

Man ſchneidet Wurzelwerk, als Möhren, Sellerie, Kohlrabi,
in feine Streiſchen wie Nudeln, kocht dieſe in Bouillon weich und
giebt dann braune Jus dazu. Dieſe Suppe richtet man über Eier-
Gelee, Morcheln, Gebröschen oder auch nur über geröſtete Semmeln
an. Zu dem Eier-Gelee nehme man 2 Obertaſſen voll Sahne oder
Milch, 4 Eier, etwas Salz und etwas auf einer Citrone abgeriebenen
Zucker, quirle alles wohl durcheinander, decke das Töpfchen wohl
zu, ſetze es in ein Kaſſerol mit heißem Waſſer und laſſe es während
$^3/_4$ Stunde gar kochen.

16. Grüne Kräuterſuppe.

Man nehme etwas Spinat, Kerbel, Sauerampfer, Tripmadam,
Schnittlauch, Pimpinelle, Gundermann, Porreezwiebel und einige
Blätter Eſtragon. Dieſes alles wird gereinigt, gewaſchen und abgebrüht, dann fein gewiegt, in 65 Gr. Butter einige Minuten ge-
ſchmort, dann 1 Löffel voll feines Mehl darunter gerührt und etwas
verſchwitzen laſſen. Hierauf füllt man es mit Fleiſchbrühe auf und
läßt es $^1/_4$ Stunde kochen. Läßt man die Suppe länger kochen, ſo
verliert ſie ihre ſchöne Farbe und wird ſchwarz. Man richtet die
Suppe über geröſtete Semmelſcheiben, Blumenkohl, Spargel und
Semmelklößchen an; ebenſo kann man Hühner- und Taubenmagen
hinein thun, auch kann man die Suppe mit ein paar Eidottern abquirlen.

17. Grünkorn-Suppe.

Für 4 Perſonen nimmt man 150 Gr. Grünkorn, quirlt es
in Waſſer ab, gießt dieſes fort und $^1/_4$ Liter friſches Waſſer darauf.
So läßt man es 2 bis 3 Stunden ſtehen. Dann giebt man 50 Gr.
friſche Butter dazu und läßt die Suppe 2 Stunden lang kochen.
Man achte darauf, daß ſie ſich nicht anlegt oder einkocht. Dann
ſchlägt man ſie durch ein Sieb, gießt $^3/_4$ Liter Fleiſchbrühe dazu

und quirlt die Suppe mit 2 Eidottern ab. Man richtet sie über geröstete Weißbrotstreifchen an.

18. Suppe von Schwarzwurzel (vorzüglich).

3 bis 4 Hände voll geputzter und in zolllange Stückchen geschnittene Schwarzwurzel dämpft man in einem eigroßen Stück Butter und ein paar Speiselöffeln voll Fleischbrühe ziemlich weich, doch dürfen die Wurzeln nicht braun werden, stäubt einen gehäuften Speiselöffel Weizenmehl daran, füllt, nachdem das Mehl etwas verschwitzt hat, 1 Liter gute Fleischbrühe darauf und läßt es nun 1 Stunde kochen. Beim Anrichten giebt man die Suppe durch das Brühsieb über geröstete Semmelscheibchen oder kleingeschnittene Hühnermagen und Lebern.

19. Eier-Gelee in die Suppe.

$1/4$ Liter kalte Fleischbrühe, 4 Eier, ein knapper Kaffeelöffel Mehl, etwas Salz, Muskatblüte und nach Belieben etwas klare Peterfilie werden zusammengequirlt, in ein Kasserol mit kochendem Wasser gesetzt und so lange gekocht, bis es steif ist, etwa $3/4$ Stunde. Das Suppen-Gelee schmeckt auch sehr gut, wenn man statt der Fleischbrühe und Peterfilie ebensoviel Milch und etwas Citronenzucker nimmt; um dem Eier-Gelee eine schöne Farbe zu geben, giebt man eine Messerspitze aufgelösten Safran dazu. Reicht zu 10 Teller Suppe.

20. Reissuppe.

Auf 1 Liter Fleischbrühe rechnet man 65 Gr. Reis. Man liest und blanchiert den Reis, dann gießt man das Wasser ab, thut den Reis in die kochende Fleischbrühe und läßt ihn, je nachdem man denselben gern weich ißt, 30 bis 40 Minuten kochen.

21. Suppe mit ausgestochenem Reis.

Man läßt $1/8$ Pfd. Reis, nachdem man ihn blanchiert hat, in einem halben Liter Wasser ganz dick und langsam ausquellen und rührt, wenn der Reis ganz weich ist, kurz vor dem Anrichten $1/4$ Pfd. Butter, 4 Eier, etwas Salz und Muskatblüte darunter. Man drückt nun diesen Reis in eine leicht mit Butter ausgestrichene Assiette, läßt sie eine Weile warm stehen, stürzt ihn dann auf einen Teller und giebt ihn auf diese Weise zur klaren Bouillon-Suppe, in die man noch Spargel, Blumenkohl, Gebröschen und Morcheln thun kann; ober man sticht den Reis auch gleich löffelweis ab und thut ihn in die Terrine zur Suppe. Braune Bouillon sieht zu dieser Suppe schöner aus als gewöhnliche helle. Zu 10 Teller Suppe.

22. Mehlnocken.

Hierzu werden 100 Gr. Butter schaumig gerührt, dann ein Eibotter dazu, dann $^1/_2$ Eischale kalte Milch gut verrührt, dann ein zweites Eibotter und nochmals $^1/_2$ Eischale kalte Milch tüchtig darunter gerührt, dann etwas Salz, Muskatblüte, $^1/_4$ Liter feines Mehl und zuletzt der steife Schnee der Eiweiß dazu gegeben. In kochendem Salzwasser werden die Nocken in 10 Minuten gar gekocht und gleich in der Bouillon aufgetragen. Reicht für 5 bis 6 Personen. Beim Abstechen der Nocken muß man immer den Löffel in heißes Wasser tauchen.

23. Nocken von Kartoffelmehl.

Man läßt 65 Gr. Butter zergehen, giebt 100 Gr. Kartoffelmehl und $^1/_4$ Liter kochende Sahne dazu und rührt diese Masse auf dem Feuer so lange, bis sie sich vom Kasserol ablöst, dann läßt man sie verkühlen. Nun quirlt man 4 Eibotter recht tüchtig untereinander, rührt sie zu dem Mehlbrei, giebt dann etwas Salz und den festen Schnee der 4 Eiweiß dazu, sticht mit einem Löffel Häufchen davon, läßt sie in kochendem, leicht gesalzenem Wasser 8 bis 10 Minuten kochen und giebt sie dann mit der kochenden Bouillon in die Terrine. Reicht für 9 Personen.

24. Suppe mit Schwemmklößchen.

Man schlägt 2 Eiweiß in eine Obertasse und füllt den übrigen Raum der Tasse mit Milch aus, schüttet dies in ein kleines Kasserol und rührt solches mit einer Obertasse feinen Mehls und 35 Gr. Butter auf dem Feuer so lange ab, bis sich die Masse vom Kasserol löst. Man muß aber beständig rühren, damit es nicht anbrenne. Wenn es nun erkaltet ist, rührt man die 2 Eibotter, etwas Salz und Muskatblüte dazu, sticht mit einem Löffel kleine Klößchen aus, thut sie in die kochende Fleischbrühe und läßt sie zugedeckt 8 bis 10 Minuten kochen. Für 4 bis 5 Personen.

25. Suppe mit Semmellößchen.

80 bis 100 Gr. Butter werden mit 3 Eidottern zu Schaum gerührt, dann für 3 Pfennige geriebene Semmel, etwas Salz, etwas Muskatblüte und der Schnee von 2 Eiweiß dazu gegeben. Hieraus macht man kleine Klößchen und kocht sie in Fleischbrühe oder auch nur Salzwasser 8 bis 10 Minuten und richtet dann die Bouillon mit etwas klargehackter Petersilie darüber an.

26. Zerfahrene Suppe.

Man quirlt 40 bis 50 Gr. zerlassene Butter, 2 bis 3 ganze Eier und für 2 bis 3 Pfennige geriebene Semmel, etwas Salz und Muskatblüte wohl untereinander und gießt diese Masse langsam in die kochende Fleischbrühe, worin sie einigemal aufkochen muß. Die Masse muß so lauter sein, daß sie tropft; wäre sie es nicht, so giebt man etwas kaltes Wasser oder Milch dazu. Für 4 bis 5 Personen.

27. Sagosuppe.

Man quirlt 1/2 Obertasse Sago (am besten indischen) in kaltem Wasser ab und läßt ihn ca. 1 1/2 Stunde mit einem kleinen Stück Citronenschale in 1 Liter kochender, guter Fleischbrühe langsam bei öfterem Umrühren aufquellen. Beim Anrichten giebt man den Saft einer halben Citrone oder etwas Weißwein dazu. Die Brühe zur Sagosuppe muß ganz klar sein, weil die Suppe sonst schlecht aussieht; ist sie es nicht, so muß man sie, ehe man sie zum Feuer setzt, abklären, wie bei der Bouillon (Nr. 9) angegeben ist.

28. Gerstel.

125 Gr. große Graupen werden gelesen und zweimal mit kaltem Wasser gewaschen, dann nimmt man 1/4 Liter Milch und 60 Gr. frische Butter und läßt die Graupen darin 2 Stunden langsam weich dünsten, füllt sie währenddem nach und nach mit Fleischbrühe auf, gießt sie vor dem Anrichten durch das Fleischbrühsieb und zieht sie mit 2 Eidottern ab.

29. Gräupchensuppe.

Kleine Gräupchen quirlt man einigemal mit lauem Wasser und läßt sie dann in der Fleischbrühe $1^1/_2$ Stunde kochen; bei dem Anrichten quirlt man sie mit ein paar Eidottern, einem Weinglas weißen Wein und dem Saft einer halben Citrone ab, oder man richtet sie auch nur über etwas kleingewiegte Petersilie an. Auf 1 Liter Fleischbrühe rechnet man ebenfalls eine reichliche halbe Obertasse oder 65 Gr. Graupen. Große Graupen kochen 2 Stunden; gut schmecken diese auch in der Brühe von Pökelfleisch gekocht. Man schneidet dann hieran $^1/_2$ Kopf Sellerie kleinwürflig, läßt ihn mit den Graupen $^1/_2$ Stunde kochen und richtet sie dann über etwas gewiegte Petersilie an.

30. Griessuppe.

Eine reichliche halbe Obertasse Gries quellt man in 1 Liter kochender Fleischbrühe oder auch nur Wasser in $^1/_4$ Stunde aus, quirlt ihn dann mit einem Eidotter ab, thut nach Belieben auch etwas Citronensaft daran, oder richtet ihn auch nur über feingewiegte Petersilie an. Kocht man den Gries in Wasser, so thut man 80—100 Gr. Butter oder Rindsfett daran und läßt dies mitkochen.

31. Nudelsuppe.

Alle Sorten Nudeln werden in 20 Minuten in Fleischbrühe weich gekocht; mit Ausnahme der Maccaroni, die man erst in Salzwasser 1 Stunde weich kocht, dann noch 20 Minuten in Bouillon ziehen läßt und geriebenen Parmesankäse dazu giebt. Auf 1 Liter Fleischbrühe rechnet man 65 Gr. Nudeln.

Wasser-Suppen.

32. Gewöhnliche Wassersuppe.

Man ist sehr oft genötigt, wenn man keine Bouillon hat, sich mit einer Wassersuppe zu begnügen, und es ist deshalb angenehm, auch darin einige Mannigfaltigkeit zu haben, und zu wissen, wie man sie am besten bereitet. — Jede Wassersuppe bekommt einen angenehmen, kräftigen Geschmack, wenn man in dem Wasser, welches man dazu benutzen will, vorher etwas Wurzelwerk, und wenn man es eben hat, ein paar Blätter von Herzkohl oder Weiß= kraut mit kocht.

33. Wassersuppe.

Man thut 65 Gr. frische Butter in einen Tiegel oder Kasserol, läßt sie aufkochen, thut einen gehäuften Speiselöffel feines Weizen= mehl daran, läßt dies etwas mit der Butter verschwitzen, quirlt es dann in das kochende Wasser, und läßt die Suppe ein paar Mal aufkochen. Dann zieht man die Suppe mit 1 bis 2 Eidottern, etwas gestoßener Muskatblüte und etwas Milch oder Wasser ab, und richtet sie über klargewiegte Petersilie und trocken geröstete oder gedörrte Semmelscheiben an.

34. Gebrannte Mehlsuppe.

Man röstet 2 Eßlöffel Mehl in 65 Gr. Butter oder Rindsfett hellbraun, füllt es dann mit 1 Liter kochendem Wasser auf, giebt Salz, etwas Pfeffer und feingestoßenen, vorher aber in einem Siebchen gewaschenen Kümmel daran, läßt solches aufkochen, und richtet es über in Butter oder Fett geröstete Brotscheiben an. (Siehe gewöhnliche Wassersuppe.)

35. Zwiebelsuppe.

Man schält und schneidet 3 große Zwiebeln in Scheiben und läßt sie mit 70 Gr. Butter und 2 Löffeln Mehl gut durchschwitzen, doch so, daß es weiß bleibt. So abgeschwitzt thut man es dann in einen Suppentopf zu 1½ Liter kochendem Wasser und läßt es gut durchkochen. Beim Anrichten gießt man die Suppe durch den Durchschlag, salzt dieselbe gehörig und giebt geröstete Semmel= scheiben hinein. Besser schmeckt die Suppe noch, wenn man sie mit einem Ei abquirlt.

36. Selleriesuppe.

Einige Köpfe Sellerie werden gewaschen, geputzt und klein geschnitten, und so lange in Wasser gekocht, bis es sich ganz klar quirlen läßt. Man quirlt dann beim Anrichten 1 Eidotter und 1 Löffel voll geriebener Semmel dazu.

37. Tomatensuppe.

Man schmort Wurzelwerk in 40 Gr. Butter hellgelb, giebt 4—6 zerschnittene Tomaten, 1 Löffel Mehl, etwas klaren Pfeffer und Salz dazu, füllt dies mit 1 Liter kochender Fleischbrühe auf und läßt die Suppe eine Stunde kochen. Dann schlägt man sie durch einen Durchschlag und giebt sie mit einer kleinen Form Reis (siehe Nr. 21) zu Tisch.

38. Kerbelsuppe.

Einen Speiselöffel Mehl dünstet man in einem eigroßen Stück Butter gelblich, giebt eine Handvoll gutgewaschenen, dann fein=gewiegten Kerbel dazu, füllt 1 Liter kochendes Wasser darauf und giebt Salz nach Geschmack dazu. Sobald die Suppe nur noch ein=mal aufgewallt hat, quirlt man sie mit 1 bis 2 Eidottern ab und richtet sie über geröstete Semmelscheiben an.

39. Kartoffelsuppe.

Man schält 8 Stück große Kartoffeln, schneidet sie in Stücke, wäscht sie und kocht sie nebst einer Zwiebel, etwas Kohlrabi und etwas Sellerie in Wasser ganz weich, thut dann 70 Gr. Butter oder Fett daran, quirlt sie ganz klar, streicht sie durch den Durch=schlag, würzt sie mit Salz und Pfeffer und richtet sie über klar=gewiegte Petersilie an, oder man kocht die gut geschälten und ge=waschenen Kartoffeln in Wasser ziemlich weich, gießt dann das Wasser rein ab und stampft die Kartoffeln nur mit einem Stück frischer Butter und etwas Salz ganz klar. Dann gießt man kochendes Wasser darauf, worin während einer Stunde eine Zwiebel, etwas Sellerie, Kohlrabi, Petersilienwurzel und Möhren gekocht hat, kocht die Kartoffelsuppe mit diesem Wasser auf, quirlt sie dann mit 1 oder 2 Eiern ab und giebt sie durch den Durchschlag in die Terrine.

40. Erbsensuppe.

Man setzt $^1/_2$ Liter gereinigte Erbsen in kaltem Flußwasser ans Feuer, läßt sie ein paarmal darin aufkochen, gießt dann dies Wasser rein ab, giebt wieder reines, kochendes Brunnenwasser da=rüber und läßt die Erbsen in 2 bis 3 Stunden weich kochen; dann

quirlt man sie klar, streicht sie durch den Durchschlag, thut 70 Gr.
Butter, etwas Salz, gestoßenen Pfeffer und Ingwer dazu, läßt es
aufkochen und richtet die Suppe über geröstete Semmelscheiben an.
Auch die Erbsensuppe schmeckt besser, wenn man etwas Wurzelwerk
mit darin verkocht.

41. Hafergrützesuppe.

2 Löffel voll Hafergrütze brüht man einigemal ab und kocht
sie in Wasser mit einem Stückchen Zimt, 60 Gr. Butter und etwas
Citronenschale 2 Stunden lang. Alsdann streicht man sie durch
ein Brühsieb, würzt sie mit etwas Zucker und Salz und richtet sie
über in Würfel geschnittene und geröstete Semmeln, und wenn man
will, über kleine Rosinen an. Auch kann man die Hafergrütze-
suppe mit einem Eidotter und einigen gestoßenen, süßen Mandeln
abziehen.

Süße Suppen.

42. Gewöhnliche Biersuppe.

Man läßt 1 Liter Bier mit einigen Stückchen kleingeschnittenen
schwarzen Brotes, besonders Rinde, kochen, thut alsdann ein eigroßes Stück frische Butter, etwas Salz, etwas Zucker und einen
kleinen Kaffeelöffel voll gestoßenen Kümmel hinzu, läßt alles gut
durchkochen und quirlt es dann mit einem oder zwei Eiern oder
auch mit etwas Rahm ab.

43. Bier- und Milchsuppe.

Man setzt ½ Liter Bier und ebensoviel Milch, jedes für sich
allein an's Feuer. An das Bier thut man ein paar Speiselöffel
klaren Zucker, etwas Citronenschale, ein kleines Stück Butter, etwas
gestoßenen Zimt und Ingwer. Sobald es kocht, quirlt man in
etwas kalte Milch 2 Eidotter, 1 Kaffeelöffel Kartoffelmehl oder
1 Speiselöffel Weizenmehl und etwas Salz zusammen, gießt dies
unter beständigem Quirlen zur kochenden Milch und giebt zuletzt
das kochende Bier dazu. Nun muß man die Suppe wieder heiß
stellen, aber nicht kochen lassen, denn sonst gerinnt sie. Man kann
auch alles gleich zusammenquirlen und kochen, dann muß man aber

die Suppe oft quirlen, bis sie zum Kochen kommt, damit sie sich nicht hackt. Man richtet sie über würflig geschnittenes, in Butter geröstetes Brot oder Semmel an.

44. Blinde Schokoladen-Suppe.

Anstatt der Schokolade wird geröstetes Mehl genommen. Man thut 2 Eßlöffel voll Mehl in einen Tiegel von Blecheisen, der gut ausgebrüht ist und röstet es bei beständigem Umrühren, ohne Butter oder Fett, schön hellbraun. Wenn es kalt geworden ist, quirlt man es in 1 Liter kochender Milch und läßt es so einige Minuten kochen. Dann quirlt man in etwas kalte Milch 2 bis 3 Eidotter, giebt dies zu der kochenden Milch, würzt es mit Zucker und Zimt, nach Belieben auch etwas Karbamom und Vanille, und läßt die Suppe noch etwas anziehen. Das Weiße der Eier schlägt man mit klarem Zucker zu steifem Schnee, giebt, wenn die Suppe in die Terrine gegossen ist, kleine Klößchen davon auf die Suppe, bestreut sie mit etwas Zucker und Zimt, deckt den Deckel schnell darauf und läßt die Suppe noch ein paar Augenblicke heiß stehen, damit das Eiweiß gar wird. Oder man richtet die Suppe auch nur über geröstete Semmelscheiben oder Zwieback an.

45. Schokoladen-Suppe.

In 1 Liter kochender Milch giebt man 125 Gr. geriebene oder in kleine Stückchen gebrochene Schokolade, läßt sie kochen, rührt sie öfter auf und quirlt sie dann mit 2 Eidottern ab. Man richtet sie über in Stücke geschnittenen Zwieback an.

46. Apfelsuppe.

Man nimmt 1 Mandel Borsdorfer Äpfel, schneidet sie in Viertel und setzt sie mit 1½ Liter Wasser und ½ Bierglas voll Wein, etwas Zucker und Citronenschale ans Feuer, läßt sie weich kochen, schlägt sie durch den Durchschlag und zieht sie mit 2 Eidottern ab. Man richtet diese Suppe über geröstete, streifig geschnittene Semmel und auch kleine Rosinen an und würzt sie gehörig mit Zucker und Zimt. Man kann auch eine andere Sorte guter Äpfel nehmen und kann die Eidotter auch weglassen. Wünscht man die Suppe sehr sämig und glatt, so läßt man, wie bei der

Hambutten-Suppe, eine Semmel oder einen Zwieback mit den Äpfeln verkochen.

Kaltschalen.

47. Kaltschale von Bier.

³/₈ Pfd. Zucker, ¹/₄ Pfd. gereinigte Korinthen, 1 Citrone in Scheiben geschnitten und etwas feingestoßenen Zimt thut man in eine Terrine, gießt 2 Liter Bier darauf und läßt es ¹/₄ Stunde ziehen. Vor dem Anrichten giebt man noch ein Bierglas Wein und einen Suppenteller voll geriebenes Brot dazu. Das Brot muß man ja nur erst in dem Augenblick in das Bier thun, wenn man die Kaltschale auf den Tisch geben will; weicht es länger, so wird sie trübe. Diese Kaltschale reicht für 6 Personen, will man sie einfacher und weniger gut machen, so läßt man den Wein weg und nimmt nur ¹/₂ Citrone.

48. Wein-Kaltschale.

Man bereitet diese wie die vorige; statt des Bieres nimmt man Wasser, etwas weniger Zucker und ¹/₂ Liter Wein.

49. Kirsch-Kaltschale.

Man setzt 1¹/₂ Liter saure Kirschen ohne Stiele mit Zucker, Zimt und Citronenschale in einem Kasserol aufs Feuer, läßt sie so lange schmoren, bis sie ganz weich sind, dann rührt man sie durch ein Haarsieb. Über die zurückgebliebenen Kerne gießt man etwas Wasser, damit sie sich abspülen, stößt sie dann in einem Mörser klar und läßt sie in etwas Wasser auskochen. Dann gießt man dies durch das Haarsieb zu den Kirschen, thut ein Bierglas weißen oder roten Wein dazu, versüßt es noch nach Belieben, und läßt es noch einmal aufkochen. Wenn es hierauf völlig erkaltet ist, richtet man die Kaltschale über in Stückchen geschnittenen Zwieback an.

50. Kaltschale von Heidelbeeren.

Zwei Liter Heidelbeeren werden gewaschen und gereinigt und mit Wasser aufs Feuer gesetzt. Wenn sie weich sind, rührt man sie durch ein Haarsieb, thut das auf Zucker Abgeriebene einer Citrone, feinen Zimt, hinlänglich Zucker und ein Bierglas weißen Wein dazu, und läßt sie noch einmal aufkochen. Wenn sie völlig erkaltet ist, wird sie gleichfalls über in Stücke geschnittenen Zwieback angerichtet.

51. Erdbeer=Kaltschale.

Man wäscht die Erdbeeren recht schnell und läßt sie auf dem Durchschlag rein ablaufen, damit sie nicht zu viel Wasser bei sich behalten, schüttet sie dann in eine Terrine, giebt Zucker und Wein dazu, läßt es eine Weile ziehen, gießt dann noch etwas kaltes Wasser darüber und giebt sie zur Tafel. Auch kann man Erdbeerkaltschale mit Milch und geriebenem Brot serbieren.

52. Frische Buttermilch=Kaltschale.

Man gießt zu 2 Liter Buttermilch $\frac{1}{2}$ Liter süßen, dicken Rahm und quirlt es, daß es schäumt; der Schaum wird in die Terrine gethan; wenn sie davon voll ist, wird die übrige Buttermilch dazu gegossen, dann mit einem Teller voll geriebenen, schwarzen Brot zu Tisch gegeben und der Milchschaum mit Citronenzucker oder nur Zucker bestreut.

III. Das Rindfleisch.

53. Gutes und schlechtes Rindfleisch.

Das Rindfleisch kann das ganze Jahr gegessen werden und ist gesund und nahrhaft, doch ist es am besten in den Monaten April, Mai, Juni und Juli. Eine schöne, frische Fleischröte und weißliches Fett sind die Kennzeichen eines guten Fleisches; die besten Stücke sind das Schwanzstück, die Rippen, die Oberschale, der Brustkern, die Hüfte, das Nierenstück, woran die Lende liegt und die Lende selbst; altes Fleisch hat eine beinahe ins Bläuliche fallende Farbe, starke Fasern und gelbes Fett.

54. Rindfleisch gut zu kochen.

Wenn man Rindfleisch gut kochen will, um es zur Tafel zu geben, so pocht man es vor dem Zusetzen ein wenig mit der Keule, wäscht es mit lauem Wasser, umwickelt es dann kreuzweis mit Bindfaden und setzt es mit kochendem Wasser zu. Auf diese Weise wird das Fleisch am saftigsten, die Fleischbrühe wird aber freilich weniger gut; durch das Umwickeln mit Bindfaden und Zusetzen mit kochendem Wasser kann das Fleisch weniger auseinander kochen, die Poren werden gleich geschlossen und aller Saft bleibt beisammen; deshalb ist es sehr empfehlenswert, wenn man das Fleisch zu einer Mittagstafel geben will, es auf diese Weise zu kochen. Man nimmt am besten ein Blumenstück, Rippen- oder Schwanzstück; hat man für 3 oder 4 Personen zu kochen, und bedarf also nur 2 Pfund, so thut man besser, man nimmt ein größeres Stück Rindfleisch vom Fleischer und teilt es nach Belieben selbst. Die größere Hälfte legt man entweder in Essig zu Sauerbraten, oder man pökelt sie ein, oder man hebt sie auch noch frisch an einem kühlen, aber nicht dumpfigen Ort ein paar Tage auf und macht dann Roulaben, russisches Rindfleisch oder sonst etwas daraus; denn läßt man nur

2 Pfb. Fleisch bei dem Fleischer holen, so bekommt man mehr Haut und Knochen, und es ist kein gutes Mittagsessen. Man nimmt auf 2 Pfb. Fleisch 2 Liter Wasser und ¹/₂ Speiselöffel Salz, setzt es zugedeckt ans Feuer, schäumt es, wenn es anfängt zu kochen, gehörig ab und giebt dann Wurzelwerk, Gewürz und einige getrocknete Steinpilze dazu, wie schon bei der Bouillon beschrieben ist. Man läßt das Fleisch 3 Stunden langsam kochen. Bei dem Anrichten des Rindfleisches hat man zu beobachten, daß man es nicht gleich aus der kochenden Brühe auf den Fleischteller legt, es wird hierdurch leicht schwarz; man thut daher wohl, wenn man das Fleisch etwas eher zusetzt, damit man dasselbe 10 Minuten vor dem Anrichten vom Feuer nehmen kann. Man rechnet auf die Person ¹/₂ Pfund Rindfleisch.

55. Frische Rindszunge mit Rosinenbrühe.

Man wäscht die Zunge rein ab, setzt sie wie das Rindfleisch ans Feuer und läßt sie mit Gewürz und Wurzelwerk 3 bis 4 Stunden zugedeckt langsam weich kochen. Dann nimmt man sie aus dem Topf, zieht die Haut davon ab und putzt sie mit dem Messer rein. Man giebt die frische Rindszunge gewöhnlich mit einer guten braunen Brühe. Hierzu röstet man in Butter oder Fett 2 bis 3 Löffel Weizenmehl kastanienbraun, füllt dies mit Fleisch-brühe auf, giebt ein Weinglas Wein dazu, dann etwas auf dem Reibeisen geriebene Zwiebel, etwas abgeriebene Citronenschale, 65 Gr. kleine, 65 Gr. große Rosinen, einen Speiselöffel voll Kapern, 35 Gr. süße, länglichgeschnittene Mandeln und etwas Zucker und läßt dies alles zusammen aufkochen, drückt dann den Saft einer halben Citrone daran und richtet die Sauce über die Zunge an. Zur Verschönerung belegt man die Zunge mit einigen Citronen-scheiben. Die Kapern können auch wegbleiben. Wird die Zunge vor dem Zusetzen gehörig gereinigt, so ist die Brühe davon ebenso appetitlich als andere Fleischbrühe. Zu diesem Zwecke wird das gelbliche, schwammige Fleisch dicht am Gaumen weggeschnitten, die Zunge mit Salz rein abgerieben, dann tüchtig gewaschen und ab-gespült, wodurch aller Schleim entfernt wird, und dann in einem nicht zu großen Gefäß zugesetzt, damit man nicht zu viel Brühe be-kommt, wodurch sie an Kraft verliert.

56. Gepökelte Rindszunge.

Rindszungen sind gepökelt schmackhafter als geräuchert; man kocht sie ohne Gewürz und Salz in 3 bis 4 Stunden, zieht sie dann ab und giebt sie warm zu Gemüse, oder man giebt sie auch kalt bei kaltem Abendessen in Scheiben geschnitten mit einer Sauce Remoulade (siehe die Saucen). Man legt dann die Scheiben auf eine breite, etwas tiefe Schüssel, giebt die Sauce darüber und ver=ziert den Rand mit eingemachtem Blumenkohl oder Blumenkohlsalat.

57. Kuheuter zu kochen.

Man setzt das Kuheuter in Flußwasser mit Salz, einer Zwiebel und einem Lorbeerblatt ans Feuer. Da es sehr lange kocht, ehe es weich wird, so setzt man es, der Ersparnis wegen, zu einer Zeit an, wo man ohnedies schon Feuer hat, selbst einen Tag vorher. Je weicher es gekocht ist, desto besser ist es. Hierauf wird es aus der Brühe genommen, gehörig abgeputzt, in Scheiben geschnitten und dann eine Citronen= oder Sardellensauce dazu gemacht. Man nimmt zu dieser Sauce aber nicht gern die Brühe, worin das Euter kochte, sondern bereitet sie von etwas besserer Fleischbrühe.

58. Kuheuter zu braten.

Wenn es, wie eben beschrieben, weich gekocht ist, wird es in Scheiben geschnitten, mit Salz und Pfeffer bestreut und in heißer Butter schön braun gebraten. Man kann es zu Salat und ver= schiedenen Gemüsen geben; zu Linsen, Erbsen und Sauerkraut schmeckt es auch gut.

59. Rindskaldaunen oder Rindsflecke.

Vier Pfd. Rindsflecke werden auf ein Brett gelegt, mit viel Salz bestreut und recht durchgerieben, daß der Schleim davon ab= geht, dann mehrmals in kaltem und in heißem Wasser gewaschen, hierauf mit kaltem Wasser ans Feuer gesetzt, $^1/_4$ Stunde gekocht, und das Wasser davon abgegossen. Mit anderem Wasser werden

sie nun 4 bis 6 Stunden nebst einer Zwiebel und etwas Salz ge=
kocht, bis sie weich sind; kalt schneidet man sie dann in würflige
Stückchen. Die Brühe, worin sie kochten, wird weggethan, und
man giebt sie nun in eine fertiggemachte, braune Ragoutsauce (siehe
diese), welche scharf sauer sein muß, und läßt sie darin einigemal
aufkochen. Auch giebt man die Rindsflecke mit einer Majoran=Sauce
(siehe Nr. 93) oder zu Kohlrüben und Braunkohl. Da die Rinds=
kalbaunen sehr lange kochen müssen, ehe sie weich werden, ist es
ratsam, sie schon am Tage vor dem Gebrauch zu kochen.

60. Pökelfleisch.

Gutes, gepökeltes Rindfleisch kocht man in 3 Stunden lang=
sam weich; man setzt es nur mit Wasser ohne Salz und etwas
Wurzelwerk an. Man giebt dazu Herzkohl, Braunkohl, märkische
Rüben.

61. Rindfleisch gedünstet.

Ein gutes, viereckiges Stück Oberschale, Bug= oder Schwanz=
spitze wird geklopft und in ein nicht zu großes Kasserol gelegt, so
daß nur noch wenig leerer Raum bleibt. Den Boden des Kasserols
belegt man mit Scheiben Speck, fein geschnittenem Wurzelwerk und
Zwiebeln, einem Lorbeerblatt, einigen Nelken, Pfeffer= und Neu=
würzkörnern, einem Zweig Thymian, Basilikum und Pfefferkraut.
Dann legt man das Fleisch darauf, bedeckt es oben wieder mit
Speck, salzt es gehörig und gießt ein Viertel des Kasserols voll
Wasser, legt einen passenden Deckel darauf, verklebt ihn mit Papier=
streifen und etwas Mehl und Wasser, und läßt es 3 bis 4 Stunden
langsam dünsten, während welcher Zeit man das Kasserol öfter
schüttelt, wodurch die Sauce sämiger und das Anlegen des Fleisches
verhindert wird. Dann öffnet man das Kasserol, legt das Fleisch
heraus, nimmt von der Brühe alles Fett ab, schlägt sie durch ein
Haarsieb und giebt 2 bis 3 Löffel schön braun geröstetes Weizen=
mehl, $1/_4$ Liter roten Wein und etwas klaren Zucker daran. Nun
legt man das Fleisch wieder in die Brühe, deckt es zu und läßt es
bis zum Anrichten heiß stehen, aber nicht wieder kochen. Man
giebt zu diesem Rindfleisch geschmorte Kartoffeln oder gebackene
Kartoffelklößchen.

62. Russisches Rindfleisch.

Von einem derben Stück aus der Keule schneidet man Scheiben eine Hand groß, ¹/₂ Zoll dick, bestreut sie mit etwas Salz und Pfeffer und klopft sie mit dem Rücken des Hackemessers mürbe. Dann legt man sie in ein Kasserol, giebt dazu ein Stückchen Butter (zu 3 Pfd. Fleisch 65 Gr. davon), legt oben darauf eine fingerdicke Schicht grobgehackter Zwiebel, und gießt ein kleines Weinglas Essig und so viel Wasser dazu, daß es einen Zoll hoch über den Fleischscheiben steht. Nun setzt man es in die heiße Röhre und läßt es zugedeckt 2 bis 2¹/₂ Stunde dämpfen. Ist bei dem An= richten die Sauce nicht sämig genug, so quirlt man sie mit einer Messerspitze Kartoffelmehl ab.

63. Rouladen von Rindfleisch.

Man nimmt ein Stück Rindfleisch aus der Keule, schneidet davon Scheiben wie zu dem russischen Rindfleisch und klopft sie auf beiden Seiten mit dem Hackemesser leicht durch, bestreut sie mit Salz und Pfeffer, feingewiegter Citronenschale, feingewiegter Zwiebel und legt auf jede Scheibe ein 2 Zoll langes und 1 Zoll breites Scheibchen Speck. Nun wickelt man die Rouladen zusammen, so daß der Speck in der Mitte derselben bleibt, und steckt sie mit einem Holzstiftchen zusammen. In einem Kasserol läßt man etwas Rindsfett oder auch Butter heiß werden, schichtet die Rouladen enge aneinander, doch so, daß sie aufwärts stehen, giebt einen Anrichtelöffel voll Bouillon oder Bratenjus dazu und läßt sie ¹/₂ Stunde fest zugedeckt dämpfen. Dann röstet man in etwas Fett oder Butter einen oder zwei Löffel Weizenmehl schön kastanien= braun, füllt es mit etwas Wasser und einem Glas roten Wein auf, giebt dies zu den Rouladen und läßt sie noch 2 Stunden kochen. Bei dem Anrichten schärft man die Sauce nach Belieben mit dem Saft einer halben Citrone ab und zieht die Stiftchen aus den Rouladen. Man giebt dazu Kartoffeln in der Schale oder auch geschmorte Kartoffeln. Wäre beim Dämpfen der Rouladen die Butter zu schnell eingekocht, so gießt man etwas Wasser oder Fleisch= brühe zu, damit diese sich nicht braun anlegen, wodurch sie leicht hart werden.

64. Schmorbraten.

Zum Schmorbraten nimmt man ein Stück aus der Keule oder Unterschale, wäscht es, klopft es tüchtig, durchzieht es mit Speck und salzt es. In einem Kasserol läßt man dann ein Stück Butter bis zum Kochen kommen, legt das Fleisch mit etwas Wurzel= werk und Gewürz hinein und läßt es ¼ Stunde schwitzen, alsdann gießt man das Kasserol voll Wasser und läßt es zugedeckt langsam dämpfen. Eine Stunde vor dem Anrichten nehme man das Fleisch heraus, schöpfe das Fett rein ab, thue etwas Brotrinde daran, lege das Fleisch wieder hinein und bräune es in dem offenen Kasserol schön hellbraun unter fleißigem Begießen. Beim Anrichten belege man das Fleisch mit einigen Citronenscheiben; ist die Sauce nicht sämig genug, so gebe man etwas Kartoffelmehl dazu und schlage sie durch ein feines Sieb. Es ist besser, wenn man in das Kasserol gleich anfangs Bratenhölzer legt und dies ist auch bei dem gedünsteten Rindfleisch zu empfehlen.

65. Kloppfleisch mit Kartoffeln.

Man schneidet und klopft eben solche Scheiben, wie bei dem russischen Rindfleisch angegeben sind, streicht eine tiefe Schüssel oder einen Backnapf reichlich mit Butter aus, belegt den ganzen Boden mit Scheiben von rohgeschälten Kartoffeln, darauf legt man eine Schicht des bereiteten Fleisches, dann wieder Kartoffeln, dann etwas frische Butter, und so fährt man abwechselnd fort, bis die Form ganz voll ist; zuletzt müssen aber Kartoffeln kommen. Nun setzt man es bei mäßigem Feuer zugedeckt in den Ofen, wo es zwei Stunden dämpfen muß. Nach einer halben Stunde gießt man von Zeit zu Zeit etwas Fleischbrühe oder Wasser zu, so daß es, wenn es auf den Tisch kommt, fast ganz mit der Sauce bedeckt ist. Nach Belieben kann man zu dieser Speise auch etwas klargewiegte Zwiebel nehmen.

66. Goulasch.

Man zerläßt ¼ Pfd. frischen Speck, dünstet darin 2 große, klargeschnittene Zwiebeln weich und giebt dazu eine sehr kleine Messerspitze Paprika. 1½ Pfd. Rindfleisch, am besten Lende oder

Rippenstück, schneidet man in walnußgroße Stücke, thut dies mit
1 Tasse leichter Fleischbrühe und dem nötigen Salz zu den Zwiebeln,
mit denen man es 1 Stunde dämpfen läßt, giebt dann 1½ Pfd.
mageres Schweinefleisch, ebenso geschnitten, mit drei Händen voll
geschälten und in Viertel geschnittenen Kartoffeln vermischt nebst
2 Tassen Fleischbrühe dazu und läßt alles zusammen zugedeckt noch
eine Stunde im Kasserol dünsten, beachte aber wohl, daß die Brühe
nicht so weit einkocht, daß die Speise anbrennt.   Von den aus dem
Fleische ausgelösten Knochen bereitet man die dazu nötige Fleischbrühe.   Diese Speise kann man auch nur von Rindfleisch machen
und die Kartoffeln als Salzkartoffeln dazu geben.

67. Beefsteaks.

Man nimmt hierzu eine schöne altschlachtene Rindslende, schält
und häutet sie sauber und schneidet daraus fingerdicke Scheiben,
bestreut sie mit Salz und Pfeffer, nach Belieben auch mit feiner
Zwiebel, und klopft sie mit der breiten Seite des Hackemessers oder
dem Klopfholz auf beiden Seiten, doch nicht zu stark.   Alsdann
läßt man einen Teil des ausgelassenen Fettes der Rindslende und
einen gleichen Teil frische Butter in der Eierkuchenpfanne kochend
heiß und etwas braun werden, legt hierein die Beefsteaks und
bratet sie auf raschem Feuer in Zeit von 4 Minuten auf beiden
Seiten.   Sie müssen, wenn sie gut sein sollen, beim Zerschneiden
noch fleischrot aussehen und der rote Saft muß herausfließen; hat
man etwas gute Bratenjus oder braune Bouillon, so giebt man bei
dem Anrichten der Beefsteaks einige Speiselöffel davon unter das
Fett in die Pfanne, läßt es zusammen aufkochen und giebt diese
Brühe nebst geschmorten Kartoffeln zu den Beefsteaks.   Während
des Bratens der Beefsteaks und bei dem Umwenden derselben be-
diene man sich keiner Gabel, sondern eines hölzernen Spatens oder
Messers, denn durch das öftere Stechen mit der Gabel fließt Saft
heraus, was man durchaus vermeiden muß; einen sehr guten Geschmack bekommen sie, wenn man sie auf Sardellenbutter anrichtet.
Man darf die Beefsteaks, nachdem sie geklopft und mit Salz und
Pfeffer bestreut sind, nicht lange liegen lassen, sondern muß sie dann
bald braten, weil sie sonst weniger mürbe werden.

68. Falsche Beefsteaks von gehacktem Fleisch.

Man nimmt zu einem Pfund mageren, nicht zu frischen Rind=
fleisches von der Unterschale ¼ Pfd. festes Nierenfett und schneidet
es in Würfel, wobei man Haut und Sehnen entfernt. Dann hackt
man beides ganz fein, würzt es mit klargestoßenem Salz und Pfeffer,
feingewiegter Zwiebel und formt davon 4 bis 5 runde, fingerdicke
Beefsteaks. Man macht nun in einer kleinen Pfanne ein Stück
Butter, oder halb Butter halb Fett, kochend heiß, legt hierein die
Beefsteaks, bratet sie auf beiden Seiten während 4 Minuten, aber
ohne hineinzustechen; man schiebt sie nur etwas hin und her. Dann
nimmt man sie heraus, gießt in die Pfanne schnell etwas Bouillon
oder Wasser mit etwas Kartoffelmehl angerührt, läßt die Sauce
sämig kochen und giebt sie über die Beefsteaks; diese dürfen dann
aber nicht länger stehen; die Zeit des Bratens muß auch so kurz
als möglich sein, damit die Beefsteaks inwendig noch rötlich sind.

69. Rumpsteaks.

Von einem schönen 3 bis 4 Tage alten Nierenstück schneidet
man fingerdicke Scheiben, klopft sie mit dem Hackemesser und bestreut
sie mit Pfeffer und Salz. In einer Pfanne mit heißer Butter
werden die Rumpsteaks nun rasch braun gebraten, in eine heiße
Schüssel gelegt und mit Scheiben in Butter braungebratener Zwiebel,
Schmorkartoffeln und geschabtem Meerrettich garniert. Dem Satz
der Pfanne giebt man etwas gute Bratenjus zu, kocht die Sauce
auf und giebt sie in der Sauciere zu Tisch. Will man die Rump=
steaks auf dem Roste braten, so taucht man sie vorher in zerlassene
Butter. Man kann auch Sardellenbutter und Champignonsauce
dazu geben.

70. Boeuf à la mode.

Man nimmt ein Schwanzstück von einem guten Ochsen und
durchzieht es mit Speck, welcher in feingewiegten Sardellen, Scha=
lotten, Petersilie, Pfeffer und Salz umgewendet ist. In einem
Kasserol, in welches das Fleisch gleich hineinpaßt, thut man etwas
Speckscheiben oder etwas Nierenfett, Wurzelwerk, Gewürz und
Zwiebel, legt das Fleisch hinein, bestreut es mit etwas Salz, drückt

ben Saft von 2 Citronen darauf, giebt 2 Speiselöffel voll Essig hinzu und läßt es zugedeckt 24 Stunden stehen. Dann bünstet man es in dieser Brühe bei gelindem Feuer so lange, bis es auf beiden Seiten hellbraun ist, füllt nach und nach Wasser oder noch besser dünne Fleischbrühe zu, und läßt es langsam kochen bis es gehörig weich ist. Während dessen röstet man in etwas gutem Fett oder Butter einige Löffel Mehl schön braun, welches man der Brühe, in welcher das Fleisch kocht, beimischt. Das Fleisch legt man nun in ein anderes Kasserol, nimmt alles Fett von der Brühe, streicht sie durch, giebt sie wieder über das Fleisch und läßt es noch eine Viertelstunde kochen. Man mache nicht mehr Brühe als man gerade braucht, weil sie sonst an Kraft verliert; hierzu giebt man Schmorkartoffeln.

71. Englisches Roastbeef naturell.

Man nimmt hierzu ein großes Stück von dem Rippenstück (der Wüste), woran fast die ganze Lende gehackt wird; es ist dies ein Braten von 16 bis 20 Pfd. und die meisten Fleischer kennen dies Stück unter der Benennung: englischer Braten. Sollte man zu diesem Braten nicht genug Gäste haben, um ihn ganz zu ver- brauchen, so kann man auch die Lende herausschälen, doch wird er noch saftiger, wenn alles zusammenbleibt. Dieses Stück Fleisch wird nun gewaschen und eine ganze Stunde unausgesetzt mit der hölzernen Keule geklopft, alsdann wird es von allen Seiten mit Salz und Pfeffer eingerieben und läßt es eine Stunde so liegen. Hierauf legt man den Braten ohne alles Wurzelwerk und Gewürz in die Bratpfanne, gießt diese halb voll Wasser und bratet ihn in $1\frac{1}{2}$ Stunde bei fleißigem Begießen. Wenn er eine halbe Stunde im Ofen gestanden, bestreut man die obere Seite reichlich mit fein- gestoßenem und geröstetem Schwarzbrot; man wendet diesen Braten nicht. Wenn bei dem Aufschneiden das ganze Fleisch rötlich aus- sieht und der rote Saft herausquillt, so ist dies ein Zeichen, daß der Braten gut ist. Er darf deshalb nicht länger braten; der Ofen muß stark geheizt sein und fleißiges Begießen ist ein Haupterforder- nis. Ist die Sauce zu dünn, so giebt man einen Kaffeelöffel Kar- toffelmehl daran. Es ist dies eine große Lieblingsspeise für Herren.

72. Rinderbraten auf die einfachste Art.

Man nimmt hierzu ein Schwanzstück, oder aus der Keule, doch muß das Fleisch schon einige Tage, im Winter 6 Tage alt sein, weil es sonst nicht mürbe wird. Man klopft es recht derb, zieht auf beiden Seiten kleingeschnittenen Speck ein, salzt es nicht zu stark und setzt es mit reichlich Wasser, Gewürz und etwas Wurzel= werk an. Alle halbe Stunden wendet man das Fleisch um und läßt die Brühe schön kurz und braun einbraten. Eine Stunde vor dem Anrichten thue man einige Brotrinden in die Brühe, damit diese dicklich werde, und eine halbe Stunde später bestreue man den Braten mit geriebener Semmel und lasse ihn bräunen. Sollte er zu schnell braun werden, so belegt man ihn mit einem starken Papier und begießt ihn fleißig, damit er saftig wird. Ein Rinderbraten braucht 3 bis 4 Stunden bis er gar ist. Will man den Braten nicht spicken, so kann man ihn mit einem guten Stück Butter zu= setzen, läßt ihn hierin auf allen Seiten bräunlich werden, gießt eine Tasse Milch dazu, läßt die Sauce etwas gelbbraun einkochen, und gießt wieder Milch zu, bis man nach und nach 1 Liter davon an den Braten gegossen hat; die Sauce muß kurz und sämig sein. Auf diese Weise schmeckt der Rinderbraten sehr angenehm.

73. Lendenbraten oder Filet gebraten.

Wenn die Lende gehörig ausgeschält und gehäutet ist, klopft man sie etwas und spickt sie reichlich und schön, setzt sie mit wenig Wasser, Salz und reichlich Butter an rasches Feuer und läßt sie, je nachdem sie stark ist, eine bis zwei Stunden braten. Beim Zu= setzen der Lende legt man sie erst auf die Speckseite, doch lasse man sie nur ½ Stunde darauf liegen, damit der Speck nicht zu sehr ausbrate, wodurch die Lende sehr viel an Saftigkeit verliert; später, wenn sie zu schnell bräunt, bedecke man sie mit Papier und begieße sie mit einer Tasse Rahm. Man thut, wie bei dem vorherbeschrie= benen Rinderbraten, einige Brotrinden an die Brühe und bestreut die Lende ½ Stunde vor dem Anrichten mit geriebener Semmel oder auch Brot. Man kann eine Rindslende auch mit Gewürz und Wurzelwerk in Butter dünsten und giebt sie dann bei einem Mittagsessen als Voressen zu jungem Gemüse.

74. Sächsische Klopps oder Frikandelle von frischem Fleisch.

Man nimmt hierzu 1 Pfd. Rindfleisch, 1 Pfd. Kalbfleisch, 1 Pfd. Schweinefleisch und $^1/_4$ Pfd. Butter. Das Fleisch wird ganz fein gehackt, die Butter zerlassen, aber nicht heiß gemacht, darunter gegeben, dann mit 4 Eiern, Salz, klarer Muskatblüte, 170 Gr. geriebener Semmel und 1 Tasse kaltem Wasser gehörig untermengt. Diese Masse wird nun mit der nassen Hand rund oder länglich geformt, mit geriebener Semmel bestreut und mit dem Messer eingekerbt. Dann legt man die Frikandelle in aufsteigende Butter, bratet sie unter fleißigem Begießen gelb, gießt nach und nach etwas kochendes Wasser an die Sauce, auch etwas Sahne, wenn man solche hat, und läßt sie $^3/_4$ bis 1 Stunde gelbbraun braten. Umgewendet wird sie nicht. Bei dem Stoßen und Mengen der Fleischmasse muß man alle Häute und Sehnen herausziehen.

75. Ein sehr gutes neues Pökelrezept.

Auf 7 Pfd. rohes Rindfleisch nimmt man 2 Liter Regenwasser, $^1/_2$ Pfd. Salz, $^1/_4$ Pfd. Salpeter und 2 Eßlöffel Sirup, kocht dies zusammen und gießt es, wenn es erkaltet ist, über das Fleisch. Dasselbe ist in 8 Tagen schon durchpökelt, im Sommer noch früher. Im Winter kann man diese Pökelbrühe mehreremal gebrauchen. Man kann alle Fleischsorten so einpökeln; besonders gut werden Rindszungen.

76. Rindsbraten sauer einzulegen.

Man nimmt halb Bier, halb Essig, etwas Salz, Zwiebel, Gewürzkörner und etwas gestoßene Wacholderbeeren, legt ein gutes, fettes Stück Oberschale, nachdem es rein gewaschen und geklopft ist, in ein Kasserol, was gerade zur Größe des Fleisches paßt, und giebt obige Sachen dazu. Man wendet es alle Tage, läßt es aber nicht länger als 8 Tage liegen, weil es sonst zu scharf wird, und setzt es gleich mit dieser Brühe zu. Oder man vermischt einen Liter Essig mit ebensoviel Wasser, giebt geschnittene Möhren, Petersilienwurzel, Sellerie, Zwiebel, Thymian, einige Lorbeerblätter, gestoßenen Pfeffer, Ingwer, Salz und Neuwürze hinein, läßt es gut auskochen und begießt mit dieser Beize den vorher gewaschenen und auch gespickten Rindsbraten und läßt ihn 2 Tage darin liegen. Sodann dünstet man ihn in dieser Beize 2 Stunden, nimmt dann den Braten heraus, reinigt ihn von allem daran klebenden Wurzelwerk, seihet die Sauce durch ein feines Sieb, röstet etwas Mehl braun, giebt die durchgeseihete Sauce dazu, begießt nun hiermit den Braten, sowie mit $\frac{1}{2}$ Liter saurem oder süßem Rahm und läßt ihn noch 1 bis 2 Stunden dämpfen bis er weich ist. Spickt man den Braten nicht und will ihn auch nicht mit Rahm begießen, so muß man Butter bei dem Braten desselben dazu nehmen.

IV. Das Kalbfleisch.

77. Kalbfleisch gut zu kochen.

Man wäscht das Fleisch rein ab und setzt es mit kochendem Wasser zu (setzt man es mit kaltem Wasser, wie das Rindfleisch, zu, so kocht es sich nicht so schön weiß), läßt es ein paarmal aufkochen, schäumt es aber, ehe es bis zum Kochen kommt, recht gut ab, nimmt dann das Fleisch aus der kochenden Brühe, legt es 10 Minuten in eine Schüssel mit kaltem Wasser und wäscht es darin noch einmal ab, damit aller angesetzte Schaum zurückbleibt. Dann legt man es wieder in die Brühe, giebt etwas Wurzelwerk, Gewürz und Salz dazu und läßt es noch $1\frac{1}{2}$ Stunde kochen; man sehe aber immer darauf, daß die Brühe etwas über dem Fleische stehe, weil es sonst leicht braun kocht, wende es im Topf auch einigemal um, weil sich das Kalbfleisch leicht anlegt, und decke den Topf immer zu. Um sowohl dem Fleisch als der Brühe einen noch besseren Geschmack zu geben, thut man während des Kochens ein Stück frische Butter daran. Man rechnet $\frac{1}{2}$ bis $\frac{3}{4}$ Pfd. Kalbfleisch auf die Person.

78. Kalbsbraten.

Man nimmt diesen Braten, wenn es sein kann, gern von einem weiblichen Kalb, weil von diesem das Fleisch weißer ist, pocht ihn mit der Keule, wodurch das Fleisch mürber wird, wäscht ihn rein ab, legt ihn in eine Pfanne auf eine Bratenleiter, salzt ihn mit einem Löffel voll Salz und begießt ihn mit 270 Gr. Butter, die man vorher glühend heiß, ja selbst etwas braun hat werden lassen. So läßt man den Braten $\frac{1}{2}$ Stunde schmoren; erst nach dieser Zeit gießt man $\frac{1}{2}$ Liter Wasser zu und wiederholt dies von Zeit zu Zeit, daß die Sauce wohl kurz bleibt, aber auch nicht anbrennt. Ein starker Stoß von 12 bis 16 Pfd. muß 2 bis $2\frac{1}{2}$ Stunden braten. Um diesen Braten recht saftig zu haben, muß man ihn

fleißig begießen, die runde Seite gleich nach oben legen und nicht
wenden. In die Brühe giebt man einige Brotrinden, bestreut den
Braten $1/2$ Stunde vor dem Anrichten mit geriebener Semmel, läßt
ihn schön bräunen und macht zuletzt die Sauce mit etwas Kartoffel=
mehl sämig. Sehr gut wird die Sauce, wenn man vor dem Be=
streuen des Bratens denselben mit 1 bis 2 Tassen heißer Milch
oder Sahne begießt.

79. Gedämpfte Kalbskeule.

Eine gute, frische Kalbskeule übergießt man mit kochendem
Wasser und dann gleich wieder mit kaltem, häutet sie und spickt sie dann
mit Streifen rohen Schinken, welche in fein gewiegten Kräutern,
als Thymian, Estragon, Basilikum und Schalotten umgewendet
sind. Nun legt man auf den Boden eines passenden Kasserols
dünne Scheiben Speck, feingeschnittenes Wurzelwerk und Gewürz,
legt die Keule darauf, giebt $1/4$ Pfd. Butter, das nötige Salz und
$1/2$ Liter Wasser dazu, verschließt das Kasserol mit einem fest passen=
den Deckel und läßt die Keule bei nicht zu starker Hitze 2—3 Stunden
langsam dämpfen. Nach einer halben Stunde wird sie gewendet
und dann öfter begossen und nach und nach immer etwas Wasser
zugegossen, aber immer nur wenig, damit die Brühe kurz und kräftig
wird. Eine halbe Stunde vor dem Anrichten nehme man den
Deckel ab, damit die obere Seite der Keule schön hellbraun werde.
Man giebt dazu geschmorte Kartoffeln.

80. Gefüllte Kalbsbrust gebraten.

Die Brust wird zwischen der Haut und den Knochen vonein=
ander gelöst, so daß sie hohl wird. Die Fülle bereitet man wie
folgt: man nimmt 2 ganze Eier und 2 Dotter, $1/4$ Pfd. Butter, etwas
Muskatblüte und etwas feingewiegte Zwiebel, rührt dies zu Schaum,
reibt für 3 Pfennige Semmeln dazu, quirlt einen Theelöffel
voll Mehl in $1/2$ Liter gute Sahne, gießt es auch dazu, rührt alles
mit ein wenig Salz noch einmal gut untereinander und füllt die
Brust damit. Nun wird die Öffnung wieder zugenäht, die Brust
in die Bratpfanne gelegt, $1/2$ Liter Wasser darüber gegossen, mit
Salz bestreut, $1/4$ Pfd. Butter darauf gelegt und bei öfterem Be=
gießen in Zeit von $2^1/2$ Stunden in der Röhre gebraten.

81. Kalbsnierenbraten.

Ein Kalbsnierenstück von 8 bis 10 Pfd. legt man, nachdem. es abgewaschen, in die Pfanne, so daß die Niere oben liegt, giebt ¹/₄ Pfd. Butter und reichlich Salz, weil die Niere sonst weichlich schmeckt, und ¹/₂ Liter Wasser dazu. Man muß es oft begießen und sorgfältig Acht haben, daß die Brühe schön braun und ölig werde und doch nicht einbrenne. Es muß 1¹/₂ bis 2 Stunden braten; ¹/₂ Stunde vor dem Anrichten bestreut man es mit ge= riebener Semmel und läßt es schön bräunen. Um die Kalbsniere recht schön und glänzend zu braten, legt man unten in die Pfanne einige Scheiben Speck.

82. Frikandons gedämpft.

Eine zwei Tage alte Kalbskeule wird gehäutet, das Fleisch von den Knochen abgelöst und auseinander getrennt, wo das Fleisch mit Haut und Sehnen verwachsen ist, dann jedes Stück abermals gehäutet und mit einer hölzernen Keule geklopft, damit sie recht mürbe werden, und dann fein gespickt. Jede Keule besteht aus fünf Stücken. Sobann begießt man diese Stücke mit kochendem Wasser und legt sie hierauf ein paar Minuten wieder in kaltes Wasser, damit sie schön weiß und steif werden. In einer Pfanne läßt man sie nun mit Butter, Zwiebel, Wurzelwerk, Citronen, etwas Apfel= sinenschale und Gewürz gelbbraun braten. Die Speckseite legt man gleich nach oben. Was sich in der Pfanne angelegt hat, kocht man sorgfältig mit etwas Fleischbrühe wieder los, thut aber beim Zusetzen selbst keine daran. Nach ungefähr einer Stunde nimmt man die Frikandons heraus, legt sie in ein Kasserol, dünstet in dem Satz der Pfanne ein paar Löffel Mehl, schlägt dieses durch, giebt eine halbe Flasche weißen Wein dazu und läßt die Frikandons während einer Stunde in dieser Sauce langsam vollends weich dämpfen. Die Fleischbrühe zum Nachgießen macht man von den Knochen der Keule, die man braun einkochen läßt und sie zu den Frikandons gießt. Diese müssen wie glaciert aussehen; hat man gute Bratenjus, so bestreicht man damit die Frikandons, oder man macht auch Zucker braun, damit sie eine schöne Farbe bekommen.

83. Rouladen von Kalbfleisch.

Aus einer starken Kalbskeule schneidet man Scheiben, etwas größer wie eine Hand und von der Dicke eines Fingers, klopft sie und spickt sie auf einer Seite und rollt sie so zusammen, daß die gespickte Seite nach außen steht. Dann belegt man den Boden eines Kasserols mit Butter, geschnittenen Sardellen, Zwiebeln, Wurzel=werk und Gewürz, legt die Rouladen fest aneinander und in die Höhe stehend hinein, darauf belegt man sie wieder mit frischer Butter und giebt ein Glas Wein und ebensoviel Fleischbrühe darauf. Nun deckt man das Kasserol fest zu und läßt sie bei mäßiger Hitze eine Stunde dämpfen. Dann öffnet man das Kasserol, stäubt zwei Löffel feines Mehl daran und sieht zu, ob man Brühe genug hat oder ob man noch etwas nachgießen muß. Kurz vor dem An=richten nimmt man die Rouladen behutsam heraus, schlägt die Sauce durch ein Fleischbrühsieb, drückt den Saft von einer Citrone daran und stellt es heiß. Zu 20 Rouladen rechnet man 250 Gr. Butter und $\frac{1}{4}$ Pfd. Sardellen. Der Knochen von der Kalbskeule wird zerhackt und mit Wasser, Wurzelwerk und Salz zugesetzt und davon eine kräftige Brühe zum Auffüllen der Rouladen gekocht. Man kann diese Rouladen auch ungespickt mit feinen Kräutern be= reiten.

84. Frikassee von Kalbfleisch.

Hierzu nimmt man am liebsten Brustspitze und rechnet auf 6 bis 8 Personen 4 Pfd. Fleisch. Man kocht es mit etwas Salz und Wurzelwerk halb weich, ungefähr $\frac{3}{4}$ Stunde lang, nimmt es dann aus der Brühe und legt es in kaltes Wasser. Hierin läßt man es abkühlen, damit es schön weiß bleibt, putzt es alsdann rein ab, schneidet es in beliebige Stücke und läßt es in der fertig ge= machten Sauce vollends weich dämpfen. Zur Sauce nimmt man $\frac{1}{4}$ Pfd. Butter, läßt diese in einem Kasserol bis zum Kochen kommen, thut dann 100 Gr. kleingeschnittene Sardellen, einige Würzkörner, eine Zwiebel, ein Lorbeerblatt, einen Zweig Thymian und einen Zweig Basilikum daran und läßt dies in der Butter einige Minuten dünsten, giebt dann zwei Löffel feines Mehl dazu, läßt dies einigemal aufkreischen, aber nicht braun werden, füllt es dann mit der Brühe, worin das Fleisch kochte, auf und legt die Stücken Fleisch hinein. Bei dem Anrichten quirlt man die Brühe mit 2 Eidottern, etwas Wein und Citronensaft ab, läßt sie damit noch anziehen, aber nicht kochen, legt das Fleisch in die Assiette und richtet die Brühe durch ein Sieb darüber an. Will man das Frikassee weniger gut machen, so kann man Sardellen und Eier weglassen und statt dessen etwas mehr Mehl nehmen.

85. Pfefferfleisch.

Ein Stück gute Kalbsbrust hackt man in zierliche Stücke, gießt kochendes Wasser darüber, läßt sie darin 5 bis 8 Minuten stehen und giebt sie dann ebenso lange in kaltes Wasser. In einem Kasserol läßt man nun Butter kochend werden, auf das Pfund Fleisch 50 Gr. Butter. Die Fleischstücke bestreut man mit Salz und Pfeffer, feingewiegter Citronenschale und Zwiebel (letztere beide reichlich), wendet sie dann in Mehl um und thut sie in die kochende Butter. So läßt man es eine halbe Stunde langsam dämpfen, sieht aber zu, daß sich das Fleisch nicht zu sehr anlegt, füllt es dann mit so viel Wasser auf, daß es hinreichend Brühe wird, läßt es darin vollends weich kochen und schärft die Brühe bei dem Anrichten mit etwas Citronensaft ab. Kalbfleisch auf diese Weise zubereitet, schmeckt sehr gut und kräftig.

86. Wiener Kalbsschnitzel.

Eine Kalbskeule oder auch nur ein Teil derselben wird ge= häutet; am besten ist es, man teilt die Keule in Frikandons ab und schneidet diese, nachdem sie sorgfältig gehäutet sind, in fingerbreite Scheiben, klopft diese etwas breit, salzt und bratet sie in heißer Butter und etwas frischem Rindstalg in 10 Minuten auf beiden Seiten schön hellbraun, oder man paniert die Schnitzel auch wie Rotelettes mit Eiweiß und Semmel, bestreut sie auch mit feinge= wiegten Kapern und Sardellen und betropft sie mit etwas Citronen= saft. Man muß die Schnitzel recht rasch braten, damit sie recht saftig bleiben; sind sie fertig gebraten, so giebt man einige Löffel Fleischbrühe in die Butter, damit man hinreichende Sauce hat, und giebt Salzkartoffeln dazu. Schnitzel dürfen nicht lange stehen.

87. Paprikaschnitzel.

Man schneidet aus der Keule fingerdicke Schnitzel, klopft sie, spickt sie mit der Nadel recht fein mit Speck und bestreut sie mit

Salz, unter welches man etwas Paprika mengt, und wendet sie in
Mehl um. In frischer Butter bratet man sie hellbraun, nimmt die
Schnitzel heraus, giebt in den Tiegel gute Fleischbrühe und dicken,
sauren Rahm, läßt dies verkochen, legt einen Augenblick die Schnitzel
hinein und läßt sie anziehen. Man kann die Sauce nach Geschmack
mit etwas Paprika schärfen. Man rechne auf 4 Pfd. Schnitzel
1 Kaffeelöffel Paprika.

88. Kotelettes (Karbonaden).

Man nimmt Kalbsrippen, die man sich gleich von dem Fleischer
vorrichten läßt oder mit einem scharfen Hackemesser selbst vorrichtet.
Jede einzelne Rippe giebt ein Kotelett, das man von allen Knorpeln
und aller Haut befreit, in gleiche, runde Stücke, ungefähr in der
Größe eines Handtellers, formiert und an der bis auf ein finger-
langes Stück verkürzten Rippe läßt, die man spitz zuputzt. Nun
klopft man sie auf beiden Seiten mürbe, bestreut sie mit Salz und
drückt sie in zerlassene Butter, in die man das Gelbe von einigen
Eiern gerührt hat, bestreut sie mit recht altbackener, geriebener
Semmel und bratet sie in einer breiten Pfanne in reichlich Butter
und Rindsfett bei starkem Feuer während 10 Minuten; man wendet
sie hierbei einmal und begießt sie fleißig mit der Butter; bloß mit
Butter gebraten, werden sie schneller braun, aber weniger saftig.
Notwendig ist es, daß die Butter im Tiegel kochend ist, ehe man die
Kotelettes hineinlegt, weil dadurch die Semmel schneller harscht;
auch kann man zu den Kotelettes etwas Pfeffer und gewiegte
Zwiebel nehmen.

89. Kotelettes mit Sauce.

Die Kotelettes werden ausgeschält und geklopft, wie vorher
beschrieben, zum Panieren derselben mischt man etwas Mehl unter
die Semmel. Die Knochen und das Sehnige der Kotelettes werden
mit etwas Butter, Zwiebel, Citronen- und Orangenschale, Gewürz
und etwas Bouillon recht eingekocht. Diese Sauce wird dann
durch ein Brühsieb gegossen, die fertig gebratenen Kotelettes hineingelegt und eine Stunde darin zugedeckt langsam gedämpft; bei dem
Anrichten wird die Sauce mit etwas Citronensaft abgeschärft.

90. Kalbsleber gedünstet.

Die Leber wird gehäutet, dann in kochendes Wasser gelegt, damit sie starr wird, dann kalt gespickt (sie spickt sich nicht gut, weil sie leicht zerreißt) oder man sticht mit einem Messer Löcher in die Leber und steckt in dieselben kurze, dicke Speckstreifen, welche in Salz umgewendet sind; hierauf thut man in ein passendes Kasserol ¹/₄ Pfd. Butter, Wurzelwerk und Gewürz, ein Glas roten Wein, Salz und die gespickte Leber. Fest zugedeckt, dämpft man sie so ³/₄ bis 1 Stunde; von Zeit zu Zeit gießt man etwas Brühe zu, bis man die gehörige Quantität Sauce hat. Dann röstet man 2 Löffel Mehl in Butter schön hellbraun, nimmt die Leber aus der Sauce, läßt das Mehl in der Sauce aufkochen, streicht sie durch ein Brühsieb, legt die Leber wieder hinein, daß sie wieder heiß werde und giebt etwas Citronensaft und etwas Kapern dazu.

91. Kalbsleber mit saurem Rahm.

Eine Leber wird gewaschen und gehäutet. Mit dem Messer spickt man sie mit Speckstreifen, die man in Salz, feingewiegtem Estragon, Thymian und Basilikum umgewendet hat. In ein flaches Kasserol legt man dünne Speckscheiben, darauf die Leber, giebt etwas Salz und ¹/₂ Tasse Rahm dazu und setzt sie auf einem Dreifuß in die Röhre. Bei öfterem Begießen mit Rahm muß die Leber eine Stunde braten, bis sie beim Hineinstechen mit der Gabel nicht mehr blutet. Nun nimmt man die Leber heraus, thut in den Satz des Kasserols 1 Eßlöffel gebräuntes Mehl, etwas Rahm, Citronenschale, ganz wenig Zucker, kocht alles gut auf und giebt die Sauce über die Leber durch ein Sieb.

92. Kalbskopf mit brauner Sauce.

Nachdem der Kalbskopf gewaschen und gereinigt ist, schneidet man ihn der Länge nach voneinander und nimmt die Kinnladen heraus, welche sich leicht ausbrechen lassen. Dann wird die Zunge herausgeschnitten und diese nebst dem Kopf mit einer Zwiebel, zwei Lorbeerblättern, 2 Stückchen Ingwer, 1 Zweig Thymian, Basilikum, Estragon, etwas Wurzelwerk und Salz in 2 Liter Wasser und ¹/₂ Liter Essig weich gekocht. Während der Kopf kocht, röstet man Mehl mit frischer Butter oder Bratenfett schön hochbraun, läßt

darin einen Eßlöffel feingeschnittener Zwiebeln verschwitzen und
giebt vorrätige Bratenbrühe und Brühe von dem Kalbskopf dazu,
so daß die Sauce nicht zu dick und nicht zu dünn ist. Diese Sauce
muß nun aufkochen und heiß stehen bleiben, bis der Kalbskopf weich
ist. Die inwendige Gaumenhaut des Kopfes wird dann rein abgeputzt und derselbe oben auseinander genommen und aller Knochen
entledigt, doch so, daß er seine gehörige Form behält. Das Gehirn
bleibt zusammen und wird mit der Haut bedeckt, die Zunge wird
abgeschält und in zwei Teile geteilt. Auf diese Weise legt man
den Kopf und die Zunge in die fertig gemachte Sauce und läßt sie
einigemal darin aufkochen; kurz vor dem Anrichten giebt man noch
ein Glas roten Wein dazu und ist die Sauce nicht pikant genug,
so schärft man sie noch mit etwas Citronensaft oder Essig. Beim
Anrichten streut man würflig geschnittene Semmel, die mit ebenso
geschnittenem Speck hellbraun geröstet wird, darüber und giebt es
zu Tische. Man giebt statt der beschriebenen braunen Sauce auch
eine Majoransauce zum Kalbskopf, wie sie bei den Kalbsfüßen
(Nr. 93) erwähnt ist.

93. Kalbsfüße mit Majoranbrühe.

Wenn die Kalbsfüße vorher reinlich abgeputzt und gebrüht
sind, werden sie in Salzwasser weichgesotten, halb voneinander
geschnitten und die sich leicht lösenden Knochen davon genommen;
so legt man sie in ein tiefes Kasserol, gießt gute Fleischbrühe darauf
und stellt sie heiß. Alsdann röstet man 1 bis 2 Löffel Weizenmehl
in etwas Butter schön hellbraun, rührt es mit Fleischbrühe klar,
thut es zu den Füßen im Kasserol, würzt es mit Salz und Muskatnuß, giebt getrockneten und ganz fein zerriebenen Majoran durch
den Durchschlag dazu und läßt die Füße noch eine Weile in dieser
Brühe kochen. Zuletzt thut man noch ein wenig frische Butter
daran und läßt sie mit aufkochen oder röstet würflig geschnittene
Semmel in frischer Butter und giebt diese mit in die Sauce. Auch
kann man zu den Kalbsfüßen die braune Sauce vom Kalbskopf
(Nr. 92) nehmen.

94. Kalbsmilch oder Bröschen.

Diese werden in verschiedenen Suppen, feinen Ragouts und
Frikassees gegeben. Nachdem sie gewaschen sind, bringt man sie

in leichtem Salzwasser bis zum Kochen, alsbann legt man sie in
kaltes Wasser, giebt sie hierauf wieder in das heiße Wasser, dann
in kaltes und wiederholt dies noch ein paarmal; dann wird alles
Blut ausgezogen sein und die Bröschen werden ganz weiß sein;
man säubert sie nun von allen Sehnen und Häuten und kocht sie
in einer Frikassee= oder Sardellensauce vollends weich.

95. Kalbsgekröse.

Dieses muß sogleich, wenn man es vom Fleischer erhält, mit
Salz abgerieben und einigemal in frischem Wasser ausgewaschen
werden. Man kocht es mit einer Zwiebel und zwei Lorbeerblättern
ziemlich weich, schneidet es in kleine Stücke und giebt es mit einer
Frikassee= oder auch Majoransauce (siehe Nr. 93).

96. Kalbsgehirn mariniert.

3 bis 8 Gehirne legt man in frisches Wasser, erwärmt dieses
nach und nach, bis sich alles Blut herauszieht und man die äußeren
Häutchen leicht abziehen kann, dann legt man sie noch einmal in
laues Wasser, bis die Gehirne völlig weiß werden. In frischem,
reinem Wasser, ungefähr 3 Liter, und $\frac{1}{4}$ Liter Essig läßt man
sie auf dem Feuer so lange stehen, bis sie anfangen zu kochen, dann
gießt man das Wasser durch den Durchschlag vorsichtig ab, daß die
Gehirne nicht auseinander gehen. Nun nimmt man ein irdenes
Kasserol, schmort darin eine Zwiebel, eine Möhre, eine Petersilien=
wurzel, einen Kopf Sellerie, 3 Lorbeerblätter, 10 Stück Nelken,
20 Pfefferkörner und 3 Stückchen Ingwer mit 100 Gr. Butter,
bis die Wurzeln ziemlich weich sind, thut dann $\frac{1}{4}$ Liter Weinessig,
$\frac{1}{4}$ Liter Wasser und einen Eßlöffel Salz dazu, legt die Gehirne
hinein und läßt sie wohl zugedeckt auf gelindem Feuer eine Stunde
lang stehen, bis sie leicht zu kochen anfangen. Dann nimmt man
das Gefäß vom Feuer und läßt es acht Tage lang unberührt stehen.
Will man die Gehirne dann verbrauchen, so läßt man sie in der
Marinade wieder warm werden, legt sie dann auf ein Sieb, läßt
sie rein ablaufen, legt sie dann trocken in die Schüssel und giebt
heiße, hochgelb gemachte Butter mit etwas klarer Petersilie oder
eine Sauce mayonnaise darüber. Auch kann man sie, wenn
sie rein abgelaufen sind, in Ei und Semmel umwenden, in heißem
Schmalz ausbacken und sie zu Spinat und anderem Gemüse geben.

97. Ragout fin.

Man kocht Zunge, Herz und Nieren von einem Kalbe oder Schöpse in Salzwasser weich; alsdann zieht man von den Zungen die Haut ab und schneidet sie der Länge nach in 2 Hälften; Herz und Nieren schneidet man in Scheiben. In einem Kasserol zerläßt man reichlich Butter, legt das geschnittene Fleisch hinein, bestäubt es mit etwas feinem Weizenmehl und bratet es so lange, bis das Mehl schön hellbraun ist, giebt dann etwas feingeschnittene Zwiebel, etwas klaren, weißen Pfeffer, Muskatblüte und etwas gute Fleisch- brühe dazu und läßt es einigemal aufkochen. Sodann giebt man etwas Citronensaft, feingewiegte Citronenschale, Sardellen, einige Kapern und Champignons und ein reichliches Weinglas Madeira, oder nach Verhältnis auch mehr, unter das Ragout, stellt es noch eine halbe Stunde heiß, läßt es aber nicht wieder kochen. Nimmt man das Fleisch vom Kalbe, so nimmt man auch die Gebröschen oder Kalbsmilch dazu. Beim Anrichten belegt man die Schüssel mit Citronenscheiben und kleinen Stücken Blättergebackenem.

V. Das Schöpsen- oder Hammelfleisch.

98. Schöpsenfleisch zu kochen.

Bei der Zubereitung dieses Fleisches giebt es weniger Abwechselung, als bei Rind- und Kalbfleisch, es ist aber seiner Schmackhaftigkeit wegen sehr zu berücksichtigen und noch außerdem vorteilhaft in der Wirtschaft wegen seines Fettes. Gutes Schöpsenfleisch ist leicht zu erkennen an seiner dunklen Farbe, während das schlechte immer nur blaßrot aussieht; ein Haupterfordernis ist es, daß man das Schöpsenfleisch nicht zu frisch geschlachtet kocht oder bratet. Zum Kochen nimmt man ein Rippenstück oder auch aus der Keule; man wäscht es, klopft es mit der Fleischkeule mürbe, brüht es dann noch einmal mit heißem Wasser ab und setzt es mit heißem Wasser ans Feuer. Wenn es anfängt zu kochen, schäumt man es rein ab, thut einige Zwiebeln, Möhren, Lorbeerblatt und einige Körner Neuwürze und Salz daran und läßt es in drei Stunden langsam weich kochen. Man giebt zum Schöpsenfleisch Gemüse von Bohnen, Weißkraut, Herzkohl, Rüben, Teltower Rüben, Möhren, Zwiebeln.

99. Schöpskeule gebraten.

Eine Schöpskeule muß im Sommer 3 Tage vor dem Gebrauch geschlachtet sein; im Winter kann sie 8 bis 10 Tage hängen, wodurch sie nur saftiger und schmackhafter wird; doch darf man sie nicht gefrieren lassen. Man klopft sie gehörig, ohne das Fett zu entfernen, wäscht sie rein, trocknet sie ab und reibt sie mit feingestoßenem Salz ein. Dann giebt man sie in ein Kasserol mit etwas kochendem Fett, läßt sie darin auf beiden Seiten etwas bräunen, gießt nach ¹/₂ Stunde reichlich kochendes Wasser zu, würzt sie mit Zwiebeln, Lorbeerblatt, Nelken, Pfeffer und Estragon, — nach Belieben auch mit schwarzem Kümmel, und läßt die Keule unter fleißigem Begießen 3 Stunden lang fest zugedeckt dämpfen. Eine halbe Stunde vor dem Anrichten nimmt man den Deckel ab, giebt Brotrinde, 2 Tassen Rahm oder ebensoviel Milch dazu, bestreut dann die Keule mit geriebener Semmel und Zwiebel, oder läßt sie auch unbestreut, bräunt sie unter häufigem Begießen und giebt zuletzt zu der Sauce noch etwas Kartoffelmehl. Auch kann man die Keule, statt sie zu bestreuen, mit Salbeiblättern bestecken.

100. Gedämpfte Schöpskeule.

Ein viertel Pfund Butter läßt man in dem zum Dämpfen bestimmten Kafferol aufkochen, thut dann die mürbe geklopfte Keule hinein und stellt sie am Nachmittag, wo das Feuer im Ofen aus- gegangen ist, in die warme Röhre und läßt sie bis zum andern Morgen so stehen. Will man sie nun zusetzen, so thut man alles Wurzelwerk, etwas getrocknete Steinpilze, etwas Citronenschale, aber kein Gewürz dazu, gießt das Kafferol halb voll Wasser und läßt die Keule bei nicht zu starkem Feuer 2 bis 3 Stunden bei öfterem Begießen dämpfen. Ist die Keule weich, so gießt man die Sauce durch und thut eine Obertasse Kapern, ein Glas Wein, drei Messerspitzen voll Kartoffelmehl und den Saft einer halben Citrone dazu. Ist die Sauce zu fett, so schöpft man das Fett ab, legt den Braten nun wieder hinein und läßt sie wieder aufkochen. Man giebt dazu Salzkartoffeln oder auch gebackene Kartoffelklößchen.

101. Gedämpftes Schöpfenfleisch mit Serviettenkloß.

Das Fleisch wird abgewaschen, in zierliche Stücke geschnitten und in Mehl umgewendet. In einem Kafferol läßt man während der Zeit zu 4 Pfd. Fleisch 100 Gr. Butter aufkochen, hierzu giebt man etwas Salz, etwas ganze Muskatblüte, eine Zwiebel, ein Lorbeerblatt, eine halbe Citronenschale und etwas ganze Peterfilie; dann legt man das Fleisch hinein und läßt es $^1/_2$ Stunde dämpfen. Hierauf füllt man es mit dünner Fleischbrühe oder Wasser auf, läßt es in 2 Stunden völlig weich dämpfen und schärft die Sauce kurz vor dem Anrichten mit dem Saft einer halben Citrone ab. Ist das Fleisch sehr fett, so muß man das Fett von der Sauce ab- schöpfen, und richtet diese dann durch ein Haarsieb über das Fleisch

an. Zum Kloß nimmt man für 16 Pfg. Semmel, weicht sie in
³/₄ Liter Milch ein, drückt sie dann wieder aus und rührt sie unter
¹/₄ Pfd. zu Schaum geschlagener Butter, giebt 6 Eier, etwas Salz
und eine Obertasse voll feingeschnittenen Schnittlauch dazu und
rührt alles tüchtig untereinander. Eine Serviette wird nun in heißes
Wasser getaucht, dann rein ausgedrückt, ein tellergroßer Fleck wird
mit Butter ausgestrichen und die Masse hineingefüllt. Die Serviette
wird nun fest zugebunden, doch so, daß für den Kloß noch ein Finger
breit Platz ist, und in leichtem Salzwasser 1¹/₂ Stunde gekocht.
Dies Gericht ist für 8 Personen berechnet; man kann diesen Kloß
auch zu Sauerbraten geben.

102. Irish stew.

3 Pfd. Hammelkeule oder vom Kotelettenstück werden entfettet,
in fingerdicke Scheiben geschnitten, mit Pfeffer und Salz bestreut
und leicht geklopft. Man schält nun 15 große, mehlige Kartoffeln,
schneidet diese in dicke Scheiben, legt eine Schicht davon in ein
Kasserol, darauf eine Schicht Fleisch, welche man mit etwas ganz
feingewiegter Zwiebel bestreut, dann putzt man 4 bis 5 Köpfe
Weißkraut, schneidet diese in Achtel und legt eine Schicht davon
auf das Fleisch, nebst einer Messerspitze Kümmelkörner und etwas
Salz. Dann läßt man wieder eine Schicht Kartoffeln, Fleisch und
Kraut folgen, bis das Kasserol ziemlich voll ist. Zu oberst muß
eine Schicht Kraut kommen. Darüber gießt man so viel leichte
Fleischbrühe oder Wasser, bis die Flüssigkeit über dem Kraut steht
und dämpft die Speise in 2 bis 3 Stunden weich.

103. Schöpskotelettes.

Von einem recht fleischigen, altschlachtenen Schöpsrippenstück
werden die Rückgratknochen bis an die Rippen mit einem scharfen
Hackemesser behutsam abgehauen, dann schneidet man einen Teil
des, das Fleisch bedeckenden Fettes und die sehnige Haut davon ab
und schneidet das Rippenstück, je nachdem man die Kotelettes stark
haben will, zwischen jeder oder zwischen zwei Rippen durch; ist das
Rippenstück recht stark, so kann man es zwischen jeder Rippe durch=
schneiden. Man putzt nun die Kotelettes wie bei den Kalbskotelettes

gesagt ist, sauber ab, schlägt sie mit dem flachen Hackemesser ein
wenig breit, giebt ihnen eine runde Form, bestreut sie mit Salz und
Pfeffer, paniert sie mit Ei und geriebener Semmel oder wendet sie
nur in Mehl um und bratet sie in Butter in einem flachen Tiegel
oder einer Pfanne. Oder man paniert die Kotelettes nicht mit Ei
und Semmel, sondern taucht sie in zerlassene Butter, worin man
klargewiegte Sardellen, Schalotten und feine Kräuter gerührt hat,
doch muß man bei dem Braten dieser Kotelettes die Butter in der
Pfanne erst etwas braun werden lassen. Man giebt sie zu Gemüse
oder geschmorten Kartoffeln; zu letzteren betropft man sie auch mit
Citronensaft.

104. Schöpsnieren gebraten.

Die Schöpsnieren werden in 2 bis 3 Teile zerschnitten, mit
Salz und Pfeffer bestreut und eine Stunde so stehen gelassen. Dann
läßt man frische Butter recht heiß werden und bratet die Nieren=
stückchen während 10 Minuten auf beiden Seiten. Nach Belieben
kann man bei dem Braten etwas feingewiegte Zwiebeln, oder
Sardelle und Citronensäure dazu geben. Man giebt hierzu entweder
Gemüse oder Salat.

105. Lammkeule oder Bug gedämpft.

Zum Dämpfen dieses Fleisches bedarf es in einer heißen
Röhre nur einer Stunde, vorausgesetzt, daß das Lamm nicht über
6 Wochen alt war. Man wäscht die Keule rein ab und legt sie
in eine Pfanne oder Kasserol mit einer in Scheiben geschnittenen
Zwiebel, einem Stückchen Sellerie, einer Petersilienwurzel, 8 Pfeffer=
körnern, ebensoviel Nelken und Ingwer und $\frac{1}{4}$ Pfund Butter.
Die Pfanne wird nun in die heiße Röhre gestellt und wenn das
Fleisch bei öfterem Umwenden $\frac{1}{4}$ Stunde gedämpft hat, bestreut
man es mit Salz und läßt es noch $\frac{3}{4}$ Stunde im Ofen. Dann
ist es fertig und alle Kraft beisammen. Nachdem die Keule nun
auf diese Weise abgebraten ist, legt man sie in eine dazu gefertigte
braune Sauce mit Kapern oder kleinen Gurken und Champignons,
und läßt sie darin nur durchziehen. Als Beleg zu Gemüse schneidet
man sie nach dem Abbraten in kleine Stückchen, welche man wieder
ins Kasserol thut, worin das Bug eingebraten wurde, füllt einige

Löffel Wasser darauf und läßt die Stückchen noch eine Viertelstunde
im Ofen braten, daß sie wie glaciert aussehen.

106. Ziegenbraten.

Die ganze oder halbe Ziege, wenn sie jung und stark ist, wird
wie das Lamm behandelt, mit Butter oft begossen, 1 Stunde rasch
gebraten und mit Semmel bestreut.

VI. Das Schweinefleisch.

107. Schweinefleisch gekocht.

Die Hauptsache beim Gebrauch dieses Fleisches ist, daß es von jungen und nicht zu fetten Schweinen sei. Nur in wenigen Haushaltungen kommt gekochtes Schweinefleisch auf den Tisch, weil es den meisten Personen zu fett und weichlich ist, und man braucht es vorzugsweise zu jeder Fülle. Doch mag es auch für selten vorkommende Fälle hier seinen Platz finden. Man nimmt zum Kochen die Brust, den Hals und die Bauchstücke und läßt es, stark gesalzen, recht rasch kochen, wobei man sehr Acht geben muß, daß es nicht zu weich wird. In 1¹/₂ Stunde ist junges Fleisch völlig weich. Die davon gewonnene Brühe kann man aber auf einem guten Tisch weder zu Suppen noch Gemüsen anwenden. Man giebt gekochtes Schweinefleisch zu Sauerkraut, Möhren oder Klößen.

108. Schweinefleisch mit Weißkraut.

Das Fleisch wird, wie vorher gesagt ist, zugesetzt; das Weißkraut wird auf dem Zettelmesser fein geschnitten und dann etwas mit der hölzernen Rührkeule geklopft. Wenn das Fleisch ³/₄ Stunde gekocht hat, gießt man einen Teil der Brühe auf das Kraut und läßt es in einem Kasserol gehörig kochen, röstet dann einen oder zwei Löffel Mehl in etwas Fett ganz hellgelb, füllt etwas Schweinebrühe darauf, rührt es glatt und giebt es an das Kraut. Ferner giebt man dann eine Handvoll reingewaschenen Kümmel und ein reichliches Weinglas weißen Wein dazu und läßt es mit dem Kraut verkochen. Eine Viertelstunde vor dem Anrichten schneidet man das Fleisch in Stücke und steckt es in das Kraut, damit beides zusammen anzieht; sollte dann das Kraut nicht säuerlich genug schmecken, so giebt man noch einige Tropfen Essig und etwas Salz dazu. Das Schweinefleisch auf diese Weise bereitet, schmeckt sehr kräftig und gut, doch darf das Kraut nicht länger als eine reichliche Stunde kochen, sonst wird es musig und verliert an Aussehen.

109. Schweinskeule gebraten.

Eine gute, frische Schweinskeule von einem, wenn es nicht in zu heißem Sommer ist, 2 bis 3 Tage vorher geschlachteten Schweine, wird stark geklopft und ben Abend vor dem Braten mit Salz eingerieben. Man setzt sie mit reichlich Wasser zu, wendet sie einigemal, damit sie gut durchkocht, zieht die letzte Stunde vor dem Anrichten die Schwarte ab, besteckt die obere Seite mit Zimt und Nelken, bestreut sie mit geriebener Brotrinde, worunter etwas klarer Zucker gemengt ist und läßt sie recht scharf und braun braten. Wenn die Schwarte abgezogen ist, darf der Braten nicht mehr begossen werden, damit er eine feste Kruste bekommt. Eine starke Keule von 12 bis 14 Pfund muß 4 Stunden recht tüchtig braten. Wer diese süße Kruste nicht bei dem Schweinebraten liebt, kann die Keule auch ganz unbestreut lassen.

110. Schweinsrücken, unter dem Namen Bauernhase bekannt.

Man läßt sich von dem Fleischer den Rücken eines jungen, zarten Schweines zierlich hacken, reibt ihn bann mit etwas Salz und Salpeter auf allen Seiten ein, legt ihn in eine Bratpfanne, deckt diese zu und läßt ben Rücken 8 bis 10 Tage in diesem Pökel liegen, doch muß man ihn alle Tage wenden, damit er immer von der Brühe, die sich entwickelt, befeuchtet ist. Oder man läßt ben Rücken von dem Fleischer 8 Tage ins Pökelfaß legen. Hierauf wird er in der Pfanne bloß mit Wasser, wie jeder Salzbraten, gar gebraten. Dieser Braten ist unter den Salzbraten der wohlschmeckendste, weil das Rückenfleisch das zarteste ist. Das Verhältnis des Salzes und Salpeters ist bei dem Einpökeln des Schweinefleisches Nr. 118 angegeben.

111. Schälbraten.

Das Rippenstück eines Schweines, wovon der Speck abgeschält ist, wird gewaschen, gesalzen und ohne Bratenleiter nur mit einem Anrichtelöffel voll Wasser zugesetzt. Anfangs wird es stark eingebraten, weil die Schweinsjus schwer bräunt, dann gießt man etwas Wasser zu und läßt ben Braten auf der guten Seite ziemlich gar

werden, dann wendet man ihn, läßt ihn schön bräunen und bestreut
ihn mit brauner, abgeraspelter Semmel oder Brot, worunter man
nach Belieben etwas Zucker mengt.

112. Schweinskotelettes.

Diese werden auf die nämliche Weise ausgeschnitten wie die
vom Kalbe, nur dürfen sie nicht so stark geklopft werden. Auf
beiden Seiten mit Salz und Pfeffer bestreut, mit Butter leicht bestrichen und mit geriebener Semmel bestreut, bratet man sie womöglich auf dem Rost, doch nicht zu stark, damit sie recht saftig
bleiben; bratet man sie in der Omelettenpfanne, so nimmt man
nur sehr wenig Butter hinein, weil die Schweinskotelettes schon
viel Fett geben.

113. Schweinslenden gebraten.

Man häutet die Schweinslenden, klopft sie leicht, bestreut sie
mit Salz und läßt sie ¹/₂ Stunde mit halb Wasser, halb Essig in
einem Topfe kochen. Dann nimmt man sie heraus, spickt sie mit
einigen Gewürznelken und Stückchen Zimt, legt sie in einen flachen
Tiegel mit kochender Butter, bräunt sie unter öfterem Begießen
und giebt immer etwas von dem Wasser und Essig, worin sie kochten,
zur Brühe, damit man solche genug habe und die Butter nicht zu
braun werde.

114. Schweinsknöchel.

Ein sehr gutes und beliebtes Essen sind Schweinsknöchel aus
dem Pökel. Man läßt sich von dem Fleischer Rückgrat, Hals,
Ohren, Rüssel und Pfoten in zierliche Stücke hacken, mengt sie mit
Salz und ein wenig Salpeter, legt sie in einen steinernen Topf,
beschwert sie, und legt sie alle 2 bis 3 Tage um. Nach 12 bis
14 Tagen sind sie gut; man kocht sie dann ohne Salz mit wenig
Wasser und nimmt sich wohl in Acht, damit sie nicht zu weich werden.
Man giebt dazu Kartoffelklöße mit Meerrettich oder Sauerkraut.

115. Topfbraten.

Dieses Gericht ist größtenteils nur in Sachsen bekannt und
beliebt, und wird gleichfalls vom Schweinefleisch bereitet. Man

4

nimmt hierzu die Zunge, die Niere, das Herz, von dem Rüssel, die Ohrwange und etwas Schwarte. Dies alles wird mit einer Zwiebel, Salz und etwas Gewürz in Wasser weich gekocht. Zur Sauce wiegt man eine oder mehrere Zwiebeln, je nachdem diese groß sind, gröblich, kocht sie mit einem Lorbeerblatt in etwas Weinessig ziemlich weich, nimmt dann das Lorbeerblatt heraus, füllt von der Brühe, worin das Fleisch kochte, darauf, würzt es nun mit klarer Gewürznelke, Neuwürzkörnern und Pfeffer, giebt geriebenen, braunen Pfefferkuchen dazu und läßt es zusammen kochen, bis die Sauce sämig ist. Das Fleisch nimmt man, wenn es völlig weich ist, aus der Brühe, worin es kochte, schneidet es in lange Streifen, wie zu der Schwartenwurst, giebt es dann in die fertige, braune Sauce, legt eine in Scheiben geschnittene Citrone mit hinein, läßt es aufkochen, versucht dann, ob es mit Salz, Gewürz und Sauce im Geschmack richtig getroffen ist, und richtet dann an. Man giebt hierzu Kartoffel= oder Mehlklöße.

116. Sülze.

Man nimmt Maul, Ohren, Füße und ein Stück Halsfleisch von einem jungen Schwein, desgleichen etwas Rindsmaul, einige Kalbsfüße, und einen halben gebrühten Kalbskopf, setzt dies mit Salz, Zwiebeln, Gewürz und einigen Lorbeerblättern mit halb Essig, halb Wasser, jedoch nur so viel, als nötig ist, zum Feuer und läßt es völlig weich kochen. Nachdem es ausgekühlt ist, schneidet man alles in ganz kleine Würfel, thut es in ein Kasserol, giebt noch etwas Salz, etwas klaren Pfeffer, etwas klare Nelken, geschnittene Citronenschale und zwei Anrichtelöffel von der Brühe, in welcher das Fleisch gekocht hat, dazu und läßt es $\frac{1}{2}$ Stunde recht dünsten. Dann streicht man eine beliebige Form mit Provenceröl aus und gießt die Masse hinein. Wenn sie kalt ist, stürzt man sie auf eine Schüssel und giebt bei dem Verspeisen Essig und Öl dazu. Will man die Sülze mehr von Schweinefleisch, und mehr Gelee haben, so kann man auch Rindsmaul und Kalbskopf weglassen. Auch kann man bei dem Schneiden des Fleisches kleine, zerschnittene Pfeffergurken, etwas feingewiegte Sardellen und Kapern darunter mengen.

117. Schinken gut zu kochen.

Der Schinken wird recht rein gewaschen und einige Stunden in frisches Wasser gelegt, dann in eine tiefe Pfanne, worin er gerade Raum hat, gethan, etwas gesalzen, einige Zweige Thymian und Salbei dazugegeben, die Pfanne reichlich halb voll Wasser gegossen, fest zugedeckt und bei mäßiger Hitze langsam gedünstet. Ein Schinken von 8 bis 10 Pfd. muß 3 bis 4 Stunden am Feuer stehen, denn er wird viel besser, wenn man ihn recht langsam kocht. Man wendet ihn einigemal, zieht, wenn er weich ist, die Schwarte ab, bestecht die obere Seite des Schinkens mit Nelken, bestreut sie mit Salz und klarem Pfeffer und deckt den Schinken wieder zu. Wenn man davon gespeist hat, bedeckt man ihn jedesmal wieder mit der abgezogenen Schwarte.

118. Das Einpökeln des Schweinefleisches.

Auf 20 bis 25 Pfd. Schweinefleisch rechnet man 1 Pfd. Salz, 65 Gr. klaren Salpeter und 15 Gr. grobgestoßenen Pfeffer, womit das Fleisch auf allen Seiten eingerieben wird. Dann legt man es in ein dazu passendes Pökelfaß, oder in einen großen, steinernen Topf und schraubt es zu oder beschwert letzteren. Die bei dem Einlegen des Fleisches entstandenen Lücken zwischen demselben füllt man mit reingewaschenen, weißen Kieselsteinen von der Größe eines Hühnereies aus. Durch die Beobachtung dieses Mittels kann man jedes Pökelfleisch, selbst im Sommer bei großer Hitze, da die Steine durch das Salz eine große Kälte erzeugen, schön und frisch erhalten. Pökelt man nur Speck ein, so mischt man unter das oben angegebene Maß Salz 35 Gr. klaren Zucker. Im Sommer ist das Fleisch in 12 Tagen durchgepökelt, im Winter in 16 Tagen. Man darf das Faß nicht zu fest zuschrauben, weil man dann die Schinken breit drückt, wodurch das Fleisch weniger saftig wird, auch muß man es öfter rütteln, damit die Brühe immer über das Fleisch zusammenläuft. Entwickelt sich zu wenig Brühe, so gieße man noch etwas Salzwasser darüber. Ein Schinken muß im Winter, wo stark gefeuert wird, 4 bis 5 Wochen räuchern. Will man Fleisch mit Holzessig räuchern, so trocknet man dasselbe, aus dem Pökel genommen, rein ab, bestreicht es sorgfältig auf allen Seiten stark mit Holzessig, hängt es eine halbe Stunde in die Luft und dann in eine trockene Kammer; nach 2 Tagen wiederholt man dies und läßt es dann noch 3 bis 4 Wochen hängen, ehe man es verbraucht.

119. Bratwürste zu machen und zu braten.

1 Pfd. derbes Schweinefleisch wiegt man recht fein, schneidet alsdann ¼ Pfd. frischen, ungeräucherten Speck in ganz kleine Würfel, und mengt beides mit etwas gestoßenem Pfeffer, Nelken, Neuwürze, Salz, gewiegter Citronenschale und 2 Löffel Sahne wohl untereinander. Dieses wird nun in die Därme, welche man vorher gereinigt und eine Stunde in abgekühltes Salbeiwasser gelegt hat, damit sie von allem üblen Geruch und Geschmack befreit sind, mittelst eines Füllhalses gefüllt. Wenn man sie bratet, trocknet man die Würste rein ab, sticht sie einigemal mit einer Gabel und legt sie in die kochende Butter, giebt etwas Bier dazu und bratet sie recht rasch. Auf 6 Bratwürste rechnet man 50 Gr. Butter und 1 Obertasse Bier; man thut wohl, die Bratwürste mit Bier zu braten, weil sie hierdurch saftiger und wohlschmeckender werden. Man giebt dazu Gemüse, Kartoffelmus oder eine Senfsauce; in letztere muß die gebratene Wurst ein paar Augenblicke vor dem Anrichten halb zerschnitten hineingelegt werden, damit sie von der Sauce durchzogen wird.

120. Gebratener Speck mit Klößen.

Ein Stück durchwachsener Speck wird in mittelbicke Scheiben geschnitten und 3 Stunden in Milch gelegt. Dann werden die Scheiben, nachdem sie abgelaufen sind, nebeneinander in die Bratpfanne gelegt. Nun setzt man sie auf den heißen Herd, bratet sie, ohne Fett daran zu thun, auf beiden Seiten schön braun und giebt sie schnell auf den Tisch mit gekochten Kartoffelklößen und Backobst.

121. Cinq minutes.

Man nimmt zu diesem Gericht derbes Fleisch, ohne viel Fett, Haut und Sehnen, nimmt Kalbfleisch und Schweinefleisch zusammen, oder macht es von Rindfleisch oder auch Wildpret. Man schneidet dieses Fleisch nun grobwürflig, ungefähr in der Dicke eines halben

Zolles und rechnet auf eine Quantität von 3 Pfd. $\frac{1}{4}$ Pfd. fein-geschnittene Sardellen, die feingeschnittene Schale einer halben Citrone, etwas feingeschnittene Zwiebel, einen Theelöffel Salz und einen halben Theelöffel voll Pfeffer. Dieses zusammen wird ohne weitere Zuthat in einem Kasserol auf sehr starkes Feuer gesetzt und bei öfterem Umrühren in 5 bis 10 Minuten fertig gemacht. Ein Zeichen des Gutseins ist die Sauce, welche sich dabei entwickelt, die auch zum Verspeisen des Gerichts hinreicht. Kurz vor dem An-richten drückt man den Saft einer Citrone daran und gießt noch eine Tasse roten Wein dazu. Macht man diese Speise in einem verzinnten Kasserol oder in einer Beefsteaks-Maschine über einer Spiritusflamme, so ist sie in fünf Minuten fertig. Es ist dies auch ein sehr gutes, schnelles Gericht für Herren auf Reisen oder auf der Jagd; im letzteren Falle kann man es auch reichlicher mit Pfeffer würzen. Für solche, welche es nicht lieben, das Fleisch halb roh zu speisen, muß man dies Gericht statt 10 Minuten eine Stunde dämpfen lassen, und es ist dann auch sehr schmackhaft; will man die Sauce etwas dicklich haben, so giebt man eine Messerspitze Kartoffelmehl daran.

122. Zubereitung des Geflügels zum Kochen und Braten.

Alles zahme Geflügel (Tauben, Enten, Hühner) muß wenigstens den Tag vor dem Gebrauche abgeschlachtet werden, da es sonst stets zähe bleibt; Kapaunen, Truthühner, Gänse 2 bis 3 Tage vorher. Tauben wird der Kopf abgerissen; Enten der Kopf abgehauen; Hühnern, Hähnchen, Kapaunen und Truthühnern wird mit einem scharfen Messer die Gurgel durchgeschnitten; den Gänsen wird mit einem spitzen Messer in die Hirnschale gestochen oder das Genick durchgeschnitten, das Blut in etwas Essig aufgefangen und das Loch mit einem glühenden Eisen zugebrannt, damit die Federn nicht blutig werden. — Hühner und Tauben, die man kochen will, werden gleich nach dem Schlachten in kaltes Wasser gelegt, in welchem man sie eine Stunde liegen läßt. Dann schüttelt man sie rein ab und steckt sie in einen Topf mit siedend heißem Wasser, aus dem man sie rasch wieder herauszieht; sollten sich die Federn noch nicht leicht lösen, so thut man sie noch einmal in das heiße Wasser, bis sie sich leicht abrupfen lassen. Bei jungen Hühnern und Tauben wird etwas kaltes Wasser unter das siedende gegossen, weil sie sonst verbrüht und die Federn nur fest werden, während die alten Hühner und Tauben mehr vertragen können. — Ist das Kochgeflügel nun von den Federn gereinigt, so schneidet man die Haut am Halse der Länge nach auf, zieht Kropf und Gurgel von hinten heraus, schneidet Hals und Füße ab, macht am Bauche einen kleinen Einschnitt nach dem Steiße zu und nimmt die Eingeweide vorsichtig heraus, damit die Galle nicht zerreißt. Das Geflügel wird dann rasch ausgewaschen, in eine tiefe Schüssel gelegt und mit einem Tuche bedeckt, damit es durch Hinzutritt der Luft nicht schwarz wird. — Soll das Federvieh gebraten werden, so wird es trocken gerupft, aber mit Vorsicht, damit die Haut nicht zerrissen wird, was namentlich bei jungem Geflügel leicht geschieht. Dann wird es am besten bei einer Spiritusflamme abgesengt, auf

Papier gelegt und mit einer Speckschwarte bestrichen, damit man die noch zurückgebliebenen Federn und Stoppelchen mit einem Tuch rein abwaschen kann. Das Federvieh gewinnt so ein schönes und weißes Aussehen.

123. Altes Huhn gekocht.

Das alte Huhn wird rein gemacht, eine kurze Zeit gewässert und dressirt, das heißt der Brustknochen wird flach gedrückt, die Keulen zurückgeschoben und übers Kreuz mit einem Holzstift befestigt, die Flügel auf den Rücken zurückgebogen und Kopf und Magen darunter gesteckt; die Leber thut man erst kurz vor dem Anrichten in die kochende Hühnerbrühe. Dann wird es mit Gewürz, Salz und Wurzelwerk 3 Stunden gekocht. Besser und mürber wird es, wenn es schon einige Tage geschlachtet ist. Die Brühe wird noch kräftiger, wenn man einen Rindsmarkknochen mitkocht. Hat das Huhn eine Stunde gekocht, so lege man es in eine Schüssel mit kaltem Wasser, wasche es darin rein ab, damit es schön weiß werde, und lasse es in der Brühe völlig weich kochen. Auf ein altes Huhn kann man nur 2 Liter Brühe rechnen und nur 4 Personen damit sättigen. Man giebt dazu das Leipziger Allerlei, Spargel, Blumen-kohl, Sardellensauce, Reis oder Gräupchen. Die Gräupchen werden mit Wein, 2 Eiern und Citronensaft abgezogen und feingewiegte Citronenschale daran gethan. Halb weichgekochte Hühnerbrust nimmt man zu feinen Muschelragouts und Farcen.

124. Ragout fin en coquilles. (Jakobsmuscheln.)

6 Stück Gebröschen, eine alte Henne, 1 Pfd. mageres Schweine-fleisch werden abgekocht, alsdann werden die Gebröschen, die Leber und Brust der Henne klein würflig geschnitten und das Schweine-fleisch ganz fein gehackt. Hierauf drückt man den Saft von zwei Citronen, giebt 8 Sardellen, eine halbe Citronenschale, Trüffeln, Champignons, Kapern, etwas Zwiebel, alles fein gewiegt, dazu, und läßt es mit 80—100 Gr. Butter und etwas Fleischbrühe dämpfen, zuletzt zieht man es mit einem Glas Wein und 3 Ei-bottern ab. Die Fächer- oder Jakobsmuscheln werden mit etwas Butter ausgestrichen und mit geriebener Semmel bestreut; dann füllt man das Ragout hinein, bestreut es oben mit geriebener

Semmel oder belegt jede Muschel mit einer von Gräten gereinigten Sardelle und stellt sie eine Viertelstunde in die heiße Röhre. Man giebt sie nach der Suppe. In Ermangelung einer alten Henne nimmt man 1 Pfd. Kalbfleisch, kocht es wie das Schweinefleisch leicht ab und hackt es dann zusammen ganz fein.

125. Gebratene Hähnchen.

Die Hähnchen werden ebenso vorgerichtet wie die alten Hühner, nur läßt man sie kürzere Zeit wässern. Inwendig reibt man sie mit etwas Salz ein, macht von etwas Petersilie, einem Stückchen Speck und frischer Butter eine kleine Kugel, und steckt sie in das Huhn unten hinein. Dann wird es fein gespickt in die Pfanne gelegt und mit noch etwas Butter und wenig Wasser recht schnell schön hochgelb gebraten; in einer Stunde muß es fertig sein. Man bestreut es gewöhnlich, ehe es ganz gebräunt ist, mit klarer Semmel, doch kann man dies auch unterlassen. Man rechnet auf 1 Person 1 Hähnchen; sind sie groß für 6 Personen 4 Hähnchen.

126. Gebackene Hühner.

Die gereinigten, jungen Hühner werden in 4 bis 6 Stücke geschnitten, mit Salz eingerieben und 1 Stunde in eine Schüssel gelegt. Dann trocknet man jedes Stück behutsam mit einem Tuche ab, legt es auf ein Anrichtebrett, wendet es in durchgesiebter, geriebener Semmel um, taucht dann jedes in kaltes Wasser, zieht es rasch heraus, wendet es wieder in durchgesiebter, geriebener Semmel um und bäckt sie in heißem Schmalz schön hellbraun. Man muß reichlich Schmalz nehmen, so daß die Stücke beim Backen schwimmen. Auch kann man die Hühnerstückchen, wenn das Salz abgetrocknet ist, in eine Masse von Milch, Ei und Mehl, wie zu Omeletten, tauchen und sie hierin backen. Man giebt Blumenkohlgemüse, Schoten und Möhren oder Allerlei dazu.

127. Frikassee von jungen Hühnern.

Die Hühner werden nur 10—15 Minuten in leichtem Salzwasser gekocht, dann herausgenommen und in kaltes Wasser gelegt; hierauf schneidet man sie in 2 oder 4 Stücke, legt sie nebst den abgeputzten Magen und Lebern in die fertiggemachte Frikasseesauce (siehe Nr. 84) und läßt sie dann vollends weich kochen. Zuletzt zieht man sie mit einem Glas weißen Wein, einigen Eiern und Citronensaft ab und streut beim Anrichten etwas feingeschnittene Peterfilie darüber.

128. Kapaun gebraten.

Der 2—3 Tage vor Gebrauch geschlachtete, gut vorgerichtete und dressierte Kapaun (siehe altes Huhn) wird mit Salz einge= rieben, einige Stückchen Speck und ein Stückchen Butter hinein= gesteckt, der Kropf mit einer Fülle gefüllt, wie sie beim gebratenen Truthahn angegeben ist, und die Brust mit Speckscheiben belegt. Dann bratet man den Kapaun mit Butter, etwas Salz und etwas mehr Wasser als die Hähnchen in $1\frac{1}{2}$ bis 2 Stunden recht auf= merksam. Er muß oft begossen werden, darf nur wie die Hähnchen schön hellbraun werden und die Brühe muß schön kurz werden; bräunt er zu schnell, so legt man ein mit Butter bestrichenes Papier auf die Brust. Wenn man einen Kapaun füllen will, darf man ihn nicht brühen, sondern muß ihn kalt rupfen und er darf dann bei dem Braten nicht gewendet werden, sondern die Brust wird gleich nach oben gelegt. (Für 5 bis 6 Personen.)

129. Truthahn gebraten.

Der Truthahn wird ganz so vorgerichtet und dressiert wie das alte Huhn und muß 2—3 Tage vor Gebrauch geschlachtet werden. Auf den sehr hoch vorstehenden Brustknochen legt man ein dick zu= sammengelegtes, reines Leinentuch, darauf einen hölzernen Teller und schlägt nun mit der Fleischkeule den Knochen ein, doch so, daß die Haut nicht verletzt wird; auf gleiche Weise schlägt man bei dem Kapaun den Brustknochen ein. Die Kropfhaut trennt man, soweit man kann, von der Brust los, damit die Fülle gehörig Platz hat, und spickt die Keulen reichlich mit Speck. Die Farce oder Fülle macht man entweder pikant und bereitet sie dann folgendermaßen: man läßt für 4 Pfg. Semmel in Wasser durchweichen und drückt sie in einem reinen, leinenen Tuch wieder aus; die Leber vom Truthahne, sowie $\frac{1}{4}$ Pfd. frisches, derbes Schweinefleisch wird mit dem Wiegemesser ganz fein geschnitten; dann läßt man in 65 Gr. frischer Butter, in einem Kasserol aufs Feuer gesetzt, einen

Theelöffel voll feingeschnittener Zwiebeln, das Schweinefleisch und
die geschnittene Truthahnsleber etwas verschwitzen, rührt die ausgebrückte Semmel, 5 bis 6 feingewiegte, ausgegrätete Sardellen
dazu und rührt es auf dem Feuer 10 Minuten ab; zuletzt giebt
man 2 ganze Eier und 3 Eidotter, das erforderliche Salz und etwas
klare Muskatblüte dazu. Oder man macht eine süße Fülle aus
100 Gr. Butter, 4 Eiern, etwas klarer Muskatblüte, etwas Salz, dem
auf Zucker Abgeriebenen einer Citrone, 30 Gr. bitteren und 30 Gr.
süßen im Mörser gestoßenen Mandeln und für 9 Pfg. in Milch einge-
weichter und wieder ausgebrückter Semmel. Die Butter wird zu
Schaum gerührt, die Eidotter dazu geschlagen, das andere alles darunter gegeben und zuletzt der Schnee der 4 Eier darunter gerührt.
Ist der Kropf gefüllt, so wird er vorsichtig zugenäht, damit nichts von
der Fülle herausquellen kann; nun legt man den Truthahn in die
Pfanne, so daß die rechte Seite gleich oben ist, bestreicht ein Papier
fett mit Butter, salzt ihn und deckt ihn mit dem Papier fest zu,
gießt in die Pfanne reichlich Wasser und Butter und läßt ihn, je
nachdem er jung ist, zwei bis drei Stunden stark braten. Da er
wegen der Fülle nicht gut gewendet werden kann, weil diese leicht
platzt, so muß er um so fleißiger mit heißer Butter begossen werden;
die letzte halbe Stunde nimmt man das Papier ab, damit der
Braten bräunen kann. Ein Haupterforderniß ist es, um diesen
Braten recht saftig und mürbe zu haben, daß es kein alter Truthahn
ist, und daß er schon mehrere Tage geschlachtet ist und in der Luft
gehangen hat, ehe man ihn bratet. Im Spätherbst sind die Truthühner ausgewachsen; sie dürfen nicht über ein Jahr alt sein.

130. Tauben zu kochen.

Man verfährt bei dem Zurichten der Tauben ganz so damit,
wie bei dem alten Huhn, nur daß sie, wenn sie jung sind, nur
³/₄ Stunde kochen. Auf 4 Tauben rechnet man nur 1 Liter Wasser,
damit die Brühe kräftig werde, und notwendig ist es, daß man sie
mit heißem Wasser zusetzt, weil die Tauben in kaltem Wasser sich
leicht rot kochen. Man giebt zu gekochten Tauben Frikassee-, Peter-
siliensauce oder Spargelgemüse. Beim Einkauf der Tauben auf
dem Markt ist zu beobachten, daß junge Tauben dicke Schnäbel
und unter den Federn weiße Haut haben, die alten haben dünnere
Schnäbel und blaurote Haut. (Auf 1 Person rechnet man 1 Taube.)

131. Tauben gebraten.

Wenn die Tauben gereinigt und ¹/₄ Stunde gewässert sind, spickt oder füllt man sie, steckt unten hinein etwas Petersilie, Butter und Speck, wie bei den Hähnchen und bratet sie wie diese mit Butter, etwas Salz und wenig Wasser eine Stunde, nur etwas dunkler als die Hähnchen. Wenn man sie füllt, trennt man die Kropfhaut vorsichtig von der Brust ab, dressiert und füllt sie. Zur Fülle rechnet man auf 8 Tauben 65 Gr. frische Butter, 2 Eier, ein wenig Salz, etwas gewiegte Petersilie, die feingewiegten Tauben-lebern und ungefähr 3 Speiselöffel voll geriebene Semmel, daß es ein lockerer Teig wird, oder man nimmt statt der Petersilie 40 Gr. kleine Rosinen und etwas Zucker, füllt damit den Kropf und bindet ihn zu.

132. Tauben mit einem Guß.

Man streicht eine Bratpfanne reichlich mit Butter aus und legt die Tauben, welche gereinigt, ausgewässert und gesalzen sind, hinein, alsdann quirlt man ³/₄ Liter Milch nebst 8 Eiern, ¹/₄ Pfd. Butter, etwas Salz, Muskatblume, einen Löffel Mehl und für 3 Pfg. geriebene Semmel zusammen, gießt dieses über die Tauben und läßt sie im Bratofen eine Stunde braten. Man kann die Tauben auch vorher braten und dann den Guß ohne Butter darüber geben. Die angegebene Masse ist für 6 bis 7 Tauben berechnet.

133. Tauben frikassiert.

Nachdem die Tauben gehörig gesäubert sind, legt man sie in eine Schüssel, gießt kochendes Wasser darüber und läßt sie 6 bis 8 Minuten darin stehen. Dann nimmt man sie auf ein Anrichte-brett, schneidet jede in zwei Hälften und legt sie eben so lange in kaltes Wasser. Unterdes hat man in ein Kasserol frische Butter (auf jede Taube 15 Gr.) und alle die Ingredienzien gethan, die bei dem Kalbfleisch-Frikassee (Nr. 84) angegeben sind; nur die Sar-dellen fallen weg. Wenn es recht dünstet, thut man die Tauben hinein und verfährt ganz so damit, wie mit dem erwähnten Frikassee. Man kann in diese Sauce auch Krebsschwänze, Morcheln, Blumen-kohl und Krebsbutter thun; dann quirlt man sie aber nicht mit Wein, sondern mit etwas Sahne ab.

134. Eine Gans zu schlachten und zu braten.

Bei dem Einkaufe der Gänse und Enten ist zu bemerken, daß die Füße und Schnäbel der jungen Tiere gelbrot, die der alten hingegen dunkelrot sind. Man schneidet der Gans das Genick ab und fängt das Blut in Essig auf, quirlt es gut und hebt es zu Gänseschwarz auf. Die Gans muß nun sogleich gerupft werden. Dann wird sie gesengt, dann schneidet man die Flederwische und Füße ab, legt die Gans in einen großen Asch, brüht sie mit kochendem Wasser und reibt sie mit einem wollenen Läppchen und etwas Weizenkleie recht ab. Wenn dies geschehen ist, so wird sie noch einmal mit kaltem Wasser abgewaschen und muß darin 12 bis 16 Stunden liegen bleiben, bis sie ganz kalt und das Fett inwendig hart ist. Dann wird sie gehörig ausgenommen, das Fett von den Därmen abgelöst, der Magen aufgeschnitten, die dicke Haut heraus» gezogen, die Blume und das Darmfett besonders in kaltes Wasser gelegt, der Magen rein ausgewaschen, die Leber dazu gelegt, der Hals und die Flügel abgeschnitten und die Gurgel herausgezogen. Will man die Gans nun braten, so ist es besser, sie ist schon zwei bis drei Tage vorher geschlachtet, sie wird alsdann in frisches Wasser gelegt und inwendig rein ausgewaschen; dann reibt man sie mit etwas Salz aus, brühet ein Bündel Beifuß, wäscht 10 bis 12 Borsdorfer Äpfel rein ab und steckt beides in die Gans, stiftet sie zu, salzt sie von außen noch ein wenig und setzt sie mit viel heißem Wasser zu. Die Pfanne kann, namentlich bei einer älteren Gans beinahe voll sein. Man bratet sie bei fleißigem Begießen und einmaligem Wenden schön hellbraun, das Fett wird eine Stunde vor dem Anrichten rein abgeschöpft. Zu Michaelis bratet eine junge Gans in $2\frac{1}{2}$ Stunde gar, zu Weihnachten braucht sie $3\frac{1}{2}$ bis 4 Stunden. Wenn man die Gans zusetzt, muß man sie auf die Bratenleiter legen und sie einigemal während des Bratens in die Höhe heben, damit sich die Brust nicht an die Pfanne anlege. Ist sie dann $\frac{1}{2}$ Stunde vor dem Anrichten gewendet, so muß man sie bloß mit dem Fett begießen; begießt man sie mit Bratenbrühe, so wird die Haut nicht so schön egal braun. Im Juli und August muß man die jungen Gänse, weil sie nur wenig Fett haben, mit einem Stückchen Butter zusetzen und nur 2 Stunden braten. Eine Gans als Hauptgericht reicht für 8 bis 9 Personen.

135. Gekochte Gans mit Meerrettich.

Man wickelt eine nicht zu fette Gans wohl gereinigt in eine alte, reine Serviette, legt sie in ein Kasserol, welches so tief ist, daß das Wasser über die Gans hinweggeht, thut dazu etliche Zwiebeln und anderes Wurzelwerk, 4 Gr. ganzen Pfeffer, ebensoviel Ingwer, halb so viel Nelken, 5 Stück Lorbeerblätter und 50 Gr. Salz. Die Gans muß nun in dieser Brühe völlig weich kochen und dann darin auskühlen. Herausgenommen, putzt und trocknet man sie mit einem reinen Tuche überall ab, daß weder Fett noch Feuchtigkeit mehr daran ist. Auf einer weißen Serviette bringt man sie zu Tisch, weswegen man darauf sehen muß, daß die Gans schön rein ist. Hierzu giebt man eine Meerrettichsauce wie folgt: Eine starke Handvoll geriebenen Meerrettich, ¹/₄ Pfd. rein geschälte und mit etwas Rahm feingestoßene, süße Mandeln und 60 Gr. klarer Zucker werden unter 1 Liter vorher gekochten, guten Rahm gerührt und kalt zur Gans verspeist. Auf gleiche Weise bereitet man Enten.

136. Gänseschwarz.

Hierzu nimmt man das Gänseklein, dazu gehört der Kopf, der Hals, die Flügel, die Füße, der Magen und die Leber. Ist die Leber sehr groß, so wird sie davon weggenommen und so bereitet, wie es später angegeben ist. Man schneidet den Hals in zwei Teile, hackt den Schnabel vom Kopfe, sticht die Augen aus und brüht alles nochmals ab; dann wird es mit dem Übrigen in gesalzenem Wasser und mit etwas Wurzelwerk und Gewürz so lange gekocht, bis der Magen weich ist. Die schwarze Brühe macht man auf folgende Art: Man nimmt das von der Gans aufgefangene Blut, quirlt es noch einmal und gießt es durch den Durchschlag, dann thut man für 10 Pfennige geriebenen, braunen Pfefferkuchen hinein, gießt von der Brühe, in welcher das Gänseklein gekocht hat, so viel dazu, als zur Brühe nötig ist, setzt es zum Feuer und läßt es unter häufigem Quirlen aufkochen. Dann thue man etwas gestoßene Nelken, gewiegte Citronenschale und klaren Pfeffer hinein; hat die Sauce mit diesem Gewürz eine Weile angezogen, so richtet man sie über das Gänseklein an. Zuvor muß man sie aber kosten, ob sie kräftig genug schmeckt, sonst gießt man noch einige Tropfen Weinessig mit Zucker daran. Hierzu kann man

Mehlklöße kochen. Das Gänselein mit Reis gekocht ist die gewöhn-
lichere Hausmannskost und hat man an die Brühe Wurzelwerk und
Gewürz gethan, so ist sie zum Reis auch recht kräftig.

137. Gänseleber gut zuzubereiten.

Die Leber wird, wenn sie aus der Gans genommen ist, gut
abgewaschen, warme Milch darauf gegossen und mit Pfeffer bestreut.
So läßt man sie zwei Tage stehen, doch muß man am zweiten Tage
andere Milch darauf gießen; will man die Leber zum Speisen vorrichten, so muß die Milch davon rein abgewaschen werden. In
einen kleinen Schmortiegel thut man hierauf ein Stück Butter,
ein paar Scheiben Zwiebel, Citronenschale und zwei ganze Nelken,
läßt die Butter aufkochen, salzt die Leber gelinde und legt sie in
den Tiegel. Auf gelindem Feuer läßt man sie wohl zugedeckt so
lange dämpfen, bis sie gut ist (ungefähr 15 Minuten). Von der
Brühe nimmt man nun alle Butter ab, drückt etwas Citronensaft
daran und streut ein wenig geriebene Semmel hinein; so verspeist
man sie. Oder man bestreut die Leber mit Salz, wendet sie in
Weizenmehl um, betropft sie mit Citronensaft und bratet sie langsam
in der heißen Butter während 15 Minuten. Die Leber darf nicht
mehr bluten, darf aber auch nicht hart werden.

138. Ente gebraten.

Von der sauber gepuhten Ente schneidet man Kopf, Hals,
Flügel und Beine ab, wässert sie eine kurze Zeit, reibt sie inwendig
mit etwas Salz ein und steckt, wie bei der gebratenen Gans, ein
Bündel abgebrühten Beifuß und 6 bis 8 Borsdorfer Äpfel oder
10 bis 12 gute, abgeschälte Kastanien hinein, steckt die Öffnung
mit einem Holzstiftchen zu, setzt sie mit halb so viel Wasser als bei
einer Gans und etwas Salz zu und läßt sie in der heißen Röhre
1½ bis 2 Stunden braten. Ist die Ente nicht schön fett, so begieße
man sie einigemal mit heißer Butter, damit sie schön braun und
saftig werde. (Eine Ente reicht für 3 bis 4 Personen.)

139. Ente in Gelee.

Die Ente wird gut vorgerichtet, dann die Brust mit in Gewürz
umgewendetem Speck fein gespickt und der Leib mit Wurzelwerk

und einer Handvoll Peterſilie gefüllt. Nun legt man auf den Boden eines Kaſſerols einige Speckſcheiben, Zwiebelſcheiben, 4 Lor= beerblätter, einen Kalbsfuß, womöglich etwas mageren, rohen Schinken, einige Gewürzkörner, giebt das gehörige Salz dazu, legt hierauf die Ente und gießt ¹/₂ Liter weißen Wein und ſoviel Waſſer daran, daß es mit der Ente gleich ſteht. Das Kaſſerol wird nun mit einem paſſenden Deckel feſt zugedeckt und auf gelindem Feuer die Ente weich gekocht. Iſt ſie weich genug, ſo nimmt man ſie heraus, giebt an die Brühe noch etwas Citronenſaft und gießt die= ſelbe durch ein Haarſieb in eine tiefe Schüſſel. Hierein legt man die Ente, worauf man ſie zum Geleewerden an einen kalten Ort ſtellt. Beim Auftragen verziert man die Schüſſel mit in Viertel geſchnittenen Citronen oder Apfelſinen. Dieſes Gericht giebt man bei kalten oder warmen Abendeſſen und Frühſtücken; es iſt ſehr wohlſchmeckend.

VIII. Wildes Geflügel.

140. Einen Fasan zu braten.

Der Kopf des Fasans wird ungerupft abgeschnitten, die Flügel werden, wie bei der Gans abgehackt, der Schwanz wird ausgezogen, die Beine aber bleiben daran. Alsdann rupft man den Fasan, macht unten eine Öffnung und nimmt ihn aus; so läßt man ihn 6 bis 8 Tage in der Luft hängen, wodurch er sehr an Zartheit gewinnt, da alles Fleisch von wildem Geflügel etwas Zähes hat; doch thut man wohl, ihn in ein leinenes Tuch einzuschlagen oder in einen leinenen Sack zu stecken, damit keine Fliegen daran kommen. Wenn man ihn nun braten will, wäscht man ihn nur leicht ab, belegt dann Brust und Keulen mit Speckscheiben, umwindet sie mit Zwirn, legt ihn in die Bratpfanne, salzt ihn, giebt 200 Gr. Butter, einige Wacholderbeeren und etwas Wasser dazu und läßt ihn unter fleißigem Begießen und einmaligem Wenden gar braten; ein junger Fasan bratet 1 bis 1½ Stunde. Will man ihn weiß auf den Tisch bringen, so läßt man die Speckscheiben bis zum Anrichten auf der Brust liegen; will man den Fasan bräunen lassen, so bindet man dieselben eine halbe Stunde vor dem Anrichten ab. Um den abgeschnittenen Kopf wickelt man nach dem Schnabel zu einen Streifen ausgezacktes Papier, daß es wie eine Krause um den Kopf steht, legt ihn, wie auch die Flügel und den Schwanz, wieder zu dem Fasan und giebt ihn so auf den Tisch. Der Hahn ist jederzeit größer als das Huhn; dieses ist aber zarter an Geschmack. (Ein Fasan reicht nach seiner Größe für 4 bis 5 Personen.)

141. Wilde Ente gut zu braten.

Wenn man die Ente gerupft und ausgenommen hat, wässert man sie eine halbe Stunde, spickt sie dann und dressiert sie; dann legt man sie in die Bratpfanne, salzt sie, gießt ³/₄ Liter siedenden, weißen Kochwein darüber, giebt 125 Gr. Butter dazu und bratet sie in einer reichlichen Stunde bei fleißigem Begießen schön braun.

Sollte die Brühe zu sehr einkochen, so gießt man immer etwas Wasser nach.

142. Wilde Ente gedämpft.

Man richtet die Ente, wie vorher beschrieben, zu und spickt sie, dann setzt man sie mit einer Zwiebel, einer Petersilienwurzel, ¹/₄ Kopf Sellerie, einer Möhre, einem Lorbeerblatt, einem Stück Ingwer, einigen Pfefferkörnern und Nelken, einigen Wacholder= beeren, einem Stückchen rohen Schinken, mit dem erforderlichen Salz und mit wenig Wasser und Butter in einem passenden Kasserol zu. Unter öfterem Begießen dämpft man sie in der heißen Röhre weich; sollte sie zu braun werden, so deckt man sie mit einem Stück Papier zu. Man giebt hierzu eine braune Champignons= oder Kapernsauce, in welche man den Saft, worin die Ente dämpfte, durch ein Haarsieb gießt und dann dieselbe noch ¹/₄ Stunde lang darin heiß stehen läßt.

143. Rebhühner gebraten.

Bei dem Einkauf der Rebhühner ist zu bemerken, daß junge Tiere blaßgelbe Füße und weißliche Schnäbel haben, die alten da= gegen dunkle. Die Rebhühner werden ganz so dressiert, wie die jungen Hühner: man brüht sie, dann spickt man sie reichlich, reibt sie inwendig mit ein wenig Salz und zerstoßenen Wacholderbeeren aus und bratet sie mit reichlicher Butter und wenig Wasser bei raschem Feuer schön hellbraun. Die letzte Viertelstunde bestreut man sie mit geriebener Brotrinde oder Semmel. Junge Rebhühner sind in einer Stunde gar, alte brauchen zwei Stunden; besser ist es, man kocht letztere eine Stunde in einem Topf und legt sie dann erst mit Butter in die Bratpfanne und gießt von der Brühe, in welcher sie kochten, nach und nach zu. Für die Person 1 Rebhuhn.

144. Schnepfen gebraten.

Die Schnepfen sind im Herbst am besten und müssen, nachdem sie geschossen sind, 3 bis 4 Tage an einem kalten, luftigen Ort gehangen haben, dann werden sie gerupft, gesengt, mit einem Tuche rein abgewischt, nochmals geputzt und ausgenommen. Die Augen werden ausgestochen, die Füße auswärts gedreht, so zwar, daß die

Klauen sich unter dem Bügel befinden, der lange Schnabel wird durch die beiden Bügel gestochen, dann die Schnepfe von innen und außen gehörig gesalzen und um ihren ganzen Körper eine dünne Speckscheibe gewunden, womit sie bei fortwährendem Begießen mit wenig Wasser und etwas brauner Butter in der Zeit von einer Stunde nicht zu scharf gebraten wird. Das Eingeweide der Schnepfe nimmt man, ehe sie gebraten wird, behutsam heraus, thut den Magen davon weg, hackt das Übrige (und wenn man es hat, noch zwei Rebhühner= oder Taubenlebern dazu) recht fein, mengt 20 Gr. zerlassene Butter, 2 Eßlöffel voll geriebener Semmel, das halbe Dotter eines Eies und etwas Salz darunter und streicht dieses etwa halbfingerdick auf dünne, mit zerlassener Butter bestrichene Semmel= scheiben, welche dann 10 Minuten in eine heiße Röhre gestellt und gebacken werden. Mit diesen Semmelscheiben belegt man die Schüssel der angerichteten Schnepfen.

145. Bekassinen.

Diese kleinen Vögel werden wie die Schnepfen gebraten, nur dürfen sie nicht so lange braten, damit sie nicht hart werden.

146. Krammetsvögel gebraten.

Die Vögel werden rein gerupft, die Haut über den Kopf ab= gezogen, die Augen ausgestochen, der untere Teil des Schnabels abgeschnitten, die Gedärme und der Magen, bis auf Herz und Leber, herausgenommen, die Krallen werden etwas abgestutzt, die Füße nach innen um die Keulchen gebogen, diese ineinander ge= steckt, daß sie ein Kreuz bilden, den Kopf biegt man nach der linken Keule und steckt die Spitze derselben durch die Augenhöhle. Nachdem man die Vögel von innen und außen etwas gesalzen, steckt man sie an hölzerne oder eiserne Stäbchen und bratet sie bei fleißigem Begießen mit heißer Butter auf dem Rost. Das Begießen derselben geschieht nicht auf dem Rost selbst, sondern über der Pfanne, in welcher sich die heiße Butter befindet, indem man das Spießchen mit den Vögeln darüber hält. Man bestreut sie zuletzt mit klarer Semmel; sie bedürfen 15 Minuten zum Braten. In der Pfanne gebraten, dauert es einige Minuten länger. Man steckt in die Krammetsvögel auch etwas gestoßene Wacholderbeeren. (Für einen Herrn rechnet man 3—4, für eine Dame 2 Krammetsvögel.)

147. Lerchen zu braten.

Die Lerchen werden behutsam gerupft, vom Kopf die Haut mit den Federn abgezogen und die Augen ausgestochen, unten macht man eine kleine Öffnung und zieht die Gedärme mit einem kleinen Hälchen oder der Spicknadel sauber heraus, doch muß man sich in acht nehmen, daß das Fett sich nicht mit herauszieht. Macht man die Öffnung mit dem Finger, so wird sie zu groß und die Lerche unscheinbar; dasselbe gilt auch bei den Krammetsvögeln. Zu einer Mandel Lerchen setzt man 150 Gr. Butter in einem Tiegel ans Feuer, sobald die Butter in die Höhe steigt, so werden die an ein hölzernes Stäbchen gereihten Lerchen, die Brust nach unten, hineingelegt und etwas gesalzen. Wenn die Brust schön blaßgelb gebraten ist, wendet man sie und bestreut sie entweder mit Semmel oder läßt sie auch unbestreut. In 10 Minuten sind sie gut gebraten, dann nimmt man sie auch gleich aus der Butter und verspeist sie sofort, wenn sie ein gutes Gericht geben sollen. Auf dem Rost, wie die Krammetsvögel gebraten, sind die Lerchen noch schmackhafter.

IX. Das Wildpret.

148. Wildpret gekocht.

Wenn das Wildpret eine Weile im frischen Wasser gelegen, wird es in Stücke geschnitten und rein abgewaschen, dann mit kochendem Wasser, Salz, einer Zwiebel, einem Lorbeerblatt, etwas neuer Würze und einem Glas Essig so weich gekocht, daß man die Knochen leicht davon ablösen kann. Man nimmt das Wildpret alsdann mit dem Schaumlöffel aus der Brühe, legt es auf ein Anrichtebrett, läßt es ein wenig abkühlen und nimmt alle Knochen behutsam heraus, besonders wenn es von Hasen ist. Dann legt man es wieder so lange in die warme Brühe, bis die braune Sauce, womit man das Wildpret anrichtet, fertig ist. Zur braunen Brühe schneidet man eine dünne Scheibe schwarzes Brot, legt dies in die heiße Röhre und röstet es auf beiden Seiten hellbraun; wenn es erkaltet ist, brockt man es in ein Töpfchen, gießt kalten Essig darauf und läßt es klar kochen. Ferner röstet man eine feingewiegte Zwiebel in Fett oder Butter ein wenig an, thut dann einen Eßlöffel Mehl dazu und wenn es braun ist, gießt man von der Wildpretsbrühe durch ein Haarsieb dazu und läßt sie unter öfterem Umrühren aufkochen, alsdann gießt man den Essig mit Brot durch einen Durchschlag dazu. Nun giebt man etwas gestoßenen Pfeffer und gewiegte Citronenschale daran, legt das Fleisch hinein und läßt es anziehen. Ist die Sauce bei dem Anrichten zu dick, so gießt man noch etwas von der Brühe, worin das Wildpret kochte, daran, oder ist sie nicht scharf genug, giebt man noch etwas Essig dazu. Alles Wildpret, welches man nicht gleich kochen kann, muß man in einem töpfernen Geschirr, mit halb Essig, halb Wasser und einigen gestoßenen Wacholderbeeren, gut zugedeckt aufheben.

149. Hirschbraten.

Eine Keule von einem starken Hirsch kann man in 2—3 Teile teilen, wenn man dieselbe nicht für eine sehr große Gesellschaft verwenden will, denn eine solche Keule wiegt oft 30 Pfund. Jedenfalls muß der Hirsch im Sommer 3—4 Tage, im Winter 6—8 Tage vorher geschossen worden und an einem kalten, luftigen Ort aufgehoben sein, ehe man die Keule bratet, sonst wird sie nicht mürbe. Rücken und Ziemer braucht nicht so lange Zeit aufbewahrt zu werden, weil das Fleisch kürzer und zarter ist. Am besten hält sich das Wildpret bis zum Gebrauch in der Haut eingeschlagen, weil es nicht durch die Luft ausgetrocknet wird. Ehe man die Keule bratet, klopfe man sie recht tüchtig auf beiden Seiten, häute sie ganz rein und stecke durchgängig mit einem schmalen, spitzen Messer fingerlange und starke Stückchen Speck hinein, thue auf 12 Pfd. Wildpret ¹/₂ Pfd. Butter in die Pfanne, auch gehörig Salz, gieße reichlich Wasser zu und setze sie in die heiße Röhre, wo sie bei fleißigem Begießen, besonders gut mit saurem Rahm, 3—4 Stunden langsam braten und dabei die Keule öfter gewendet werden muß. Eine halbe Stunde vor dem Anrichten wird der Braten mit geriebener Brotrinde bestreut und schön gebräunt; ist er gehörig braun, so wird er mit einem butterbestrichenen Papier zugedeckt, was man auch gleich bei dem Zusetzen thun kann. Ein Hirschrücken wird wie die Keule behandelt, doch bratet er nur 2 bis 2¹/₂ Stunden. — Hirsch-Wildpret ist Ende August und September am besten. (Eine Hirschkeule von gewöhnlicher Größe reicht für 9—10 Personen. ·

150. Renntier.

Dasselbe wird ganz wie Hirsch zubereitet, es ist meist zarter und saftiger als dieser. Man achte beim Einkauf darauf, daß das Fleisch nicht grobfaserig ist.

151. Rehrücken zu braten.

Man hackt die Knochen des Rückens sauber ab, so daß er beim Anrichten nicht zu hoch und nicht zu flach auf der Bratenschüssel zu liegen kommt; dann wird er gehäutet und gespickt und auf beiden Seiten mit kochendem Wasser begossen, dann in die Pfanne gelegt, mit Salz bestreut und mit einem mit Butter bestrichenen Papier belegt; dies letztere thut man, um das schnelle Bräunen zu verhüten. Man setzt ihn mit wenig Wasser und 250 Gr. Butter in die Röhre, begießt ihn fleißig und bratet ihn in 1¹/₂ bis 2 Stunden.

Eine Viertelstunde vor dem Anrichten nimmt man das Papier ab und bestreut den Braten mit geriebener Semmel oder Brotrinde und läßt ihn bräunen. Um die Brühe dicklich zu machen, legt man gleich bei dem Zusetzen ein paar harte Brotrinden dazu. Will man den Rehrücken recht saftig haben, so legt man ihn, ehe man ihn in die Bratröhre setzt, doch schon zugerichtet und gespickt, 8 Stunden in Provenceröl und den Saft einer Citrone. (Ein Rehrücken reicht für 12 bis 14 Personen.)

152. Rehkeule gebraten.

Die Rehkeule wird ebenso behandelt, wie ein Rücken, nur muß sie $^1/_2$ Stunde länger braten. (Reicht für 5—6 Personen.)

153. Hasenbraten.

Wenn der Hase gestreift ist, hackt man den Hals, die Brust und den Vorderbug ab, schneidet hinten das Schlußbein von einander, damit man alles Unreine recht auswaschen kann, und legt ihn ein paar Minuten ins Wasser, aber ja nicht länger, damit die Kraft nicht auswässert; denn gerade der Schweiß oder das Blut macht den Hasen kräftig. Dann wird er gehäutet und gespickt (bei häufigem Begießen und sorgfältigem Abwarten ist letzteres nicht durchaus notwendig), wird mit kochender Butter und etwas Wasser in die Pfanne gelegt, mit Salz bestreut und etwas bräunlich gebraten. Sobald dies geschehen, gießt man nach und nach 2 Tassen dickliche, süße Sahne dazu; reichlich Butter, Sahne oder wenigstens Milch und häufiges Begießen macht den Braten saftig. Bei dem Hineinlegen in die Pfanne kann man die Füße des Hasens mit Papier umwickeln, damit dieselben nicht zu braun werden und austrocknen, die Speckseite wird gleich nach oben gelegt, und bräunt der Hase zu schnell, so legt man ein butterbestrichenes Papier darauf. Man bratet einen jungen Hasen eine Stunde, einen älteren $1^1/_2$ Stunde; sobald derselbe weich ist, nimmt man ihn, wenn es zum Anrichten noch nicht Zeit ist, aus dem Ofen, denn durch das längere Stehen in demselben trocknet er aus, und setzt ihn kurz bevor er zu Tisch gegeben wird, wieder 10 Minuten in den Ofen, versäume aber auch dann nicht das häufige Begießen. Nach Belieben bestreut man den Hasen eine Viertelstunde vor dem Anrichten mit geriebener Semmel; ist die Sauce zu kurz, so giebt man kochendes Wasser zu und macht dieselbe dann mit etwas Kartoffelmehl sämig. Eine irdene Bratpfanne ist für den Hasenbraten geeigneter, weil in einer eisernen der Rahm leicht bräunlich wird; auch kann man bei einer irdenen Pfanne die Bratenleiter oder Bratenhölzer ent= behren, doch darf die Hitze des Ofens von unten nicht zu groß sein. Ein Hase reicht für 6—7 Personen.

154. Hase gedämpft.

Ein reichlicher Löffel Mehl wird in Fett schön hochbraun ge= röstet, dann werden zwei große, feingewiegte Zwiebeln darin mit verschwitzt, Gewürz und Citronenschale dazu gethan, mit Jus und etwas Wasser aufgefüllt und mit etwas Essig und Wein abgeschärft. Der Hase wird gehäutet, gewaschen, gespickt und in Stücke geschnitten, dann in das Kasserol gelegt, fest zugedeckt und in 1½ Stunde gar gedämpft; kurz vor dem Anrichten zieht man die Sauce mit saurem Rahm ab. Das Hasenklein, nämlich Kopf, Hals, Herz, Läuse, Lunge und Leber, oder was man sonst beim Braten nicht gebrauchen will oder übrig behält, wird ebenso zubereitet.

155. Frikassee von Kaninchen.

Das Kaninchenfleisch eignet sich zum Frikassee besser, als zum Braten, denn gebraten wird es trocken und geschmacklos. Die Kaninchen werden den Tag vor dem Gebrauch geschlachtet, die Nacht über im Felle hängen gelassen, am folgenden Tage abgezogen, ausgenommen, gut gewässert, fein gespickt und in zierliche Stücke geschnitten. Auf den Boden eines Kasserols legt man dann einige Scheiben Speck, ein Stückchen Butter, legt dann die Fleischstücke hinein und läßt sie zugedeckt darin gelbbraun dämpfen. Dann giebt man einen Speiselöffel Mehl, Gewürz, eine Zwiebel und Citronenschale dazu und füllt es mit kochendem Wasser oder leichter Fleischbrühe auf. Wenn das Fleisch völlig weich gedämpft ist, giebt man einige feingewiegte Sardellen, einen Löffel voll Kapern und etwas Citronensaft dazu. Um das Anbrennen oder das Zu= braunwerden während des Dämpfens zu verhüten, schüttle man wiederholt das Kasserol.

156. Wild=Schweinskeule gebraten.

Da dieses Wildpret an sich Fett genug hat, so wird es nicht gespickt, sondern man klopft die Keule nur, besteckt sie mit Nelken und Zimt oder bestreut sie mit gröblich gestoßenen Wacholderbeeren, salzt sie stark und bratet sie mit reichlich Wasser, einigen Lorbeer= blättern und Wacholderbeeren bei fleißigem Begießen in 4 Stunden. Beim Anrichten giebt man entweder nur die Bratenbrühe dazu oder man macht noch eine Kirschsauce. Man stößt hierzu einige Hände voll getrockneter, saurer Kirschen, thut etwas braungeröstetes Mehl dazu, gießt halb Wasser, halb Weinessig darauf, würzt es mit Citronenschale und etwas Zucker und läßt es sämig kochen, dann schlägt man die Sauce durch ein Haarsieb. Den Braten bestreut man eine halbe Stunde vor dem Anrichten mit gestoßener Brotrinde und läßt ihn bräunen.

157. Wild=Schweinsrücken.

Rücken und Ziemer müssen so vorgerichtet werden, wie bei Reh und Hirsch und sind zum Braten noch vorzüglicher als die Keulen. Man wäscht das Stück, welches man braten will, erst rein ab, setzt es mit reichlich Salz, einigen Lorbeerblättern und einigen Wacholderbeeren in die Röhre, giebt nicht zu viel Wasser dazu und läßt es recht rasch und kräftig durchbraten. Die letzte halbe Stunde bestreut man die obere Seite des Bratens mit ge= riebener Brotrinde, worunter man etwas klare Nelken und Zimt gemischt hat, nimmt alles Fett von der Brühe und läßt dieselbe recht kurz braten. Der Braten muß eine braune, knorplige Rinde haben; man giebt neben der Bratenbrühe noch eine Kirschsauce, wie bei der Keule oben beschrieben ist.

X. Von den Fischen und Krebsen.

158. Vom Schlachten der Fische.

Jeden Fisch, den man schlachten will, schlage man zuerst mit dem Hackemesser oder einem Stück Holz einigemal recht derb auf den Kopf, dann schneide man ihm gleich vom Kopf nach dem Schwanze den Bauch auf, nehme das Eingeweide heraus, ohne jedoch die Galle zu zerreißen, werfe diese gleich weg und durchsteche das Rückgrat, wo das meiste Leben eines Fisches sitzt. Die inwendig am Rückgrat festsitzende Haut schneidet man heraus, kratzt das darunter befindliche Blut rein ab und wäscht den Fisch rein aus, ohne ihn lange wässern zu lassen. Fische, die man nicht ganz kocht, sondern in Stücke schneidet, braucht man auch nicht ihrer ganzen Länge nach aufzuschneiden, sondern man macht bei den Flossen zunächst des Kopfes einen Querschnitt und zieht dort das Eingeweide heraus, dann zerschneidet man den Fisch in beliebige Stücke und reinigt diese bei dem Waschen inwendig recht sorgfältig. Bei dem Schlachten der Fische, die man blau sieden will, ist es notwendig, daß man das Brett, worauf man schlachtet, erst mit Wasser naß macht; legt man den Fisch auf ein trockenes Brett, so zieht dasselbe zu viel von dem Schleim des Fisches an und er wird nicht schön blau, denn der Schleim der Schuppen giebt ihm eben die schöne Farbe; aus diesem Grunde werden auch tote oder kranke Fische nicht schön blau. Wenn man genötigt ist, Fische einige Tage vor dem Kochen zu schlachten, um sie vielleicht zu verschicken, oder aus irgend einem anderen Grund, so ist folgendes Mittel von großem Nutzen, um die Fische am besten zu erhalten. Man schneidet den Fisch auf, streut alsdann klaren Zucker hinein und läßt ihn so liegen, damit sich der Zucker auflöst und in alle Teile eindringen kann. Auf einen Fisch von 6 Pfd. rechnet man einen Speiselöffel voll Zucker. Wenn man einen Fisch siedet, so ist es ein sicheres Zeichen, daß er gar ist, wenn sich die Floßfedern leicht ablösen. (Fisch als Hauptgericht rechnet man auf die Person $^3/_4$ Pfd.; bei mehreren Gerichten $^1/_2$ Pfd.)

159. Karpfen blau gesotten.

Der Karpfen ist in den Monaten Mai bis August am wenigsten
gut, denn das ist seine Laichzeit. Karpfen von 2 bis 4 Pfd. sind
die besten. Man nimmt zum Fischsod auf 2 Pfd. Karpfen 2 Liter
Wasser und 65 Gr. Salz, thut etliche Pfefferkörner, 2 Stückchen
ganzen Ingwer, einige Nelken, 4 Lorbeerblätter, eine Zwiebel,
¹/₄ Kopf Sellerie, eine Petersilienwurzel, eine Möhre und einige
Körner Karbamom daran und läßt dieses alles zusammen aufkochen.
Nachdem der Karpfen geschlachtet ist, seine Eingeweide herausgenommen und diese von dem Hauptbarme und der Galle behutsam gereinigt sind (denn zerreißt diese letztere, so schmeckt der ganze Fisch bitter),
spaltet man denselben in 2 Hälften und wäscht diese in frischem Wasser
ab, doch nur von innen; denn wäscht man die Schuppen sehr ab,
so wird der Fisch nicht so schön blau; diese Hälften schneidet man
in beliebige Stücke und legt sie auf eine breite Schüssel. Mit lauwarmem Weinessig übergossen, läßt man sie dann einige Minuten,
womöglich in der Zugluft, stehen und thut sie darauf in den kochenden Fischsod. Zuerst legt man das Eingeweide oder sogenannte
Bündel und den Rogen hinein, dann die Köpfe, dann die Mittel-
stücke, obenauf die Schwänze, doch so, daß die Schuppen nach unten
gekehrt sind, und giebt dann noch den Essig, den man zum Blauen
über die Karpfen gegossen hat, dazu. Der Karpfen muß nun eine
Viertelstunde stark kochen, während welcher Zeit man ihn öfter
schäumt. Man setzt ihn dann vom Feuer weg und bedeckt ihn mit
einem reinen Bogen Papier, wodurch der Fisch noch blauer wird.
Beim Anrichten legt man die Karpfenstückchen, mit der Schuppen-
seite nach oben gekehrt, auf die Schüssel, das Eingeweide und den
Rogen dazu, begießt sie mit einigen Löffeln brauner Butter und
belegt sie mit einigen Citronenscheiben. Zu dergleichen Karpfen
giebt man braune Butter, Crème von Meerrettich oder auch eine
rote Weinsauce (siehe die Saucen) und Salzkartoffeln.

160. Karpfen polnisch.

Man nimmt auf 5 Pfd. Karpfen dasselbe Gewürz und Wurzelwerk, wie bei dem blau gesottenen Karpfen, und giebt noch etwas
Citronenschale, etwas Karbamom und einige Brotrinden dazu;
dieses läßt man mit ¹/₂ Pfd. Butter, ¹/₂ Liter Wasser, ¹/₄ Liter

rotem Wein, $^1/_4$ Liter Braunbier, ebensoviel Essig und 35 Gr. Zucker recht durchkochen. Der Karpfen wird nach dem Schlachten in zwei Hälften gerissen, aber nicht gewaschen, dann auf beiden Seiten mit 2 Eßlöffel Salz eingerieben und so 2 Stunden lang zuge= deckt stehen gelassen, denn es ist besser, man läßt das Salz recht in den Fisch einziehen, da die Sauce selbst nicht so scharf gesalzen sein darf. Dann schneidet man beliebige Stücke, legt diese, wie schon früher angegeben, in die kochende Sauce, gießt gleich das in etwas Essig aufgefangene Blut des Fisches darüber und läßt den Fisch so lange kochen, bis nur so wenig Sauce übrig bleibt, als man braucht. Während des Kochens bespritzt man den Fisch einigemal mit kaltem Wasser, wodurch er fest bleibt. Um das Anbrennen am Boden des Kasserols oder Fischkessels zu verhüten, schüttle man denselben öfter und lege Bratenhölzer hinein. Statt des Zuckers nimmt man auch eine halbe Tasse Sirup, welches ebenso gut schmeckt, oder auch statt Brotrinden und Zucker braunen Pfefferkuchen. Man giebt dazu warmen Krautsalat.

161. Karpfen in seiner eigenen Sauce.

Man nehme einen Karpfen von ungefähr 3 Pfd., schuppe denselben, nehme ihn aus, spalte und schneide ihn in dreifingerbreite Stücke, die leicht abgewaschen, dann wohl gesalzen eine Stunde stehen bleiben. Nach Verlauf dieser Zeit, etwa $^3/_4$ Stunde vor dem Anrichten, trocknet man die Karpfenstücke sorgfältig ab, be= streicht eine Schüssel stark mit Butter, legt die Karpfenstücke darauf und fügt zwischen dieselben 80 Gr. feingehackte Sardellen, 4 Zwiebeln, 35 Gr. feine Kapern, einige ganze Gewürznelken und Pfefferkörner, sowie den Saft einer ganzen und die Schale einer halben Citrone. Obenauf legt man noch einige Stückchen Butter; man bedeckt dann die Schüssel mit einem festschließenden Deckel und stellt solche auf mäßiges Feuer. Nach $^3/_4$ Stunde ist der Fisch gar und hat eine köstliche Sauce gezogen, der man ein Weinglas Weißwein zugiebt. Man serviert ihn nun sogleich und zwar auf derselben Schüssel, worauf er bereitet wurde und giebt hierzu Salzkartoffeln.

162. Geschmorte Karpfen.

Der Karpfen wird geschuppt, ausgenommen und gewaschen, eingesalzen und 1 Stunde liegen gelassen. Mit aller Art Wurzel=

werk, etwas Gewürz, Citronenschale und reichlich Butter läßt man
ihn halb weich dünsten, dann gießt man ein Glas weißen Wein
dazu, drückt den Saft einer Citrone daran und läßt den Fisch vollends
weich schmoren. Vor dem Anrichten wird der Karpfen heraus=
genommen und die Sauce durchgeschlagen. Dieser Karpfen, so
einfach er ist, schmeckt sehr gut, doch muß man achthaben, daß er
sich nicht anlegt. Ist die Sauce nicht hinreichend und sämig genug,
so giebt man etwas Kartoffelmehl in wenig Wein oder Wasser dazu.

163. Karpfen gebacken.

Hierzu nimmt man Karpfen von $1\frac{1}{2}$ oder 2 Pfd., schuppt
sie rein ab, nimmt das Eingeweide heraus, wäscht sie und schneidet
sie in beliebige Stücke, welche man in eine Schüssel legt, mit Salz
bestreut und so 1 bis 2 Stunden zugedeckt stehen läßt. Hierauf
trocknet man sie mit einem leinenen Tuch rein ab, bestreicht sie mit
Ei, bestreut sie mit klargeriebener Semmel, worunter etwas Mehl
gemengt ist, und bäckt sie in heißer Schmelzbutter schön hellbraun.
Man darf die Butter hierbei nicht schonen, denn wenn die Butter
nicht über den Fisch weggeht, wird er nicht schön. Die Butter,
welche dann im Kasserol bleibt, kann man zu jedem Braten wieder
benutzen.

164. Karpfen mariniert.

Der Karpfen wird ausgeweidet, gewaschen, in Stücke ge=
schnitten und so gekocht, wie der blau gesottene Karpfen beschrieben
ist; man kann ihn vorher schuppen. Nachdem der Karpfen nun
gekocht ist, legt man ihn mit einigen Citronenscheiben in einen por=
zellanenen oder glatten, irdenen Napf, fügt zum Fischsod auf 2 Liter
$\frac{1}{4}$ Liter Essig und gießt dieses durch ein Haarsieb über die Karpfen=
stücke weg. Es bildet sich dann die Gallerte von selbst, nur muß
man den Fischsod so stark einkochen, daß davon nicht mehr übrig
bleibt, als zum Bedecken des Karpfens nötig ist. Wenn man den
Napf, worein man den Karpfen legt, mit feinem Provenceröl aus=
streicht, läßt er sich erkaltet besser umstürzen.

165. Hecht blau.

Der Hecht wird, nachdem er geschlachtet worden ist, ausge=
weidet, in Stücke geschnitten, mit lauem Essig übergossen und einige

Minuten zugedeckt stehen gelassen. Von dem Eingeweide kann man nur die Leber gebrauchen, denn selbst der Rogen ist nicht gut zu genießen. Man kocht den Hecht dann in ebensoviel Wasser, Salz, Gewürz und Wurzelwerk, wie bei dem blau gesottenen Karpfen angegeben ist, nur nehme man zu einem Hecht von 4 Pfd. 90 Gr. Butter mit in den Fischsod, denn hierdurch kocht sich der Fisch blätterig, was man von einem guten Fisch dieser Art verlangt; man siedet ihn gleichfalls während $1/4$ Stunde. Sind es kleine Hechte, so kocht man sie ganz und giebt ihnen dann eine krumme Form, indem man Kopf und Schwanz aneinander heftet. Man giebt dazu bis zum Steigen heißgemachte Butter und gewiegte, hart= gekochte Eier nebst gewiegter Petersilie. Es sieht appetitlicher aus, wenn man das Gelbe der Eier und das Weiße jedes einzeln wiegt und dann auf einem kleinen, flachen Teller mit der Petersilie ab= wechselnd in Kreise legt, immer die Petersilie zwischen weiß und gelb. Oder man giebt eine Sauce dazu; man rührt hierzu $1/4$ Pfd. Butter auf dem Feuer mit 2 Löffel französischem Senf und etwas gewiegter Petersilie ab, giebt dann etwas heißen Fischsod dazu und servirt diese Sauce zum Fisch mit Salzkartoffeln. Oder man macht folgende Sauce: 4 Eidotter werden in $1/4$ Liter weißen Wein mit einem Löffel voll feinen Mehls gequirlt, dann dieses auf dem Feuer abgebrüht, bis es schaumig wird, 65 Gr. Butter daran ge= than und mit Fischsod aufgefüllt. Oder man giebt auch eine Sardellensauce mit Eiern, schuppt den Fisch, nachdem er gekocht ist, ab und richtet diese über denselben an, oder endlich man giebt eine holländische Sauce (siehe die Saucen) dazu. Zu den kleinen Krummhechten kann man auch Teltower Rüben (siehe die Gemüse) geben. Der Hecht ist in den Monaten Februar, März und April am wenigsten gut.

166. Brathecht.

Hierzu nimmt man nur kleine Hechte von $1/4$ bis $1/2$ Pfd., schuppt sie rein ab, nimmt das Eingeweide heraus, bestreut sie in= und auswendig mit Salz und läßt sie so eine Stunde liegen. Hierauf werden sie in Gries umgewendet und auf einem Rost bei nicht zu starkem Feuer gebraten, wobei man sie zweimal mit heiß= gemachter Butter bestreicht und einmal umwendet, oder man bratet sie auch in einer Pfanne wie die Kotelettes, doch muß man hierbei von Anfang an reichlich Butter nehmen, sonst wird der Fisch nicht braun. Dergleichen Hechte werden als Braten mit Kartoffeln, braungemachter Butter und Salat verspeist.

167. Gespickter Hecht.

Man nimmt einen Hecht von 3 bis 4 Pfd., weidet ihn aus, wobei man ihn aber nicht ganz aufschneidet, hackt die Floß= und Schwanzfedern ab und schuppt ihn ganz rein. Dann spickt man ihn fein und dicht mit Streifen Speck, rohem Schinken und Citronen=schale, legt ihn in eine Schüssel, bestreut ihn mit 50 Gr. Salz und einem Theelöffel voll klaren Pfeffer, giebt den Saft von 2 Citronen, $\frac{1}{2}$ Pfd. zerlassene Butter darüber und läßt ihn so 2 Stunden liegen. Dann wird er, so wie er ist, in eine passende Pfanne auf die Bratenleiter gelegt und in einer heißen Röhre unter fleißigem Begießen $\frac{3}{4}$ Stunde gebraten. Man giebt ihn ganz auf den Tisch, macht dazu eine Sauce wie zum blau gesottenen Hecht, zu welcher man den Satz aus der Bratpfanne beimischt, und giebt Salzkartoffeln dazu.

168. Hecht mit Sardellen.

Man nimmt einen Hecht von 3 bis 4 Pfd., schuppt ihn rein, nimmt die Hauptgräte heraus und schneidet ihn dann in längliche, nicht zu große Stücke; diese werden dann mit 35 Gr. Salz, 2 Gr. klarem Pfeffer und dem Safte einer Citrone untermengt und dann 2 Stunden liegen gelassen. In einem Backnapf oder einer zinnernen, tiefen Schüssel läßt man 200 Gr. Butter heiß werden, thut dann 5 Stück feingeschnittene Sardellen, 8 Stück feingeschnittene Schalotten oder etwas feingewiegte Zwiebel, etwas gewiegte Citronenschale, 1 bis 2 Speiselöffel voll feingeriebener Semmel und ein Theeköpfchen voll Fleischbrühe hinzu und läßt dieses zu=sammen aufkochen, legt dann die Hechtstückchen hinein und läßt sie zugedeckt 10 Minuten dämpfen, wendet dieselben, giebt zwei Thee=köpfchen weißen Wein dazu und läßt sie nun noch 10 Minuten dämpfen. Man giebt diesen Hecht gleich in der Schüssel oder dem Backnapf zu Tisch und giebt dazu Salzkartoffeln. Die Leber des Hechtes giebt man allemal dem Fisch ins Maul, damit sie nicht ver=loren geht.

169. Hecht mit Sauerkraut.

Man kocht 2 Pfd. Sauerkraut mit Wasser und ½ Pfd. Bratenfett ganz weich (in 4 bis 6 Stunden). Währenddem schlachtet man einen Hecht von 3 Pfd., schuppt ihn, weidet ihn aus, wäscht ihn ab, befreit ihn von den Gräten und schneidet ihn in Stücke, die man mit Salz und Pfeffer bestreut, mit Citronensaft beträufelt und so 1 Stunde stehen läßt. Dann paniert man die Hechtstücke mit Eiweiß und geriebener Semmel und bäckt sie schön braun. Hierauf streicht man eine Backform mit Butter aus, bestreut sie mit Semmel, legt darauf eine Schicht Kraut, dann Hechtstücke und fährt so abwechselnd fort, bis die Form dreiviertel voll ist. Die oberste Schicht muß Kraut sein. Etwas geriebene Semmel quirlt man mit ½ Liter saurer Sahne, mit 4 Eidottern und 1 Glas weißen Wein, gießt dies über die Speise und bäckt dieselbe in der heißen Röhre während ½ Stunde hellbraun. Die Speise wird in der Form auf den Tisch gebracht.

170. Aal blau gesotten.

Den lebendigen Aal greift man mit einem leinenen Tuche hinter dem Kopf an, schneidet ihm gleich mit einem scharfen Messer hinter den Ohren die Rückengräte quer durch, so daß der Kopf daran hängen bleibt, alsdann schneidet man ihm den Bauch auf und nimmt das Eingeweide mit der Galle und Leber heraus, wirft den Aal in einen Eimer und streut etwas Salz darauf, damit er sich abschleimt; hierauf schneidet man ihn in Stücke, wäscht ihn rein und blaut ihn dann mit lauwarmem Essig. Man kocht ihn dann in einem Fischsod und rechnet zu einem Aal von 2 Pfd. 2½ Liter Wasser, einige Pfefferkörner, zwei Stückchen ganzen Ingwer, einige Nelken, einige Citronenschalen, 4 Stück Lorbeerblätter, 2 mittlere Zwiebeln, ein eigroßes Stück Butter, etwas Salbei, der hier unentbehrlich ist, und die entsprechende Masse Salz und läßt den Fisch so 20 Minuten kochen. Wenn der Fisch nicht gleich angerichtet werden kann, nimmt man ihn vom Feuer weg und bedeckt ihn mit einem Stück Papier, was bei allen blau gesottenen Fischen zu empfehlen ist, weil sie dadurch ihre blaue Farbe behalten und nicht an Geschmack verlieren. Man serviert den blau gesottenen Aal mit Essig und Öl und mit in 8 Teile geschnittener Citrone. Der Aal ist im

Monat Mai, Juni und Juli nicht gut. Aal verträgt weniger Salz als andere Fische.

171. Aal mariniert.

Man kocht in einem irdenen Kasserol Wasser, Zwiebeln, reich= lich weiße Pfefferkörner, einige Lorbeerblätter, Citronenschalen, Salz und so viel Essig, daß der Fischsob einen stark sauren Geschmack bekommt; Salz nehme man nicht zu reichlich, denn der Aal ist leicht versalzen. Nachdem er $^8/_4$ Stunde gekocht hat, legt man die vorher gewaschenen, eingesalzenen und wieder abgetrockneten Aalstücke hinein und läßt sie gar kochen, legt sie zum Kaltwerden auf eine Schüssel und dann in einen steinernen Topf, gießt den kalten Fisch= sod darüber, welcher über dem Fisch stehen muß, bindet den Topf zu und verwahrt ihn an einem kalten Ort. Auch kann man die Aalstücke in eine Terrine einschichten; die Sauce wird durch das Brühsieb über den Aal gegeben.

172. Aalraupen.

Dieser Fisch wird wie der Aal blau gesotten; man giebt dazu eine Buttersauce (siehe die Saucen), oder eine Weinsauce, wie sie Nr. 165 angegeben ist, oder eine Citronensauce wie folgt: Man läßt in einem Kasserol ein Stück frische Butter, der Größe des Aales angemessen, kochend werden, giebt 1—2 Speiselöffel geriebene Semmel, die ganze Schale einer Citrone, die dünn geschnittenen Scheiben derselben und etwas klare Muskatblüte dazu, gießt etwas weißen Wein und Wasser, oder noch besser, dünne Fleischbrühe statt des Wassers daran, legt eine mit Gewürz besteckte Zwiebel und ein paar Lorbeerblätter hinein und läßt es zusammen kochen, bis die Sauce sämig wird. Alsdann legt man die Aalraupen hinein, läßt sie einmal mit der Sauce aufkochen und richtet dann den Fisch mit der Sauce an.

173. Zander.

Wünscht man den Zander ganz zu kochen, so schuppt man ihn gut, weidet ihn aus, wäscht ihn rein und legt ihn ganz in einen solchen Fischkessel, welcher einen Einsatz von Blech hat, womit man ihn bei dem Anrichten bequem herausnehmen kann. Man nimmt zum Fischsod Salz, Gewürz, Lorbeerblätter, eine Zwiebel und so viel Wasser, daß es zwei Finger breit über dem Fisch steht. Auf raschem

Feuer läßt man ihn gar kochen; ein großer Zander muß beinahe
1 Stunde kochen. Dann gießt man ein paar Obertassen voll kaltes
Wasser zu (man nennt dies den Fisch schrecken und er erhält da=
durch die Eigenschaft, daß sich sein Fleisch ordentlich blätterweis
von den Gräten nehmen läßt) und richtet ihn erst an, wenn er vom
Feuer entfernt noch einige Minuten in seiner Brühe gestanden hat.
Hierauf hebt man den Einsatz behutsam aus dem Kasserol, läßt das
Wasser rein ablaufen und schiebt den Fisch vorsichtig auf die
Schüssel. Man bestreut ihn mit gehackten Eiern und giebt dazu
Senf, zerlassene Butter, auch Sardellensauce oder holländische
Sauce (siehe Nr. 241 und 243). Kocht man den Zander in ein=
zelnen Stücken, so verfährt man ebenso, nur daß man die Stücke
bloß eine Viertelstunde kocht. Im März, April und Mai ist der
Zander weniger gut.

174. Zander gebacken.

Man schuppt den Zander, nimmt ihn aus, wäscht ihn und
schneidet ihn in beliebige Stücke, bestreut sie mit Salz und läßt
sie eine Weile so liegen. Ein Backnapf wird nun mit Butter
reichlich ausgestrichen, dann mit etwas gestoßener Muskatblüte, ge=
stoßenen Gewürznelken, geriebener Semmel, Lorbeerblättern, fein=
gewiegter Zwiebel, gewässerten und gewiegten Sardellen, gewiegter
Citronenschale und einigen Scheiben Citrone ausgestreut und belegt.
Dann werden die Fischstücke darauf rangiert, dann diese wieder mit
all den Ingredienzien, mit denen man die Backform auslegte, bedeckt
und mit kleinen Stückchen Butter belegt. Obenauf legt man nun
einen passenden Deckel, giebt oben und unten Feuer und bäckt ihn
$1/_2$ Stunde; zuletzt gießt man etwas Wein mit Wasser vermischt
darauf und schwenkt den Fisch wohl damit um.

175. Schellfisch.

Dieser Fisch ist am besten, wenn man ihn unmittelbar aus
der See bekommt und gleich zurichten kann. Man legt ihn, wenn
er geschlachtet und in beliebige Stücke geschnitten ist, eine Stunde
ins Wasser und bereitet ihn ganz wie den Zander. Man ißt Schell=
fisch vom Oktober bis April.

176. Altfisch.

Man schuppt diesen Fisch rein ab, weidet ihn aus, macht auf der einen Seite in der Quere kleine Einschnitte, bestreut ihn leicht mit Salz und läßt ihn 1 Stunde so liegen. Dann trocknet man ihn mit einem leinenen Tuche ab und bereitet ihn wie die Barben.

177. Schleien.

Beim Schlachten des Fisches giebt man ihm zuerst ein paar derbe Schläge auf den Kopf, damit er betäubt werde, dann schneidet man ihn auf, nimmt das Eingeweide heraus, reibt ihn mit Salz von innen und außen recht tüchtig, wäscht ihn rein ab und schneidet ihn, wenn er groß ist, in beliebige Stücke. Dann werden sie mit lauwarmem Essig geblaut und in einem Fischsod, wie bei dem blau= gesottenen Karpfen, nur mit ¹/₂ Eßlöffel Salz mehr, ¹/₄ Stunde stark gekocht. Hierzu giebt man eine Specksauce, welche man gleich darüber anrichtet. (Siehe Specksauce zur Schleie.) Man kann die blaugesottene Schleie auch bloß mit Essig, Öl, frischer Butter und zerschnittener Citrone geben.

178. Forellen.

Dieser Fisch muß lebend sein, wenn man ihn kauft; er wird kurz vor dem Kochen geschlachtet, schnell ausgeweidet und rein ge= waschen, worauf man ihn auf ein nasses Brett legt und so wenig als möglich mit der Hand berührt, um nicht den Schleim abzureiben, der den Forellen die schöne Bläue giebt, dann blaut man ihn mit scharfem Weinessig, läßt ihn ein paar Minuten an der Zugluft stehen und kocht ihn dann ganz einfach in recht stark gesalzenem Wasser und mit dem Essig, womit er geblaut wurde; alle Gewürze schaden dem eigentümlichen Geschmacke der Forelle. Sie darf nur ¹/₄ Stunde sieden und wird mit kaltem Wasser zugesetzt. Ist sie gut, so nimmt man sie vom Feuer, bedeckt sie mit einem Blatt Papier und läßt sie noch einige Minuten stehen. Man giebt zu diesen Forellen nur frische Butter, Essig und Öl. Wenn man die Forellen, nachdem sie geblaut sind, 1 Stunde stehen läßt, ehe man sie in den Fischsod thut, so reißen sie während des Kochens dann weniger auf; denn das Aufreißen ist eine Eigentümlichkeit der

Forellen, welche man nur auf die angegebene Weise etwas verhindern kann.

179. Schmerlen blau.

Man übergießt diese kleinen Fische eine halbe Stunde vor dem
Kochen entweder mit süßer Milch oder leichtem Kochwein und läßt
sich die Fische darin vollziehen, wodurch sie einen angenehmen Geschmack bekommen. Hierauf macht man einen Fischsod von Salz,
Gewürz und Zwiebel, gießt hierein ein Weinglas, oder nach Verhältnis mehr Weinessig und läßt die Schmerlen einmal aufkochen.
Man setzt sie hierauf vom Feuer weg und begießt sie mit einigen
Löffeln kaltem Wasser und Essig, deckt sie dann mit einem Papier
zu und läßt sie ¹/₄ Stunde so stehen. Darauf werden sie zu Tische
gegeben; sie müssen schön blau aussehen und eine gewisse Härte behalten haben, denn weich dürfen sie durchaus nicht sein. Zu einem
Aspik werden die Schmerlen vorher ebenso blau gesotten.

180. Lachs blau gesotten.

Nachdem der Lachs geschlachtet und ausgeweidet ist, wird er
in Stücke geschnitten, rein gewaschen, mit einem Tuche abgetrocknet,
in eine Schüssel gelegt und mit gutem Weinessig übergossen. Dann
macht man einen Fischsod von gehörigem Salz, ganzem Pfeffer und
Neuwürzkörnern, Lorbeerblättern, einem Zweig Thymian, einer
Zwiebel und Citronenscheiben, legt den Fisch hinein und läßt ihn
¹/₄ Stunde rasch kochen, wobei man aber, wie bei jedem blaugesottenen Fisch den Schaum sorgfältig abnimmt. Man setzt ihn dann
vom Feuer, gießt eine Tasse kaltes Wasser und Weinessig darüber
und deckt ihn bis zum Anrichten mit einem Bogen Papier zu. Man
giebt dazu Essig und Öl, eine holländische Sauce oder Petersilien-
sauce mit Rahm. Kalten, blaugesottenen Lachs giebt man mit
Sauce mayonnaise. Man rechnet auf die Person 200 bis
250 Gr. Lachs.

181. Schollen.

Die Scholle ist äußerst schmackhaft; sie wird ausgenommen,
rein geschuppt und gewaschen, innen leicht gesalzen, mit Ei und geriebener Semmel paniert, dann in kochender Butter, so daß sie
darin schwimmt, gelbbraun gebraten. Man giebt dazu Sauce Re-

6*

moulade oder Kartoffelsalat. Man kann die Scholle auch in Salzwasser 8 bis 10 Minuten kochen und in zerlassener Butter geben
und garniert dann die Schüssel mit Petersilie; doch ist die erste Zubereitung vorzuziehen. Schollen sind vom April bis September gut.

182. Kabeljau gebacken.

Nachdem der Kabeljau 1 Stunde gewässert hat, nimmt man
ihn, schneidet ihn in Stücke, paniert diese mit Ei, unter welches
man Pfeffer und Salz schlägt, dann mit geriebener Semmel, betropft sie reichlich mit Citronensaft und bäckt sie in Butter hellbraun. Man giebt dazu Kartoffelsalat oder Sauce Remoulade.
Kabeljau schmeckt gut von Oktober bis Mai.

183. Stockfisch.

Zu 12 Portionen nimmt man 4 Hälften guten, weißen, gewässerten Stockfisch, schneidet ihn in Stücke, legt ihn in eine Schüssel,
übergießt ihn mit kochendem Wasser, womöglich Flußwasser und
läßt ihn zugedeckt stehen, bis er etwas abgekühlt ist. Dann zieht
man die Haut ab, reinigt ihn von allen Gräten und läßt ihn auf
einem Durchschlag rein ablaufen. Nun läßt man $1/2$ Pfd. frische
Butter in einem Kasserol zergehen, schüttet den Stockfisch hinein und
läßt ihn darin einige Minuten recht heiß stehen, aber nicht schmoren;
dann mengt man ihn unter junge Schotenerbsen, die man gut zubereitet hat (siehe Nr. 208), oder man mengt ihn auch unter Salzkartoffeln.

184. Heringe zu marinieren.

Man nimmt gute, fette Heringe, legt sie 12 Stunden in
frisches Wasser und dann 12 Stunden in abgelassene Milch, dann
macht man sie recht sauber, bricht die Larven aus, schneidet den
Bauch auf, nimmt das Eingeweide heraus und legt sie in eine
steinerne Büchse, dazwischen einige Citronenscheiben, kleine Zwiebeln
oder Schalotten, einige Lorbeerblätter, Pfefferkörner, einige Zweige
Thymian, Basilikum und einen Zweig Rosmarin. Die aus den
Heringen genommene Milch rührt man mit Weinessig ganz klar
und giebt sie zu den Heringen in die Büchse. Nun kocht man so
viel Weinessig, daß er gerade über die Heringe weggeht und gießt

ihn kochend darüber. Dann bindet man die Büchse fest zu und bewahrt sie an einem kühlen Ort. Nach 6 Tagen sind sie schon gut und können gegessen werden. Beim Auftragen garniert man sie mit Kapern, Perl-Zwiebeln und Citronenscheiben und gießt von der Brühe, unter die man auch einige Löffel gute, süße Sahne mischen kann, darüber.

185. Herings-Rouladen.

Man nimmt hierzu schöne, milchene Heringe, wässert sie 24 Stunden in weichem Wasser und legt sie dann ebensolange in süße Milch, dann nimmt man sie heraus, schneidet die Köpfe ab, schneidet sie der Länge nach in 2 Hälften und reinigt sie von Haut und Gräten. Hierauf wiegt man Citronenschale, Kapern und Zwiebeln recht fein und untermengt dies mit etwas Senf; dies streicht man nun dünn auf jede Hälfte des Herings, rollt jede einzeln zusammen und steckt es mit einem Holzstiftchen zusammen. Nun wird die Heringsmilch fein gewiegt und in gutem Essig tüchtig gequirlt, dann über die in einen steinernen Topf geschichteten Heringsrouladen gegossen und noch reichlich Kapern und einige Citronenscheiben dazu gethan. Nach Belieben kann man auch einen Zweig Thymian, Basilikum, Estragon, ein Lorbeerblatt und einige Körner weißen Pfeffer dazu geben; doch darf dieses Letztere nur 1 oder 2 Tage darin bleiben. Nach 5 bis 6 Tagen sind die Rouladen gut. Bei dem Auftragen derselben rührt man etwas feines Salatöl unter die Sauce oder auch etwas süße, dicke Sahne, wodurch die Sauce einen lieblichen Geschmack bekommt.

186. Krebse zu sieden.

Ein Schock schöne, große Krebse werden ausgesucht, damit kein Toter darunter ist, gewaschen und dann in einen Topf gethan, der nur gerade so groß ist, daß sie darin Platz haben. Dann wird siedendes Wasser darauf gegossen und 3 Eßlöffel voll Salz und 1 Eßlöffel voll Kümmel dazu gegeben; so müssen sie bei raschem Feuer $\frac{1}{4}$ Stunde recht überkochen. Dann wird das Wasser abgegossen, doch nicht ganz rein, 200 Gr. frische Butter und eine Handvoll gewiegte Petersilie an die Krebse gethan und werden letztere $\frac{1}{4}$ Stunde auf einer heißen Stelle im Ofen stehen gelassen, während der Zeit aber öfter umgeschwenkt. Auf diese Art bereitet, werden die Krebse am saftigsten. Beim Anrichten stürzt man die Krebse mit der Sauce auf die Schüssel, damit von dieser nichts verloren geht, legt dann die Krebse mit den Scheren nach dem Rand der Schüssel zu und bestreut sie mit Petersilienblättern.

187. Hummer.

Der Hummer wird, wenn er in Salzwasser abgekocht ist und die großen Scheren abgebrochen sind, seiner Länge nach gespalten, dann das Fleisch möglichst groß aus dem Schwanz genommen, die Scheren werden gleichfalls gespalten und mit dem Schwanzstück auf einer Schüssel zierlich angerichtet. Man giebt nun entweder hierzu bloß Essig und Öl und eine Sauce mayonnaise oder man bereitet auch folgende Sauce: Die kleinsten Fleischstückchen des Hummers werden mit den Eiern desselben, die man sorgfältig unter dem Schwanz hervornimmt, sowie mit 8 hartgekochten Eidottern fein gestoßen, durchpassiert, dann in eine Assiette gethan und mit feinem Provenceröl, einigen Löffeln voll französischem Senf, fein= geschnittener, blanchierter Petersilie, dem nötigen Salz und Pfeffer zu einer zarten, dickfließenden Sauce gerührt. Die Hummerstückchen können auch, nachdem man sie sorgfältig aus den Schalen gelöst hat, wieder hineingelegt und mit Petersilie garniert auf einer Schüssel angerichtet werden; die Sauce wird besonders dazu gegeben.

XI. Das Gemüse.

188. Das frische Gemüse.

Die Zubereitung keiner Speise ist so verschiedenartig als die der Gemüse; fast in jedem Lande, in jeder Gegend ist die Art und Weise anders und man kann schwerlich bestimmen, welche Weise die beste ist; die Hauptsache ist, daß man die Gemüse kräftig bereite. Eine Hauptregel ist, daß alle frischen Gemüse recht rein gewaschen sind, damit aller Schmutz, Raupen oder Schnecken abgespült werden; dann giebt man sie nur teilweise in viel stark kochendes, gesalzenes Wasser. Giebt man das Gemüse auf einmal hinein, so kocht es nicht gleichmäßig durch, daher läßt man erst den einen Teil aufkochen und giebt nach und nach das übrige Gemüse zu. Es muß ferner nicht zugedeckt und nur leicht, aber rasch abgekocht werden (mit Ausnahme des Braunkohls, der im Wasser ziemlich weich kochen muß). Abgekocht muß das Gemüse auf dem Durch= schlag ablaufen und mit kaltem Wasser überschwemmt werden; alle trockenen Gemüse siebet man dagegen zugedeckt und langsam.

189. Blumenkohl mit Eiersauce.

Man putzt den Blumenkohl, läßt ihn so viel als möglich in großen Stücken, wodurch er ein schöneres Aussehen behält, und setzt ihn mit halb Wasser, halb Milch, wodurch er sehr an Weiße und Zartheit gewinnt, etwas Salz und einem Stückchen frischer Butter ans Feuer und läßt ihn 15 bis 20 Minuten kochen. Er darf nicht zu weich werden, damit er ganz bleibt. Dann quirlt man in $\frac{1}{4}$ Liter kalte Fleischbrühe 5 Eidotter und 2 Löffel feines Weizen= mehl, füllt ein wenig von der Brühe, worin der Blumenkohl kochte, dazu, drückt Citronensaft daran und setzt die Sauce in ein Kasserol mit kochendem Wasser, damit sie darin bis zum Kochen komme, doch muß man sie öfter aufquirlen. Nun richtet man den Blumenkohl an und gießt die Sauce darüber; hierbei hat man zu beobachten, daß man kleine Köpfe Blumenkohl beim Anrichten in der Gemüse=

schüssel so zusammenstellt, daß sie einen großen Kopf bilden, wodurch die Schüssel sehr an Aussehen gewinnt; als Beleg auf die
Schüssel giebt man Kalbskotelettes, gebackene Bröschen, oder man
giebt rohen Schinken dazu. Die Sauce ist für 6 Personen berechnet.

190. Blumenkohl mit Krebssauce.

Der Blumenkohl wird, wie vorher beschrieben, weich gekocht.
Zur Sauce nimmt man ¹/₂ Liter süße Sahne, 3 Eidotter, etwas
klare Muskatblüte, 2 knappe Speiselöffel Weizenmehl, ¹/₂ Thee-
löffel voll Kartoffelmehl, etwas Salz und läßt es bei häufigem
Quirlen aufkochen; zuletzt rührt man reichlich Krebsbutter darunter.
Das Gemüse wird mit Krebsnasen und Krebsschwänzen garniert.
(Für 6 Personen berechnet.)

191. Spargelgemüse.

Spargel mittlerer Größe wird sauber geputzt, in fingerglied-
lange Stückchen geschnitten, wobei alles Holzige weggelassen wird,
und in Salzwasser während einer halben Stunde ziemlich weich
gekocht. Dann dünstet man feines Mehl in frischer Butter, doch
nur so lange, daß es weiß bleibt, füllt recht gute Fleischbrühe
darauf, daß es eine dickliche Sauce wird, und läßt darin den Spargel
einigemal aufkochen. Besonders gut schmeckt er, wenn man frische
Morcheln beifügt. Beim Anrichten kann man die Sauce auch mit
Eiern abziehen. Man rechnet auf die Person ¹/₂ bis ³/₄ Pfd.
Spargel.

192. Spargel mit Rahmsauce.

Man nimmt hierzu schönen, starken Spargel, putzt ihn, daß
alles Holzige abgeht, schneidet ihn aber nicht in Stücke, und kocht
ihn in Salzwasser, bis er weich ist, läßt ihn dann ablaufen und
richtet ihn in einer Assiette, die Köpfe nach innen gelegt, an. Zur
Sauce nimmt man auf 2 Pfd. Spargel ¹/₄ Liter Rahm, quirlt
in diesen 4 Eidotter, das Abgeriebene einer halben Citrone, den
Saft derselben, einen Theelöffel Zucker, einen Theelöffel Kartoffelmehl, 35 Gr. Butter und eine Obertasse von dem Salzwasser,
worin der Spargel kochte, und läßt dies unter häufigem Quirlen
kochen; alsbann richtet man die Sauce über den Spargel an.

Langen, in Salzwaſſer gekochten Spargel giebt man auch bloß mit
brauner Butter und gelbgerösteten, geriebenen Semmeln mit Butterſauce oder auch als Salat mit Eſſig und Öl. Friſchgeſtochener,
zarter (dicker) Spargel kocht $^3/_4$ Stunde; iſt er mehrere Tage alt
und weniger zart, 1 Stunde.

193. Junge Hopfenkeimchen

werden wie der kleingeſchnittene Spargel (Nr. 191) behandelt und
ſchmecken dem Spargel ähnlich; auch ſie werden mit Morcheln zu-
ſammen angerichtet (ſiehe friſche Morcheln).

194. Welſchkohl oder Herzkohl.

Man ſchneidet die feſten Welſchkohlköpfe in Viertel, ſchneidet
die ſtarken Rippen der Blätter etwas aus, wäſcht ſie, nimmt ſich
aber dabei in acht, daß ſie nicht auseinander fallen, und läßt ſie
in viel leichtgeſalzenem Waſſer halbweich kochen, gießt das Waſſer
rein ab und übergießt den Kohl dann mit kaltem Waſſer und läßt
ihn auf einem breiten Sieb rein abtropfen. Indes ſchwitzt man
in einem Kaſſerol einen vollen Löffel Mehl mit einer reichlichen
Quantität Butter oder Bratenfett ganz hellgelb und giebt etwas
feingewiegte Zwiebel dazu. Den rein abgetropften Kohl legt man
nun vorſichtig in das Fett, giebt etwas klaren Pfeffer daran, füllt
es mit Fleiſchbrühe auf, verſucht, ob es genug geſalzen iſt und läßt
den Kohl recht langſam dämpfen, wobei man das Kaſſerol öfter
rüttelt, damit er ſich nicht anlegt, denn durch öfteres Rühren würde
der Kohl ſein gutes Ausſehen verlieren. Beim Anrichten ſtreut
man geriebene, in Butter hellgelb geröſtete Semmel darüber, doch
kann dieſe auch wegbleiben. Zeit des Kochens 1 Stunde.

195. Roſenkohl.

Man wäſcht den Kohl ſorgfältig, kocht ihn in geſalzenem
Waſſer einmal auf, aber ja nicht weich. Hierauf thut man ihn in
einen Durchſchlag, übergießt ihn mit kaltem Waſſer, läßt ihn rein
ablaufen und kocht ihn dann in einem Kaſſerol mit einem Stück
Butter, Fleiſchbrühe und ein paar Löffeln geriebener Semmel
vollends weich; beim Anrichten reibt man etwas Muskatblüte darüber. Dieſer Kohl ſchmeckt ſehr fein und zart. (Zeit der Zubereitung $^1/_2$ Stunde.)

196. Braunkohl.

Dieses Gemüse schmeckt am besten, wenn es einigemal leicht gefroren ist. Man streift die jüngsten, zartesten Blätter von den Stielen, wäscht sie rein und läßt sie in Salzwasser so lange kochen, bis sie sich mit den Fingern zerdrücken lassen, dann werden sie in kaltem Wasser ausgedrückt und mit dem Wiegemesser ganz fein ge= wiegt. In einem Kasserol hat man während der Zeit gutes, frisches Fett, einige feingewiegte Zwiebeln und einige Löffel Mehl hellbraun geröstet, hierzu giebt man nun den Kohl und läßt denselben eine Viertelstunde gehörig durchschwitzen, füllt dann Fleischbrühe und womöglich Bratenbrühe auf, thut etwas klaren Zucker, etwas Pfeffer, etwas Ingwer und, wenn es nötig, noch etwas Salz daran und läßt ihn einigemal recht aufkochen. Man garniert ihn bei dem Anrichten mit in Butter und Zucker geschmorten, kleinen Kar= toffeln.

197. Spinat.

Der Spinat wird gut gelesen, drei= bis viermal in einer tiefen Schüssel oder kleinen Wanne mit reichlichem Wasser rein gewaschen, dann in stark kochendem, gesalzenem Wasser, nicht zugedeckt, 10 Mi= nuten gekocht (nicht länger, denn sonst verliert er seine grüne Farbe), dann sogleich abgegossen, mit kaltem Wasser überspült und auf dem Durchschlag mit dem Schaumlöffel, nicht mit den Händen, stark ausgedrückt und klargewiegt; hierauf wird er mit reichlicher Butter oder Bratenfett und einer feingewiegten Zwiebel geschwitzt, etwas Mehl daran gestäubt, noch einige Minuten anziehen lassen und dann so viel als nötig kochende, starke Fleischbrühe oder auch Bratenbrühe dazu gegossen und mit etwas Muskatblüte gewürzt. Dann darf er nicht wieder kochen und muß womöglich bald angerichtet werden, weil er, wenn er zu lange heiß steht, sein schönes, grünes Aussehen verliert. Man garniert den Spinat bei dem Anrichten mit hart= gekochten, in Viertel geschnittenen Eiern oder Rühreiern.

Oder man dämpft den Spinat, nachdem er fein gewiegt ist, mit reichlich frischer Butter, aber auch nur kurze Zeit, füllt ihn dann mit wenig Fleischbrühe auf, oder quirlt ihn statt dieser mit etwas Sahne und ein paar Eidottern ab, vergißt aber auch hierbei die Muskatblüte nicht. (Spinat darf nicht länger als $^1/_2$ Stunde kochen.)

198. Kohlkeimchen.

Dieses sind die im Frühjahre ausgeschlagenen Zweige der im Winter eingeschlagenen Hochkohlstengel. Ganz jung bricht man sie ab, wäscht und reinigt sie sorgfältig und läßt sie nur einige Minuten in kochendem Salzwasser stehen. Dann wird dieses abgegossen und man läßt die Kohlkeimchen etwas ablaufen. Nun werden sie, wie sie sind, ungeschnitten mit geröstetem Mehl und Fleischbrühe so behandelt, wie der Herzkohl, nur giebt man etwas klaren Zucker daran und schwitzt gleich anfangs mit dem Mehl etwas feingewiegte Zwiebel.

199. Weißkraut.

Das Weißkraut wird geviertelt, die Strünke etwas ausge-schnitten, doch nicht zu tief, daß die Blätter zusammenbleiben, dann läßt man es in Salzwasser weich kochen und auf dem Durchschlag wieder rein ablaufen. In einem Kasserol röstet man, am liebsten in Schöpfenfett oder frischer Butter, einige Löffel Mehl, doch so, daß es weiß bleibt, gießt kräftige Fleischbrühe, ebenfalls Schöpfen-brühe, darauf, giebt etwas Salz und Kümmel und etwas feinge-wiegte Zwiebel dazu und läßt es aufkochen. Hierein legt man den Weißkohl und läßt ihn etwas durchdämpfen, wobei man das Kasserol öfter schüttelt, damit sich das Kraut nicht anlegt, denn wollte man dasselbe mit einem Löffel umrühren, so würde es aus-einander fallen und sehr an Aussehen verlieren. Man giebt hierzu am liebsten Schöpfenfleisch, welches man eine halbe Stunde vor dem Anrichten, wenn es weich gekocht ist, in Stücke schneiden und mit zu dem Kraute legen kann, damit es darin anzieht, auch kann man Bratwurst dazu geben.

200. Gedämpftes Rotkraut.

Man schneidet die Krautköpfe mit einem gewöhnlichen Tisch-messer oder auf einem Zettelmesser wie Nudeln fein, thut in ein Kasserol frische Butter oder Schweinefett und etwas Wasser, läßt es heiß werden, giebt das geschnittene Kraut dazu und dämpft es bei fleißigem Umrühren ziemlich weich. Hierauf stäubt man einen halben Eßlöffel weißes Mehl daran, füllt es mit einem Theeköpfchen voll Weinessig und ebensoviel Weißwein auf, thut das gehörige Salz, etwas klargeschnittene Citronenschale und einen Speiselöffel

klaren Zucker dazu und läßt es wohl zugedeckt $^1/_2$ Stunde langsam
dämpfen. Statt der Butter oder des Schweinefettes nimmt man
auch Speck, schneidet ihn in Würfel, läßt ihn schön gelb ausbraten
und dämpft in diesem Fett das Kraut. Die Speckwürfel streut
man bei dem Anrichten über dasselbe. Auf 8 Köpfe Kraut rechnet
man ein reichliches Viertelpfund Speck. Zeit des Kochens 1 Stunde.

201. Sauerkraut.

Wenn das Sauerkraut bei dem Einlegen im Salze oder in der
Säure recht gut getroffen ist, daß es einen lieblichen Geschmack hat,
braucht man es nicht erst im Wasser aufzukochen und dieses erste
Wasser wegzugießen, sondern man setzt es gleich mit etwas Wasser
und reichlich Schweinefett oder frischer Butter zu, thut etwas gehackte Citronenschale daran und läßt es weich dämpfen. Eine
Viertelstunde vor dem Anrichten gießt man ein Glas weißen Wein,
worin man einen Kaffeelöffel voll Kartoffelmehl gequirlt hat, an
das Kraut, oder man reibt in Ermangelung des Kartoffelmehls
2 rohe Kartoffeln daran und läßt diese mit verkochen. Sauerkraut
darf nur in irbenen Töpfen gekocht werden; in eisernen wird es
grau. Citronenschale und Wein können nötigenfalls auch weg-
fallen. Sauerkraut kocht $1^1/_2$ bis 2 Stunden.

202. Bohnen.

Man zieht die Bohnen ab, schneidet sie fein schiefrig oder
bricht sie auch nur in Stücke und wäscht sie. Alsdann giebt man
sie nach und nach händeweis in ein Kasserol mit kochendem Salzwasser, läßt aber immer jeden Teil Bohnen wieder zum Kochen
kommen, ehe man einen anderen Teil dazu giebt, weil sie auf solche
Weise gleichmäßiger weich kochen; hat nachher die ganze Masse
Bohnen $^1/_2$ Stunde gekocht, so gießt man das Wasser bis auf
weniges ab und thut nun hierzu ein reichliches Stück gutes Rindsfett
oder frische Butter, läßt die Bohnen vollends weich dämpfen und
ist zu wenig Brühe daran, so füllt man die nötige Fleischbrühe auf.
Kurz vor dem Anrichten stäubt man etwas Mehl, aber nicht zu viel,
daran, giebt gewiegte Petersilie und Bohnenkraut dazu und läßt
die Bohnen noch einmal aufkochen. Junge Bohnen bedürfen eine
Stunde zum Garwerden, alte zwei Stunden; man kann bei den

Bohnen die Fleischbrühe ganz entbehren, doch muß man, wenn man sie nur mit Wasser bereitet, reichlich Butter oder Fett nehmen und muß die Brühe immer kurz halten, damit man nicht zu viel Mehl nötig hat. Ein Löffel Mehl ist für ein Gericht für 8 Personen hinreichend. Junge Bohnen werden nicht abgekocht, sondern nur mit heißem Wasser recht rein gewaschen und dann gleich mit Butter und Wasser oder Butter und Fleischbrühe zugesetzt.

203. Spargelbohnen.

Diese kleinen Bohnen schmecken am besten, wenn man sie unzerschnitten, aber sorgsam abgewaschen, ganz weich in Salzwasser kocht, dieses dann rein abgießt, die Bohnen nur mit kochender Butter schwenkt und so zu Tische giebt.

204. Saure Bohnen.

Diese werden ganz wie die Bohnen Nr. 202 bereitet, nur daß man hierbei die Petersilie wegläßt und statt derselben ein paar Löffel Essig kurz vor dem Anrichten dazu giebt; auch schmecken sie noch kräftiger, wenn man das Mehl nicht daran stäubt, sondern es hellgelb röstet.

205. Junge Bohnen mit Milch.

Hierzu werden die Bohnen so jung als möglich genommen; von beiden Seiten derselben zieht man die Faserchen vorsichtig ab, schneidet die Bohnen dann fein schiefrig, brüht sie mit kochendem Wasser und läßt sie auf einem Durchschlag wieder rein ablaufen. Hierauf dünstet man sie mit einigen Zweigen Bohnenkraut in reichlich Butter und ganz wenig Wasser weich. Während dieser Zeit quirlt man in kaltem Rahm 1—2 Eidotter, 1 Theelöffel voll Kartoffelmehl, etwas Zucker, etwas gestoßene Muskatblüte, läßt es unter öfterem Quirlen aufkochen und gießt es kurz vor dem Anrichten an die Bohnen, die aber nun bloß heiß damit stehen dürfen. Zu diesen Bohnen schmecken Kalbskotelettes, Bratwurst, geräucherte Zunge, roher Schinken, recht gut. Beim Anrichten nimmt man das Bohnenkraut heraus.

206. Junge Schoten.

Wenn man die Körner aus den Schoten gestreift hat, wäscht man sie und setzt sie gleich mit ein wenig Wasser, reichlich frischer Butter und einem kleinen Stück Zucker zu und läßt sie in 15 bis 20 Minuten weich dämpfen; dann stäubt man etwas Mehl daran, läßt sie damit einige Minuten dämpfen, füllt sie dann noch mit so viel Brühe, als nötig ist, auf und giebt kurz vor dem Anrichten etwas klare Petersilie darunter. Zu jungen Schoten kann man die Fleischbrühe ganz entbehren, sie schmecken mit Butter und Wasser gekocht noch angenehmer, als mit Fleischbrühe. Alte Schoten thut man besser, erst mit kaltem Wasser zuzusetzen und sie darin bis zum Kochen kommen zu lassen, dann dasselbe abzugießen und sie nun, wie vorher gesagt, zu behandeln. Will man Möhren mit unter die Schoten mengen, so verfährt man damit wie bei den russischen Schoten Nr. 207 angegeben ist. Zeit des Kochens ist 1 Stunde, bei älteren Schoten $1\frac{1}{2}$ Stunde; doch ist hierbei noch zu bemerken, daß frisch gepflückte und kurz vor dem Gebrauch ausgehülste Erbsen nicht allein schneller weich kochen, sondern auch viel besser schmecken als gestandene, Tags vorher ausgehülste Schoten.

207. Getrocknete oder russische Schoten.

Man setzt dieselben mit kaltem Wasser zu, läßt sie einmal auf=kochen, gießt dann das Wasser ab und setzt sie dann mit einem Stück Butter, einem Stückchen Zucker und aufkochender Fleischbrühe zu, läßt sie weich kochen, bestäubt sie dann mit Mehl, thut klare Petersilie dazu und giebt sie womöglich bald auf den Tisch, denn bei längerem Stehen fallen sie sehr zusammen und verlieren sehr an Aussehen. Will man Möhren sowohl unter diese, als die zuerst erwähnten Schoten kochen, so schneidet man diese, nachdem sie ge=schabt und gewaschen sind, in gliedlange, schmale Stückchen, oder auch würflig, dämpft sie in Butter, etwas Zucker und Wasser weich, bestäubt sie ebenfalls mit Mehl und mengt sie vor dem Anrichten unter die Schoten.

208. Schoten mit Stockfisch.

Diese Schoten werden mit Butter und Fleischbrühe oder Wasser weich gedünstet, dann Mehl daran gestäubt und ganz zuletzt klare

Peterſilie baran gethan. Man barf auf dieſe Schoten, nachdem das Mehl baran geſtäubt iſt, nur ſehr wenig Brühe gießen, denn wenn ber Stockfiſch barunter gemengt wird, bekommen bie Schoten Brühe genug. Der Stockfiſch wird behanbelt wie es in Nr. 183 angegeben iſt.

209. Möhren.

Die jungen Möhren werden gepußt, gewaſchen und dann erſt länglich ober würflig geſchnitten (ſind ſie noch ſehr klein, ſo läßt man ſie auch ganz), mit Butter und Waſſer ober Fleiſchbrühe und etwas Zucker in ½ Stunde weich gebämpft, etwas Mehl baran geſtäubt und zuletzt mit klargewiegter Peterſilie gewürzt. Im Herbſt ober Winter, wo bie Möhren nicht mehr zart ſind, kocht man ſie, nach= bem ſie geſchnitten ſind, in Waſſer leicht ab, bann ſchwitzt man in gutem Fett 1 ober 2 Löffel Mehl ganz lichtbraun, thut hierein bie Möhren, gießt Fleiſchbrühe zu und läßt ſie während einer Stunde weich kochen; zuletzt giebt man Peterſilie bazu.

210. Kohlrabi.

Der Kohlrabi wird geſchält und entweber in feine Scheibchen ober in Streifen geſchnitten, wie man ben Speck zum Spicken ber Braten ſchneidet, alles Holzige an demſelben wird zurückgelaſſen, bann wäſcht man ihn und kocht ihn in Salzwaſſer einigemal auf ober brüht ihn auch nur, wenn er noch ganz jung iſt und bringt ihn auf ben Durchſchlag, damit er rein ablaufe. Hierauf kocht man ben Kohlrabi in etwas Fett ober Butter und guter Fleiſchbrühe weich; bas feine Grüne, ober bie Herzblättchen des Kohlrabi brüht man und läßt es ein paar Minuten in dem heißen Waſſer ſtehen, bann brückt man es in kaltem Waſſer aus und wiegt es gröblich. Ein Stückchen friſche Butter ober gutes Rindsfett läßt man nun in einem kleinen Kaſſerol heiß werden, ſchmort bas Grüne barin ein paar Augenblicke und garniert zuletzt die angerichtete Schüſſel bamit. An ben weichgekochten Kohlrabi ſtäubt man 1—2 Löffel Mehl, ober man röſtet in etwas Butter einen Löffel geriebene Semmel und ½ Löffel Mehl ſchön hellgelb, füllt bies mit Brühe auf, läßt es ſämig kochen und giebt dieſe bickliche Brühe zu ben Kohlrabi. Beim Anrichten kann man bies Gemüſe zur Verſchönerung mit Butterklößchen belegen. Der Kohlrabi iſt von Johanni bis

Michaelis am schmackhaftesten; mitten im Winter thut man wohl, denselben entweder am Abend vorher oder wenigstens früh ein paar Stunden vor dem Zusetzen zu schneiden, ihn zu salzen, recht untereinander zu mengen und zugedeckt stehen zu lassen. Blauer Kohlrabi ist zarter als der grüne.

211. Kohlrüben.

Diese werden nach Belieben entweder in Scheiben oder in Streifen geschnitten und rein gewaschen. Zu 5 Stück Kohlrüben nimmt man 2 Speiselöffel voll Zucker und läßt ihn in einem Kasserol mit etwas Wasser lichtbraun sieden, dann thut man die geschnittenen Kohlrüben hinein, giebt etwas Schöps- oder reines Rindsfett dazu und läßt sie weich schmoren. Nach Gutdünken stäubt man sie nun mit Mehl ein, füllt sie mit Fleischbrühe auf und kocht sie ganz weich, wobei man jedoch das Kasserol rüttelt und schwenkt, um das Anlegen der Rüben zu vermeiden. Beim Anrichten würzt man sie mit Salz und Pfeffer. Als Zuspeise giebt man gekochtes Schöpsenfleisch oder Schöpskotelettes, auch gepökeltes, gebratenes Schweinefleisch. Die gelben Rüben sind die besten. Zeit des Kochens 1½ bis 2 Stunden.

212. Rote Rüben.

Die roten Rüben werden rein gewaschen und dann in Salzwasser weich gekocht, hierauf putzt man sie rein ab, schneidet sie in Scheiben und wiegt dieselben gröblich. Nun läßt man in einem Kasserol frische Butter, oder noch besser reines Rindsfett aufsteigen, rührt hierein einen Löffel Mehl ganz glatt und giebt dazu etwas sauren Rahm oder in Ermangelung desselben etwas Milch und einen Löffel Essig, thut dann die gewiegten roten Rüben hinzu, giebt ein Lorbeerblatt und einige Neuwürzkörner hinein und läßt es noch ½ Stunde dämpfen; wird das Gemüse zu dick, so giebt man während des Dämpfens einige Anrichtelöffel voll Fleischbrühe daran. Man ißt die roten Rüben zu Rindfleisch oder Bratwurst.

213. Teltower oder Märkische Rüben.

Diese werden gut geschabt und die großen darunter einmal zerschnitten, dann mit lauwarmem Wasser rein abgewaschen und in kochendem einmal aufgekocht. Das Wasser gießt man dann rein

ab, setzt die Rübchen hierauf mit einem Stück Butter und kochender
Fleischbrühe, oder in Ermangelung derselben auch nur mit Wasser
übers Feuer und läßt sie ziemlich weich dämpfen. Dann nimmt
man ungefähr zu 2 Liter solcher Rübchen 65 Gr. klaren Zucker,
kocht diesen mit ein paar Löffel Wasser hochbraun, stäubt 2 Löffel
Weizenmehl daran und läßt dies ein paar Augenblicke mit schmoren.
Dann füllt man von der Brühe, worin die Rübchen kochen, einige
Anrichtelöffel voll auf den Zucker mit Mehl, läßt es einige Minuten
auflochen und giebt diese sämige Sauce über die Rübchen, die nun
vollends weich darin dämpfen müssen. — Die Rübchen nur mit
Wasser, in Ermangelung der Fleischbrühe, gekocht, schmecken kräftig
und gut und man wird die Fleischbrühe wenig vermissen. Man
giebt diese Rübchen zu gebratener Gans oder geräucherter Gänse-
brust, zu rohem Schinken, Schöpsen- oder Rinderbraten. Zeit des
Kochens 1¹/₂ Stunde.

214. Schwarzwurzeln.

Während man sie schabt, muß man sie in laues Wasser mit
etwas Essig und Mehl legen, damit sie weiß bleiben, dann kocht
man sie in Salzwasser und einem Stück Butter weich und läßt sie ablaufen. Dann schmilzt man ein Stück frische Butter mit einem Eßlöffel
Mehl gelb, zerrührt es mit kochender Fleischbrühe, giebt etwas
Essig und Muskatblüte dazu, dämpft die Wurzeln darin auf und
rührt sie bei dem Anrichten mit einigen Eidottern ab. Beim Einkauf
der Schwarzwurzeln muß man besonders darauf sehen, daß sie von
innen recht weiß sind und wenn man sie zerbricht, ein weißer milch-
ähnlicher Saft herausfließt.

215. Zwiebeln.

Zu 6 bis 8 Portionen nimmt man ebensoviel große, frische
Zwiebeln, schält und schneidet sie und übergießt sie einigemal mit
kochendem Wasser, wobei sie jedesmal eine Weile zugedeckt stehen
müssen. Dann läßt man sie ganz rein ablaufen, thut sie in ein
Kasserol, giebt einige Löffel gutes Bratenfett und einen Löffel gestoßenen Kümmel dazu und läßt sie damit eine Viertelstunde schmoren.
Alsdann gießt man Fleischbrühe zu und läßt die Zwiebeln vollends
weich kochen, hierauf giebt man 2 Löffel geriebene Semmel hinzu,

läßt die Zwiebeln noch einmal aufkochen und richtet das Gemüse an. Das Grüne der Zwiebeln wird bei diesem Gericht mit ge-kocht, man ißt es zu gekochtem oder gedämpftem Schöpsenfleisch.

216. Peterſilie als Gemüse.

Hierzu nimmt man wo möglich junge Peterſilie, lieſt und wäſcht ſie und überbrüht ſie einmal mit kochendem Waſſer; dann drückt man ſie aus und ſchneidet ſie mit dem Wiegemeſſer fein. Während dieſer Zeit röſtet man in friſchem Rindsfett oder Butter 2—3 Löffel geriebene Semmel und Mehl ganz hellgelb, thut die Peterſilie dazu, füllt ſie mit guter Fleiſchbrühe auf und kocht ſie weich, aber nicht zu lange, weil ſie dann ihre ſchöne, grüne Farbe verliert. Man giebt hierzu gekochtes Rindfleiſch oder Tauben und belegt das Gemüſe nach Belieben mit Butterklößchen. In vielen Gegenden kocht man die Peterſilie auf dieſe Weiſe auch ungewiegt.

217. Sellerie als Gemüse.

Die Sellerieköpfe werden geſchält, gewaſchen und in Scheiben geſchnitten, dann kocht man ſie in Salzwaſſer leicht ab, gießt dieſes ab und füllt kräftige Fleiſchbrühe auf, fügt alsbann etwas weiß geröſtetes Mehl und geriebene Semmel hinzu und läßt den Sellerie vollends weich kochen. Oder man läßt die Sellerieſcheiben im Salz-waſſer völlig weich kochen und giebt ſie nachher in eine Butterſauce (ſ. b. Saucen), der man etwas von dem Selleriewaſſer beifügt, würzt ſie mit etwas Muskate und läßt ſie bis zum Anrichten nur heiß ſtehen, nicht wieder kochen. Man giebt dazu Rind- oder Kalbfleiſch. Zeit des Kochens 1¹/₂ Stunde.

218. Brunnenkreſſe.

Man pflückt die Blätter von dem Stiele, wäſcht ſie ab, über-brüht ſie mit kochendem Waſſer, legt ſie dann nochmals in kaltes Waſſer, läßt ſie gut abtropfen und hackt ſie grob. Hierauf thut man ſie mit einem Stück friſcher Butter, etwas geriebener Semmel, Salz, Pfeffer und Muskatblüte in ein Kaſſerol, läßt ſie einige Minuten anziehen, gießt dann etwas gute Fleiſchbrühe darauf und giebt ſie zu Kotelettes oder Braten als Gemüſe.

219. Frische und trockene Morcheln.

Frische Morcheln müssen mit kochendem Wasser gebrüht werden, damit sie biegsam werden, denn sonst brechen sie bei dem Waschen; dann werden die sandigen Stiele abgeschnitten und die Morcheln von allem Sand, der innen sitzt, gereinigt, dann schneidet man die größeren einmal durch, wäscht sie in kaltem Wasser und drückt sie wieder rein aus. Nun thue man sie mit einem reichlichen Stück Butter in ein Kasserol und lasse sie so lange schmoren, bis sich keine Brühe mehr zeigt. Dann füllt man sie mit starker Fleischbrühe auf, kocht sie darin eine kurze Zeit, zieht sie mit ein paar Eidottern ab und drückt den Saft von einer Citrone dazu. Oder man läßt Eier und Citronensaft weg, stäubt etwas Mehl daran und giebt zuletzt klare Petersilie dazu. Dieses Gemüse schmeckt sehr gut zu frischer Rindszunge, gedünsteten Tauben oder Kalbskotelettes. Die trockenen Morcheln werden mit kaltem Wasser zugesetzt und eine Stunde gekocht, dann schüttet man sie auf einen Durchschlag, schneidet die Stiele ab und die Morcheln in einige Stücke und wäscht sie so lange, bis das Wasser nicht mehr trübe wird, dann kocht man sie in Fleischbrühe oder schmort sie vorher in Butter wie die frischen Morcheln.

220. Champignons naturelles zum Rindfleisch.

Hierzu nimmt man 3—4 Hände voll reingeputzter und kleingeschnittener Champignons, wäscht sie in frischem Wasser, drückt sie rein aus und schmort sie mit 120 Gr. Butter so lange, bis sich wenig Brühe zeigt, giebt nun etwas klargeschnittene Zwiebel dazu und läßt sie bei immerwährendem Umrühren mit verdünsten. Dann rührt man 2 Eßlöffel feines Mehl darunter und füllt es mit so viel guter Fleischbrühe auf, als nötig ist, damit es nicht zu dick und nicht zu dünn ist. Kurz vor dem Anrichten thut man etwas klaren Pfeffer, klare Petersilie und das nötige Salz daran.

221. Steinpilze.

Diese werden entweder ebenso wie die vorher beschriebenen Champignons zu Rindfleisch mit Fleischbrühe gekocht, oder man bereitet sie auf einfachere Art. Man putzt und wäscht sie, schneidet sie einigemale durch und kocht sie in Salzwasser ¼ Stunde lang.

Dann gießt man das Wasser ab, schneidet die Pilze kleinwürflig und schmort sie eine Weile in Butter, hierauf stäubt man Mehl daran, läßt es anziehen und füllt es mit dem Wasser, worin die Pilze kochten, auf. Beim Anrichten giebt man, wie oben, klaren Pfeffer, klare Petersilie und Salz dazu; man giebt dazu geräucherte Wurst, rohen oder gekochten Schinken, oder kalt aufgeschnittenen Braten. Bei der Wahl aller Pilze und Schwämme zum Verspeisen sei man sehr vorsichtig und nehme nur solche, die man kennt und die keinen zweideutigen Geruch und keine auffallende, unbekannte Gestalt haben. Genau angestellte Proben haben ergeben, daß das früher für probat geltende Mittel, mit den Pilzen eine Zwiebel oder einen silbernen Löffel zu kochen und an der schwarzen oder grünen Färbung derselben die Schädlichkeit der Pilze zu erkennen, ein trügliches ist. Man kochte gute und als giftig bekannte Pilze, von jeden die Hälfte, mit Zwiebel und Silberlöffel ziemlich lange, doch Zwiebel und Löffel blieben weiß, ja selbst bei dem Kochen nur giftiger Pilze mit diesen Gegenständen, stellte sich kein anderes Resultat heraus.

222. Eierschwämme oder Pfifferlinge.

Diese kleinen Pilze, die es immer in Menge giebt, kocht man in Salzwasser weich, gießt das Wasser ab, thut ein Stückchen frische Butter, etwas Pfeffer, Salz, gewiegte Petersilie dazu und läßt sie 5 Minuten dünsten. Dann setzt man etwas Mehl zu und gießt noch etwas Bouillon daran. Man giebt sie zu Braten, gebackener Leber und Rindfleisch.

223. Leipziger Allerlei.

Diese Speise ist am vorzüglichsten im Frühjahr, wo man alle dazu nötigen Gemüse jung und zart haben kann. Man nimmt einen Suppenteller Schotenkörner, ebensoviel feingeschnittene Möhren und Kohlrabi, wäscht es und thut jedes für sich mit 65 Gr. Butter, etwas Zucker und einem Löffel Wasser in ein Kasserol und läßt es weich dünsten. Einen Suppenteller sauber gepußten Blumenkohl läßt man in halb Wasser, halb Milch mit etwas Salz und Butter ebenfalls weich kochen, sorgt aber, daß er schön ganz bleibt und läßt ihn dann ablaufen. Guten, zarten Spargel pußt und schneidet man, brüht ihn dann einigemal und kocht ihn in Fleischbrühe weich. Unterdessen hat man $\frac{1}{2}$ Schock Krebse gesotten, bricht sie aus und putzt die Nasen ganz sauber; die Schwänze werden ebenfalls sorgfältig ausgebrochen und nebst den Nasen einstweilen beiseite gelegt. Die Schalen der Krebse (mit Ausnahme der Leiber) werden gestoßen und mit einem reichlichen Stück Butter in einem Kasserol unter stetem Umrühren so lange geschmort bis die Butter steigt. Dann gießt man durch ein Sieb etwas davon auf die ausgebrochenen Krebsschwänze. In die übrige Butter im Kasserol giebt man 2 Löffel feines Mehl, läßt es einige Minuten dünsten, thut die Leiber von den Krebsen hinein und füllt es mit Rinds- oder Hühnerbrühe auf, läßt es recht langsam kochen, streicht es durch ein feines Sieb und thut nun sämtliche fertiggemachte Gemüse hinein, kostet es wegen Salz und Zucker und stellt das Kasserol wohl zugedeckt auf eine heiße Stelle, ohne es jedoch umzurühren, damit alle Gemüse ganz bleiben. Von 100 Gr. zu Schaum gerührter Butter, 4 Eidottern, dem Schnee von 4 Eiern, ein wenig Citronenschale und Muskate und von geriebener und durchgesiebter Semmel macht man einen Teig, der mehr weich als fest ist, füllt mit einem Teil die Krebsnasen und bäckt sie in Butter hellbraun. Von dem anderen Teil macht man kleine Klößchen und kocht sie in Fleischbrühe. Auch nimmt man 2 Händevoll frischer Morcheln, reinigt und brüht sie und läßt sie in steigender Butter weich dünsten. Hierauf richtet man das Allerlei an, belegt die Schüssel am Rand mit den Krebsnasen, in der Mitte die Morcheln, die Klößchen und Krebsschwänze so zierlich wie möglich und begießt es mit der Krebsbutter, worin die Schwänzchen lagen. Zu diesem Allerlei giebt man alte und junge Hühner, Rindfleisch, Rindszunge, Kotelettes und gebackene Gebröschen.

224. Salzkartoffeln zu kochen.

Man schält die Kartoffeln, setzt sie mit Wasser und Salz auf rasches Feuer und kocht sie nur eben gar, gießt sie schnell ab, nimmt den Deckel ab, läßt sie eine Minute lang verdampfen, setzt sie wieder zugedeckt aufs Feuer, schwenkt sie um und richtet sie recht heiß an.

225. Kartoffelstückchen.

Man schält Kartoffeln mittlerer Größe, schneidet sie in Viertel, wäscht sie rein und gießt dann recht kochendes Wasser darüber, worin sie zugedeckt ¼ Stunde stehen müssen. Dann läßt man sie rein ablaufen, schüttet sie in ein Kasserol, gießt kochende Fleischbrühe darüber und läßt sie gar kochen, doch so, daß die Brühe klar bleibt. Kurz vor dem Anrichten thut man nach Belieben entweder fein-würflig geschnittene und in Fett geröstete Zwiebel, oder klare Peter-silie, oder etwas gewaschenen Kümmel an die Kartoffelstückchen; man giebt sie zu Rind- oder Schöpsenfleisch.

226. Saure Kartoffelstückchen.

Man kocht die Kartoffeln in der Schale; während dieser Zeit röstet man in einem Stückchen Fett oder Butter einen Löffel Mehl, doch so, daß es hellgelb bleibt, giebt dann eine kleingeschnittene Zwiebel dazu, die ein paar Augenblicke darin anziehen muß, füllt es nun mit Braten- oder Fleischbrühe und etwas Weinessig auf, schneidet 1 oder 2 geschälte, saure Gurken in Scheiben und läßt sie in der Brühe mit aufkochen. Die Kartoffeln schält man, wenn sie weich sind, schneidet sie in Viertel, giebt sie gleich in die Sauce und läßt sie darin einmal aufkochen. Oder man kocht sie von rohen Kartoffeln, läßt hierzu würfliggeschnittenen Speck aus, oder macht gutes Fett heiß, macht darin reichlich feingeschnittene Zwiebeln gelb, durchrührt dies mit kochendem Wasser, Salz und etwas Pfeffer, kocht darin die gut geschälten und gewaschenen Kartoffelstückchen weich, giebt ihnen dann mit Essig die nötige Säure und, ist die Brühe nicht sämig genug, giebt man etwas gelbgeschwitztes Mehl dazu. Man giebt sie zu frischer Wurst, Bratwurst, Fleischklößchen und aufgewärmtem Braten.

227. Geschmorte Kartoffeln.

Man kocht die Kartoffeln in der Schale halb weich, schält sie dann, läßt sie, wenn sie klein sind, ganz, schneidet sie, wenn sie groß sind in Viertel (doch darf man nie groß und klein untereinander schmoren), dann läßt man sie in einem Kasserol mit reichlich Fett oder frischer Butter schmoren, giebt etwas feingewiegte Zwiebeln, Salz und Pfeffer dazu, schwenkt sie häufig und wenn sie hell-gelb aussehen, richtet man sie an. Man kann die Zwiebel auch weglassen.

228. Gebackene Kartoffeln mit Hering.

Die Kartoffeln werden abgekocht, geschält, in dünne Scheiben geschnitten und in eine blecherne oder irdene, reichlich mit Butter ausgestrichene Backform mit Hering und frischer Butter eingeschichtet. Auf zwei Liter Kartoffeln rechnet man 225 Gr. Butter und 3—4 Heringe; die Heringe werden gut ausgewässert, ausgegrätet, würflig geschnitten und mit der Butter und den Kartoffelscheiben abwechselnd in die Backform gelegt. Oben darauf müssen Kartoffelscheiben und Butter kommen, dies bestreut man reichlich mit Parmesankäse und bäckt die Speise, bis sie oben schön gelbbraun aussieht.

Trockene Gemüse.

229. Erbsen.

Einen Liter Erbsen liest man abends vorher, wäscht sie und quellt sie mit 2 Liter Wasser die Nacht hindurch ein. Mit demselben Wasser setzt man sie ans Feuer und läßt sie kochen; dann gießt man das Wasser behutsam ab, giebt noch einmal ebensoviel anderes kochendes Wasser darüber und läßt sie nun so lange kochen, bis sich alle Hülsen ablösen; dann treibt man sie durch ein Sieb, daß sie wie ein dickes Mus sind, thut Salz, etwas Pfeffer und reichlich gutes, frisches Fett daran und stellt sie bis zum Anrichten recht heiß. Wenn sie angerichtet sind, übergießt man die Schüssel mit brauner Butter, worin entweder kleingeschnittene Zwiebeln oder geriebene Semmeln geröstet sind, oder man giebt auch würflig geschnittenen, gerösteten Speck darüber. Zeit des Kochens 2 bis 3 Stunden.

230. Linsen.

Die Linsen werden ebenfalls gelesen, womöglich in Flußwasser gewaschen und einige Stunden eingequellt. Dann kocht man sie weich, giebt ihnen aber, wie den Erbsen, noch einmal anderes kochendes Wasser, doch darf man sie nur behutsam umrühren, damit ſie ganz bleiben. Dann gießt man einen Teil des Waſſers ab und giebt, wenn man ſie hat, etwas heiße Bratenbrühe darüber und läßt ſie aufkochen. Unterdeſſen röſtet man in einer reichlichen Quan=tität Bratenfett einige Löffel voll Mehl ſchön hochbraun, läßt darin kleingeſchnittene Zwiebeln eine Weile mit verſchwitzen, giebt es zu den Linſen, nebſt dem gehörigen Salz und ein oder 2 Taſſen heißen Weineſſig und ſtellt ſie bis zum Anrichten auf eine heiße Stelle. Viele thun auch gern noch einen Löffel Pflaumenmus an die Linſen. Zeit des Kochens 2 bis 3 Stunden.

231. Weiße Bohnen.

Dieſe werden wie die Linſen geleſen, gewaſchen und mit kaltem Flußwaſſer ans Feuer geſetzt; wenn ſie ziemlich weich gekocht ſind, wird das Waſſer ab= und die Fleiſchbrühe daran gegoſſen, würflig=geſchnittener Sellerie und etwas Zwiebel mit dazu gethan und darin vollends weich gekocht. Kurz vor dem Anrichten rührt man etwas in gutem Fett ganz weiß geröſtetes Mehl darunter oder ſtäubt es auch nur daran.

232. Reis als Gemüſe.

Ein halbes Pfund Reis wird geleſen, gewaſchen, zwei= bis breimal heiß abgebrüht und dann noch einmal kalt übergoſſen. Wenn der Reis nun abgelaufen iſt, gießt man einen Anrichtelöffel voll kräftiger Fleiſchbrühe daran und läßt ihn anquellen, dann füllt man nach und nach immer mehr Fleiſchbrühe dazu, daß er die nötige Dicke hat; man darf ihn nicht umrühren, ſondern nur ſchwenken, damit er ſchön ganz bleibt. In $^8/_4$ Stunden iſt er völlig gar gekocht. Er ſchmeckt auch ſehr gut, wenn man einen halben Kopf Sellerie ganz fein geſchnitten mit daran thut oder ihn bei dem Anrichten mit geriebenem Parmeſankäſe überſtreut.

233. Gräupchen.

Wenn die Gräupchen rein abgeſchleimt ſind, läßt man ſie in kräftiger Fleiſchbrühe langſam weich kochen, darf ſie aber ebenfalls wenig oder gar nicht rühren, damit ſie nicht muſig werden. Sie müſſen eine Stunde kochen. Kurz vor dem Anrichten thut man die kleingeschnittene Schale einer halben Citrone und den Saft derselben dazu und quirlt sie mit etwas weißem Wein und ein paar Eidottern ab. Man kann die Gräupchen auch zu einem feineren Gericht machen, wenn man statt der Eier und des Weines Morcheln und Butterklößchen nimmt und Krebsbutter darauf anrichtet.

234. Nudeln zu Gemüse und Suppen.

Um Nudeln zu einer Schüssel für 6 Personen zu machen, nehme man 50 Gr. frische Butter, eine Messerspitze voll Salz und 6 Eidotter, rühre diese zusammen zu Schaum und thue dann so viel feines Mehl dazu, daß es ein ganz fester, trockener Teig wird. Nachdem man diesen Teig recht durchgewirkt hat, teilt man ihn in Stücke und treibt von diesen ganz dünne Kuchen mit dem Rollholz auf, die man, wenn sie fertig sind, auf ein Backbrett legt und eine halbe Stunde stehen läßt. Nun schneidet man mit einem recht scharfen Messer aus diesen Kuchen zweifingerbreite Streifen, legt 3 bis 4 aufeinander und schneidet daraus feine, gleichförmige Nudeln. Man kocht dieselben dann in kochendem Salzwasser eine halbe Stunde, legt sie dann zum Ablaufen auf den Durchschlag, giebt sie in die kochende Fleischbrühe und richtet sie an. Während des Kochens im Salzwasser muß man sie mit dem Quirl einigemal behutsam in die Höhe nehmen, aber nicht rühren, und das Kasserol schütteln, damit die Nudeln nicht klumpig kochen. Oder man macht den Nudelteig geringer und rechnet hierbei auf 6 bis 8 Personen 4 ganze Eier, 8 Speiselöffel voll Milch, etwas Salz und so viel Mehl, als die Milch und die Eier annehmen. Das Mehl giebt man in eine Schüssel, macht in der Mitte eine Vertiefung, giebt Milch und Eier hinein, rührt mit dem Messer dieses zu einem leichten Teig, giebt denselben dann auf eine Kuchendecke und macht davon mit den Händen, während man immer Mehl zustreut, einen ganz glatten, festen Teig. Je länger und steifer derselbe verarbeitet ist, desto besser werden die Nudeln.

235. Maccaroni.

Man nehme 1 Pfd. Maccaroni (die besten sind die echt italienischen), breche sie in ungefähr zweifingergliedlange Stücke, setze sie mit $2^1/_2$ Liter kochendem Wasser, 1 Eßlöffel Salz und 65 Gr. Butter ans Feuer und koche sie in einer halben Stunde weich, doch ja nicht, daß sie mußig werden; sie müssen schön ganz bleiben. Nun läßt man sie rein ablaufen, nimmt eine passende Schüssel, legt auf den Boden einige Scheiben frische Butter, giebt dann eine Schicht Maccaroni darauf, dann wieder etwas Butter und fährt so fort, bis die Maccaroni alle sind und die Schüssel voll ist, zu oberst muß aber Butter kommen. Dann setzt man die Schüssel in die heiße Röhre und läßt sie $^3/_4$ Stunde stehen, doch dürfen die Maccaroni nicht backen, sondern nur heiß bleiben. Beim Anrichten werden sie in derselben Schüssel zu Tisch gegeben, stark mit Parmesankäse bestreut und außerdem noch geriebener Parmesankäse in einem Affiettchen dazu gegeben, sowie kleingewiegter, gekochter oder aufgeschnittener roher Schinken.

XII. Von den Saucen.

236. Gewöhnliche braune Sauce.

Man röstet in 125 Gr. Butter oder Fett 2 Löffel Roggen- oder Weizenmehl, daß es schön hochbraun wird, thut dann eine Zwiebel mittlerer Größe halb klargeschnitten dazu und läßt sie in dem gerösteten Mehl mit verschwitzen. Hierzu fügt man dann etwas Wurzelwerk, Gewürz und feine Kräuter, füllt es mit Fleischbrühe oder auch Bratenbrühe auf und läßt es eine halbe Stunde kochen. Die Sauce wird dann durch ein Haarsieb gestrichen und mit Citronensaft oder Estragonessig abgeschärft und zu allen Ragouts, bei welchen braune Saucen anwendbar sind, verbraucht. Um diese Sauce zu verfeinern, nimmt man auch Kapern dazu.

237. Senfsauce.

In 50 Gr. Butter röstet man einen reichlichen Eßlöffel Mehl hellbraun, rührt zwei Eßlöffel französischen Senf dazu, füllt es mit Fleischbrühe auf, fügt etwas Citronensaft, eine Obertasse weißen Wein und einen Theelöffel Zucker dazu und rührt es auf dem Feuer so lange, bis es einen weißen Rand bekommt und läßt es dann bis zum Anrichten gut zugedeckt nur heiß stehen.

238. Kalte Senfsauce.

Etwas Estragon, Petersilie, Schnittlauch oder statt dessen auch Zwiebel, 1/8 Pfd. Sardellen und 4 hartgekochte Eidotter wiegt man recht fein untereinander, dann rührt man 2 Eßlöffel voll Essig recht tüchtig und zuletzt noch eine Messerspitze voll klaren Zucker darunter. Diese Sauce giebt man zu kalten Fischen oder Braten. Oder man macht die kalte Senfsauce einfacher, indem man 2 hart= gekochte Eidotter und ein rohes recht glatt rührt, dann giebt man nach und nach einige Löffel gutes Öl, einige Löffel Weinessig, einige Löffel Senf, etwas Zucker dazu und rührt es 1/2 Stunde. In eine

Schüssel legt man kalten Braten, Fleisch oder Fisch, begießt es mit der Sauce und verziert es mit Sardellen und harten Eiern; so giebt es ein leichtes, gutes Abendessen.

239. Sauce mayonnaise.

Man schlägt das Gelbe von 6 Eiern in einen tiefen, irdenen Napf und thut unter beständigem Rühren theelöffelweis $^1/_4$ Pfd. feines Provenceröl, ferner eine Obertasse voll feinen Weinessig, eine starke Messerspitze voll feingestoßenen, weißen Pfeffer, einen Thee= löffel voll Salz und einen Anrichtelöffel voll gute, recht dicke Sahne dazu. Statt der Sahne kann man auch eine Obertasse voll guter Kalbsgallerte nehmen. Sollte die Sauce nicht säuerlich genug sein, so giebt man zuletzt den Saft einer Citrone daran. Man giebt diese Sauce gleichfalls zu kaltem Fisch, Kapaun, Hähnchen und Kalbsgehirn.

240. Sauce Rémoulade.

Man nimmt 2 große, geriebene Zwiebeln, 3 hartgekochte und feingeriebene Eidotter, 8 Kaffeelöffel voll Senf, 4 Speiselöffel Provenceröl, 1 Speiselöffel voll Zucker, 2 Obertassen Essig, 4 Stück Sardellen, eine reichliche Messerspitze weißen Pfeffer und Salz nach Geschmack. Dies alles wird gut zusammengerührt, dann durch ein Haarsieb gestrichen, damit die Sauce ganz glatt ist, und giebt dann 2 Speiselöffel voll Kapern in die fertige Sauce. Diese Sauce giebt man zu kaltem Braten, Pökelfleisch und jedem kalten Fisch.

241. Sardellensauce.

Zu 8 Portionen nimmt man $^1/_4$ Pfd. Sardellen, reinigt sie und schneidet sie ganz klein. Dann giebt man in ein Kasserol das Gelbe von 3 Eiern, 50 Gr. frische Butter, 1 Eßlöffel feines Mehl und die feingewiegte Schale einer halben Citrone, rührt dies nebst den Sardellen auf dem Feuer bis zum Kochen ab, gießt $^1/_2$ Liter gute Fleischbrühe zu und zuletzt ein Glas weißen Wein und den Saft einer Citrone. Die Sauce muß unter stetem Rühren bis zum Kochen gebracht, dann gleich durch das Brühsieb geschlagen und verspeist werden.

242. Sardellensauce ohne Eier.

Man nimmt hierzu 100 Gr. Butter, läßt diese auf dem Feuer zergehen, aber nicht braun werden, und röstet darin 3 Eßlöffel geriebene Semmel ganz hellgelb; hierin läßt man einen Theelöffel voll feingeschnittener Zwiebeln verschwitzen und füllt nach Gut= dünken so viel gute Fleischbrühe darauf, daß die Sauce nicht zu dick wird. Dann giebt man 6 Stück von den Gräten gereinigte, feingeschnittene Sardellen, etwas feingeschnittene Citronenschale und ein Lorbeerblatt dazu. Dieses läßt man zusammen durchkochen und füllt zuletzt ein Theeköpfchen weißen Wein und den Saft einer halben Citrone dazu. Man giebt diese Sauce zu Fleischklößchen, übriggebliebenem Kalbsbraten und Hühnern, worin diese Sachen alle etwas verkochen müssen. Hat man keine Sardellen, so werden dieselben durch etwas Hering oder eine Heringsmilch ersetzt.

243. Holländische Sauce.

So viel Personen man zu speisen gedenkt, so viel Eidotter schlägt man in ein der Masse angemessenes Kasserol, nimmt 4 Ei= dotter, 1¹/₂ Löffel feines Mehl, 1 Glas weißen Wein, 3 Stück feingeschnittene Schalotten, 2 Stück gereinigte und feingeschnittene Sardellen und 50 Gr. Butter und rührt dieses zusammen glatt; es dürfen keine Knötchen bleiben. Dann füllt man es mit kochen= der, kräftiger Fleischbrühe auf, daß es schön dicklich wird, drückt den Saft von einer Citrone daran und kostet, ob es gehörig gesalzen ist. Diese Sauce kann man zu Hühnern, Rindszunge, gedünsteter Kalbskeule und zu verschiedenen Fischen, als Hecht, Zander und frischem Lachs, geben.

244. Champignonssauce.

Man nimmt 2 Hände voll reingeputzter und kleingeschnittener Champignons, wäscht sie in frischem Wasser, drückt sie rein aus und schmort sie mit 65 Gr. Butter so lange, bis sich nur wenig Brühe zeigt, dann stäubt man einen reichlichen Löffel Weizenmehl daran, läßt dies mit den Champignons etwas verschwitzen, füllt kräftige Fleischbrühe darauf, giebt den Saft einer halben Citrone dazu, würzt es noch mit etwas Salz und läßt die Sauce sämig kochen. Nach Belieben kann man sie mit 1 bis 2 Eidottern ab= quirlen.

245. Sauce von Schnittlauch.

Man röstet hierzu für 4 bis 5 Personen 2 knappe Speiselöffel
Weizenmehl in frischem Rindsfett oder Butter hellbraun, giebt
dann eine reichliche Handvoll feingeschnittenen Schnittlauch dazu,
läßt diesen einige Augenblicke mit dem Mehle dämpfen, füllt dann
kräftige Rindsbrühe darauf und läßt die Sauce sämig kochen.
Man giebt sie zu Rindfleisch.

246. Zwiebelsauce.

Etwa 1 Dutzend kleine Zwiebeln schält man ab, schneidet sie
in Scheiben und schwitzt sie auf gelindem Feuer mit wenig Butter
bis sie gelblich und ganz weich sind, thut 2 Eßlöffel voll Mehl
dazu, läßt dies noch einigemal aufsteigen, fügt Fleischbrühe, etwas
Estragonessig, einen Theelöffel klaren Zucker, ein paar Speiselöffel
voll weißen Wein hinzu, kocht unter häufigem Aufrühren hiervon
eine sämige Sauce, rührt sie durch ein feines Sieb und läßt sie
noch einmal aufkochen.

247. Sauce von Dill.

Zwei Löffel feines Mehl, 50 Gr. Butter, drei Löffel Rahm,
ein Löffel guter Weinessig, ein Theelöffel voll Zucker wird auf dem
Feuer abgerührt, dann kochende Fleischbrühe aufgefüllt, daß es
schön dicklich wird, und zuletzt eine Handvoll ganz junger Dill, fein
gewiegt, dazu gethan. Der Dill darf aber nicht aufkochen, sondern
nur heiß stehen; diese Sauce schmeckt sehr gut zu frischem Rindfleisch
oder Rindszunge.

248. Specksauce zur Schleie.

Zur Specksauce rechnet man für 6 Personen ¼ Pfd. kleinwürflig geschnittenen Speck, bratet ihn aus und gießt das davon
gewonnene Fett in ein Kasserol, thut, wenn es erkaltet ist, das
Gelbe von 4 Eiern, 2 Speiselöffel voll feines Weizenmehl, 1 Theeköpfchen voll weißen Wein, 1 Theeköpfchen voll Essig dazu und
rührt dieses glatt. Dann fügt man die feingewiegte Schale einer
halben Citrone, ¼ Liter Fischsod und ebensoviel gute Fleischbrühe
hinzu und rührt nun alles zusammen auf dem Feuer bis zum

Rochen ab. Sollte die Sauce zu dick sein, so gießt man noch etwas Fischsod und Fleischbrühe dazu. Beim Anrichten gießt man die Sauce über die Schleien und streut die gebratenen und warm gestellten Speckwürfel darüber.

249. Buttersauce.

Man schlägt 3 Eidotter in ein dazu passendes Kasserol, giebt ¹/₄ Pfd. Butter, 2 Eßlöffel voll feines Weizenmehl, 3 Eßlöffel voll kaltes Wasser darauf und rührt dies glatt. Dann gießt man nach und nach von dem kochenden Wasser zu, worin das Gemüse, welches zur Sauce gegeben werden soll, kocht und rührt die Sauce auf dem Feuer so lange ab, bis sie die gehörige Dicke hat, doch hüte man sich, daß sie nicht knotig werde; kochen darf sie nicht. Zuletzt würzt man die Sauce mit etwas klarer Muskatblüte und Salz; nach Belieben mischt man zuletzt etwas schöne, rote Krebsbutter darunter, welches besonders gut zu Blumenkohl schmeckt und verziert diesen mit Krebsschwänzen.

250. Sauce tomate.

Man schneidet ¹/₄ Pfd. rohen Schinken feinwürflig, ebenso 2 mittelgroße Zwiebeln, röstet dies ¹/₄ Stunde lang, füllt dann kräftige Bouillon dazu und läßt alles 1 Stunde kochen. Hierauf werden 6 große, reife Tomaten gewaschen, in Scheiben geschnitten, dazu gethan und dann muß die Sauce noch ¹/₄ Stunde kochen. Nun quirlt man ¹/₂ Eßlöffel feines Mehl dazu, rührt die Sauce glatt, salzt und pfeffert sie nach Belieben und schlägt sie durch einen feinen Durchschlag. Diese Sauce giebt man zu Rindsbraten oder gekochtem Rindfleisch.

251. Petersiliensauce mit Rahm.

Das Gelbe von 4 Eiern wird mit 2 Speiselöffeln voll Mehl, etwas Salz und einigen Löffeln Rahm in einem Kasserol recht glatt gerührt, dann wird nach und nach ¹/₄ Liter Rahm hinzugethan und auf dem Feuer so lange gerührt, bis es anfängt zu kochen. Hierauf thut man in die Sauce eine starke Handvoll junge, gewiegte Peterſilie und ſtellt ſie bis zum Anrichten heiß. Dieſe Sauce giebt man zu blaugeſottenen Aalraupen und Lachs.

252. Sauce von Meerrettich.

Man zerläßt 60 Gr. friſche Butter und ſchwitzt darin einen Eßlöffel voll Mehl, daß es weiß bleibt, hierauf füllt man einen knappen halben Liter gute Fleiſchbrühe auf und kocht es ſämig. Dann giebt man 2 Eßlöffel voll geriebenen Meerrettich dazu, rührt es gut untereinander, würzt es mit Salz und läßt die Sauce nur noch heiß ſtehen, nicht wieder kochen. Bei dem Anrichten giebt man noch etwas friſche Butter daran, was den Geſchmack der Sauce noch erhöht. Statt der Fleiſchbrühe kann man auch Milch oder Rahm nehmen und die Sauce mit 30—40 Gr. feingeriebenen Mandeln und etwas Zucker würzen, was ſie ſehr angenehm macht. Man giebt ſie auf dieſe letztere Art beſonders zu gekochter Ente oder Gans.

253. Creme von Meerrettich.

6 Stück große Borsdorfer oder andere gute Äpfel werden gerieben; 2 Speiſelöffel voll geſtoßenen Zucker, 1 Glas weißer Wein, ebenſoviel Weineſſig und eine große Wurzel geriebener Meer-rettich wird wohl durcheinander gerührt, daß es ein dickliches Mus iſt. Man giebt dies zu blau geſottenem Karpfen oder Hecht nebſt brauner Butter. Oder man macht dieſe Creme von ½ Taſſe gutem Eſſig, 1 Taſſe dicker, ſüßer Sahne, etwas Salz und Zucker, rührt alles gut durcheinander und miſcht ſo viel geriebenen Meerrettich darunter, daß es eine ſehr dickliche Sauce wird. Man macht die-ſelbe aber kurz vor dem Anrichten, damit der Meerrettich ſeine volle Schärfe behält und durch das lange Stehen nicht ſchwarz wird; auch muß man die fertige Creme zudecken.

254. Frikaſſeeſauce.

Man röſte in 90 Gr. Butter 2 Speiſelöffel voll Mehl ſchön hellgelb, fülle es mit ¼ Liter Fleiſchbrühe auf und laſſe es ver-kochen, gebe dann etwas Citronenſchale, einige feingewiegte Sar-dellen und ein Glas weißen Wein dazu und ziehe zuletzt die Sauce mit 2 bis 3 Eidottern und dem Saft einer Citrone ab. Die Sar-dellen können auch wegbleiben.

255. Krebsfauce.

1 Taffe voll Krebsbutter (siehe Krebsbutter), 4 Eidotter, 1 Speiselöffel Mehl, etwas Muskatblüte und Salz wird mit einem halben Liter guter Fleischbrühe zusammen gerührt und unter beständigem Rühren bis ans Kochen gebracht, dann schnell vom Feuer genommen und noch ein paar Minuten gerührt. Diese Sauce über Blumenkohl angerichtet, giebt eine feine, gute Schüssel, welche man mit Krebsschwänzen garnieren kann.

256. Braune Rosinensauce

ist bei der frischen Rindszunge (Nr. 55) beschrieben.

———·———

Die süßen Saucen.

257. Weiße Schaumsauce oder Chaudeau (sprich Schoboh).

2 große, frische Eier werden stark gequirlt, dann 2 Taffen weißer Wein, 1 Theelöffel voll Weizenmehl (nicht Kartoffelmehl, weil dieses das Schäumen verhindert), 2 reichliche Speiselöffel Zucker, etwas ganzer Zimt, von einer halben Citrone Schale und Saft, erstere auf Zucker abgerieben, dazu gegeben. Dies alles wird in einem nicht zu kleinen Topf, welchen man in ein Kafferol mit kochendem Wasser setzt, auf raschem Feuer so lange gequirlt, bis der Schaum in die Höhe steigt. (Kochen darf die Sauce nicht.) Dann schüttet man dieselbe in ein gut gewärmtes Geschirr, welches man zur Tafel geben will, schlägt die Sauce hierin noch ein paar Minuten und giebt sie gleich zur Tafel. Sie reicht für 6 Personen.

258. Sauce von rotem Wein zu Mehlspeisen.

Zu drei Obertassen rotem Wein nimmt man eine Tasse Wasser, einen reichlichen Theelöffel voll Kartoffelmehl, 125 Gr. Zucker, etwas Citronenschale, ein Stückchen Zimt und 3 bis 4 Gewürznelken. Dies alles quirlt man kalt zusammen und läßt es bei öfterem Quirlen auflochen. Beim Anrichten gießt man die Sauce durch das Brühsieb.

259. Vanillensauce.

Man setzt ¹/₂ Liter Sahne mit 65 Gr. Zucker und für zwanzig Pfennige feingestoßene Vanille kalt ans Feuer; sobald die Sahne kocht, quirlt man dieselbe mit 1¹/₂ Theelöffel voll Kartoffelmehl, 3 Eidottern und etwas kaltem Rahm ab. Statt der Vanille kann man auch 65 Gr. süße und 6 Stück bittere Mandeln, abgeschält und fein gestoßen, dazu nehmen; dann muß die Sauce aber durch ein ganz feines Sieb gestrichen werden. Man giebt sie warm zu jeder warmen Mehlspeise und kalt zu kalten Mehlspeisen.

260. Milchsauce.

Ein halbes Liter Milch wird mit Zimt, Zucker und Citronen= schale recht gut durchgekocht, dann 3 bis 4 Eidotter mit einem Löffel voll kalter Milch, einer Messerspitze voll Salz und einem halben Theelöffel voll Mehl durchgequirlt, zu obigem gegossen und unter beständigem Umrühren noch einmal aufgekocht. Man giebt diese Sauce kalt über kalte Puddings und Flamris.

261. Schokoladensauce.

¹/₂ Liter gute Milch wird siebend auf 125 Gr. geriebene Schokolade und etwas gestoßene Vanille gegossen und wenn es recht aufgekocht hat, mit 3 Eidottern abgezogen.

262. Himbeersauce.

Man drückt schöne, reife Himbeeren durch ein reines, leinenes Tuch, kocht den ausgedrückten Saft mit einem Glas voll Wein, einem Stück Zucker und Zimt auf und macht die Sauce zuletzt mit Kartoffelmehl so dicklich, wie man sie wünscht. Zur Zeit, wo es keine frischen Himbeeren giebt, nimmt man eingekochten Himbeer= saft. Auf gleiche Weise bereitet man eine Johannisbeersauce.

263. Sauce von frischen, sauren Kirschen.

Für 8 Personen werden 1¹/₂ Liter abgebeerte, saure Kirschen in einem Mörser gestoßen, daß alle Kerne entzwei sind. Dann

thut man sie in ein Kasserol mit einigen Nelken, etwas Citronenschale, einem Stück Zimt und für 2 Pfennige kleingeschnittener,
harter Semmel, läßt dies mit $^3/_4$ Liter Wasser eine Stunde kochen,
streicht es dann durch ein Sieb, giebt 2 Theeköpfchen Wein und
den nötigen Zucker dazu und läßt es wieder bis zum Kochen heiß
werden. Die Quantität des Zuckers muß man immer selbst bestimmen; manche Kirschen sind saurer als andere, ebenso der Wein.
Zu Eierkuchen und armen Rittern schmeckt die Sauce besonders gut.

264. Sauce von Johannisbeeren, kalt.

Nachdem die Johannisbeeren wie zum Gelee ausgepreßt sind,
gebe man den Saft in eine tiefe Schüssel von Porzellan und rühre
ihn kurz vor dem Anrichten mit geriebenem, durchgesiebtem Zucker
$^1/_4$ Stunde lang. Man nimmt $^1/_2$ Pfd. Zucker auf 1 Pfd. oder
$^1/_2$ Liter Saft. Diese Sauce ist von Farbe sehr schön und zu jeder
kalten Reisspeise u. s. w. äußerst wohlschmeckend und erfrischend.

265. Sauce von Heidelbeeren.

Die Zubereitung derselben ist die nämliche wie bei den Johannisbeeren, nur bedarf man bloß der Hälfte Zucker.

266. Sauce von Pflaumenmus.

Einige Löffel Pflaumenmus werden mit Wasser, etwas Zucker,
Zimt und ein paar Nelken recht glatt gekocht, dann wird ein Glas
Wein dazu gegossen und die Sauce durch ein feines Sieb gestrichen.
Hat man kein Pflaumenmus, so kann man von gebackenen oder
getrockneten Pflaumen eine gleiche Sauce bereiten, wenn man die
sauber gewaschenen Pflaumen mit Zucker, Zimt, Citronenschale,
Wasser und etwas Wein so lange kochen läßt, bis sie sich durch das
Brühsieb streichen lassen.

XIII. Kompotts und Salate.

Kompotts.

267. Kompott von Stachelbeeren.

Die Stachelbeeren dürfen nur halbreif und müssen noch ganz hart sein; man nimmt davon 1 Liter, pflückt Stiele und Blüte ab, wäscht sie und thut sie in ein Kasserol mit ganz heißem Wasser, worin sie zugedeckt einige Minuten stehen müssen. Während dieser Zeit läßt man in einem irbenen Kasserol reichlich Zucker, etwas Wein, ein Stückchen Zimt und etwas Citronenschale recht durchkochen. Die Stachelbeeren werden dann aus dem Wasser genommen, recht rein ablaufen gelassen und nach und nach in dem heißen Zucker einigemal aufgekocht, aber ja nicht bis zum Aufplatzen. Man hebt sie nun mit einem Schaumlöffel behutsam in die Assiette, läßt den Saft noch etwas einkochen und gießt ihn, wenn er etwas abgekühlt, über die Beeren, die man dann vollends erkalten läßt. Man kann die Stachelbeeren, so zubereitet, ohne den Saft einzukochen, zuletzt noch mit einem Theeköpfchen Wein und 3 Eidottern abquirlen und sie warm zu gekochtem Kalbfleisch oder auch jungen Hühnern geben.

268. Kompott von Kirschen.

2 Liter saure, abgebeerte Kirschen wäscht man rein und setzt sie mit ½ Pfd. Zucker und einigen Stückchen Zimt in eine nicht zu heiße Röhre und läßt sie schmoren. Wenn sie einige Minuten im Ofen gestanden haben, schwenkt man sie behutsam, und ist der Saft zwei- bis dreimal über die Kirschen weggekocht, so sind sie gut; man nimmt nun die Kirschen mit dem Schaumlöffel heraus und läßt die Brühe noch etwas einkochen; am besten ist das Kompott von Kirschen, wenn man es nur wenige Stunden vor dem Verspeisen zubereitet hat.

269. Kompott von Pflaumen.

Vier Schock Pflaumen werden gewaschen, in zwei Hälften geschnitten, die Kerne herausgenommen und dann in einem Kafserol mit 35 Gr. Zucker und etwas Zimt so geschmort, wie die Kirschen, nur lasse man sie acht= bis zehnmal überkochen. Sind die Pflaumen sehr reif und süß, so kann man den Zucker auch ganz weglassen.

270. Kompott von Birnen.

Die Birnen werden geschält, in zwei Hälften geschnitten oder ganz gelassen und mit etwas rotem Wein, Wasser, Zucker, Citronen= schale und ganzem Zimt weich gedämpft, so daß nicht zu viel Brühe übrig bleibt. Die meisten Birnen dämpfen über eine Stunde.

271. Kompott von Borsdorfer Äpfeln mit Gelee.

Ein halbes Schock Borsdorfer Äpfel schält man und sticht mit dem Ausstecher die Kernhäuschen heraus. In einem großen Kafserol kocht man 1 Liter weißen Wein, 1 Liter Wasser, ³/₄ Pfd. Zucker und einige Stückchen Zimt; hierein legt man die Äpfel und läßt sie dämpfen. Man muß dabei vorsichtig sein, daß sie schön weich werden und doch auch nicht zerkochen, deßhalb dürfen sie nicht zu sehr übereinander liegen. Dann nimmt man sie einzeln aus dem Kafserol und legt sie auf einen Durchschlag, daß der Saft vollends abläuft. Die Äpfelschalen werden in Wasser ausgekocht und durch ein Haarsieb gestrichen, ebenso wird die Brühe, worin die Äpfel dämpften, durchgestrichen; dieses beides zusammen läßt man nun mit noch etwas Zucker auf starkem Feuer so lange ein= kochen, bis es dünne Fäden zieht, dann gießt man diesen Saft ganz siedend auf eine flache, breite, irdene oder porzellanene Schüssel und läßt ihn während zwei Stunden erkalten. Die Äpfel werden in eine passende Assiette rangiert und mit dem erkalteten Gelee be= legt, aus welchem man längliche oder viereckige Stückchen mit dem Backrädchen schneidet und sie mit einem dünnen Messer von der Schüssel ablöst. Will man dieses Kompott nicht mit Gelee ver= zieren, so dämpft man die Äpfel nur mit der Hälfte Wein, Wasser und Zucker und bestreut sie bei dem Anrichten mit kleinen, in der Zuckerbrühe aufgekochten Rosinen.

272. Gedämpfte Borsdorfer mit Vanillensauce.

Die Äpfel werden gedämpft, wie vorher beschrieben, und wenn sie etwas erkaltet sind, wird die Vanillensauce (Nr. 259) heiß darüber angerichtet. Auf diese Weise ersetzen sie, wenn sie erkaltet sind, eine Creme; man verziert sie mit klargestoßenem Zimt.

273. Gewöhnliche Apfel gedämpft.

Man schält und schneidet eine gute Sorte Äpfel in Viertel, schneidet die Kernhäuschen aus und dämpft sie mit etwas Wasser, einem Stück Butter, klarem Zucker und Zimt und nach Belieben etwas weißem Wein, bis sie weich werden, aber ganz bleiben. Diese Äpfel giebt man warm zu Braten, Kotelettes oder Bratwurst.

274. Apfelmus.

Man schält und schneidet Äpfel in kleine Stücke und läßt sie mit wenig Wasser so lange kochen, bis man sie durch einen Durchschlag reiben kann; läßt man sie länger kochen, so bleibt das Mus nicht schön weiß, sondern es kocht braun. Dann rührt man klaren Zucker, Zimt und das Abgeriebene einer halben oder ganzen Citrone daran. Man kann die Äpfel auch nur waschen und mit der Schale kochen, dann bekommt das Mus einen kräftigeren Geschmack; man erhält auch eine größere Quantität, aber es bekommt ein braunes Aussehen. Beim Anrichten bestreut man das Apfelmus entweder mit kleinen Rosinen oder klargewiegten, süßen Mandeln.

275. Kompott von Heidelbeeren.

Diese werden gewaschen, die dabei noch befindlichen grünen Blätter herausgesucht, die Beeren dann in ein Kasserol gethan und mit Zucker langsam geschmort; wenn sie einigemal übergekocht haben, sind sie gut und man richtet sie über dünne, in Butter geröstete Semmelscheiben an oder läßt diese nach Belieben auch weg.

276. Kompott von Johannisbeeren oder Preißelbeeren.

Diese Beeren werden mit reichlichem Zucker, etwas Citronenschale und einem Stückchen Zimt bei gelindem Feuer eine Viertelstunde lang geschmort, in einer porzellanenen Schüssel angerichtet und kalt verspeist.

277. Gebackenes Obst.

Gebackene Äpfel, Birnen, Kirschen, Pflaumen und Prünellen werden mit Zucker, Citronenschale, Wasser und auch etwas Wein gekocht, bis sie weich sind. Sehr gut schmeckt es, wenn man diese verschiedenen Sorten gebackenes Obst zusammen kocht, doch muß man dann reichlich Zucker und Citronenschale nehmen. Alles gebackene Obst muß vorher mit warmem Wasser rein gewaschen werden und wird dann in einem Topf gekocht, der meist voll davon wird, weil, wenn das Obst recht gedrängt liegt, die Süßigkeit sich mehr entwickelt und verteilt. Kocht man die verschiedenen Obstarten zusammen, so müssen die Birnen ¹/₄ Stunde eher zugesetzt und dann erst das andere Obst dazu gelegt werden. Kurz vorher, ehe man das Obst aus dem Ofen nimmt, giebt man eine starke Messerspitze Kartoffelmehl in etwas kaltem Wasser dazu, damit die Sauce schön sämig wird.

Salate.

Bei dem Anmachen aller Salate mache man es sich zur Regel, guten Weinessig, aber nie zu viel davon, zu nehmen. Der Salat muß mit dem Essig gesättigt sein, aber nie darin schwimmen; er wird dadurch unappetitlich und unschmackhaft. Ehe man das Öl zugießt, versichere man sich stets davon, daß es keinen ranzigen Geschmack und Geruch hat.

278. Spargelsalat.

Der Spargel wird geputzt, gewaschen und in Salzwasser weich gekocht, doch nehme man ihn in acht, daß er nicht zu weich werde und die Spitzen nicht abgehen. Dann läßt man ihn rein ablaufen, giebt etwas Salz und Weinessig darauf und läßt ihn abkühlen; nun rangiert man ihn in die Salatiere, daß die Spitzen alle nach innen liegen, mischt den darauf gestandenen Essig mit gutem Öl, gießt ihn über den Spargel und streut etwas feingestoßenen Pfeffer darüber.

279. Staudensalat.

Dieser darf erst kurz vor der Tischzeit oder auf dem Tische selbst zubereitet werden. Man liest ihn, nimmt nur die zarten, inneren Blätter und die festen Köpfchen, welche man in 2 oder 4 Teile schneidet, wässert sie eine Weile, wäscht ihn dann behutsam, ohne ihn sehr zu drücken, heraus und läßt ihn auf einem breiten Salatsieb recht rein ablaufen oder schwenkt ihn in einem reinen, leinenen Tuche aus. Dann rührt man auf 8 Portionen 3 hart-gesottene Eidotter, 2 Speiselöffel gutes Provenceröl und $^1/_2$ Löffel französischen Senf recht glatt, giebt das nötige Salz und 3 Löffel guten Weinessig dazu und vermengt damit ganz leicht und locker den Salat. Oder man mengt den Salat auch nur mit ein wenig Essig, reichlich Öl, etwas Salz und feingeschnittenem Schnittlauch oder Zwiebel.

280. Warmer Staudensalat.

Der Salat wird gewaschen und gelesen, wie vorher beschrieben, dann legt man ihn in eine breite Salatiere, daß die zerschnittenen Köpfchen alle obenauf liegen, begießt ihn ein paarmal mit heißem, gutem Essig und gießt diesen wieder ab oder stellt den Salat ein paar Augenblicke in die obere Röhre, belegt ihn dann mit in Viertel geschnittenen, hartgekochten Eiern, bestreut ihn mit hellbraun ge-bratenen Speckwürfeln und richtet die unterbes gefertigte Sauce darüber an. Zur Sauce nimmt man für 4 Personen 100 Gr. Speck, schneidet ihn in Würfel und bratet ihn aus. Das abge-schöpfte Fett wird mit 1 Tasse Essig, 2 Tassen Milch, 2 bis 3 Ei-bottern, einem knappen Theelöffel Kartoffelmehl und ebensoviel Salz zusammengequirlt und auf dem Feuer unter beständigem Quirlen bis zum Kochen gebracht, dann heiß über den Salat ge-gossen und gleich zu Tische gegeben, weil er sonst zusammen-fällt und sein gutes Aussehen verliert. Dieser Salat schmeckt zu rohem Schinken, Cervelatwurst, gebratener Kalbsleber und Brat-wurst sehr gut.

281. Salat von Endivien.

Dieser wird genau so zugerichtet, wie der kalte Staudensalat.

282. Salat von Rapünzchen.

Diese werden gewaschen, gelesen und auf den Durchschlag zum Reinablaufen gelegt. Dann mengt man sie mit reichlich Öl, wenig Essig, einer recht feingeschnittenen Zwiebel und dem nötigen Salz; oder man bratet Speckwürfel, nimmt diese, wenn sie gelb sind, heraus, streut sie auf die angerichteten Rapünzchen, gießt in das Kasserol, worin das ausgebratene Fett ist, Essig, salzt es und gießt es dann warm über die Rapünzchen. Auf diese letztere Weise werden die Rapünzchen gelinder und verlieren das Harte ihrer Blätter.

283. Gurkensalat mit Öl oder saurer Sahne.

Schöne, frische Gurken, mittlerer Größe, schält man etwas dick ab, damit alles Bittere, welches manche Gurken haben, mit weggenommen wird; noch besser ist, man schneidet die Spitze derselben, wo die Bitterkeit hauptsächlich ist, vor dem Schälen ab, schneidet die Gurken dann auf dem Scherbeisen oder Zettelmesser in ganz feine, runde Scheiben, vermengt dieselben mit etwas Salz und läßt sie so 10 Minuten stehen, ehe man sie mit Provenceröl und scharfem Weinessig anmacht. Dann giebt man den Salat zu Tische und bestreut ihn noch mit klarem Pfeffer oder mit gereinigten und feingewiegten Estragonblättern und Dill. Dieser letztere schmeckt nicht allein sehr angenehm, sondern macht auch den Gurkensalat leichter verdaulich. Man kann auch die geschnittenen Gurken, nachdem man sie 15 Minuten lang eingesalzen stehen ließ, fest ausdrücken und mit reichlich saurem Rahm und einigen Löffeln Weinessig statt obigem mengen, was viele lieben.

284. Bohnensalat.

Man zieht von den jungen Bohnen die Fasern und schneidet sie ganz klein oder auch nur in drei bis vier Teile, wäscht sie und kocht sie in Salzwasser weich. Dann läßt man sie ganz rein ablaufen, giebt Salz, Pfeffer und Weinessig darauf, läßt sie auskühlen und mengt sie dann mit gutem Öl. Auch schmeckt etwas feingewiegter Estragon und Zwiebel gut am Bohnensalat.

285. Selleriesalat.

Man wäscht mehrere Köpfe recht schön weißen Sellerie mit lauem Wasser recht rein, schabt sie etwas ab, aber schält sie nicht.

Dann kocht man sie in reichlich Wasser mit Salz und etwas Essig weich, aber nicht zu weich, und legt sie ein paar Minuten in kaltes Wasser. Dann schält man die Köpfe sorgfältig, schneidet sie in feine Scheibchen, gießt Essig und Öl darauf, welches beides man mit etwas Salz gewürzt hat, streut etwas klaren Pfeffer darüber und verziert den fertigen Salat mit den grünen Blättern des Sellerie.

286. Rhapontikasalat.

Man bereitet die Rhapontika genau wie den Sellerie, nur muß dieselbe etwas länger kochen und das Schälen und Säubern ist wegen der vielen kleinen Wurzeln, die man alle benutzen kann, etwas mühsam und erfordert viel Zeit. Man belegt den Salat mit den grünen Blättern der Rhapontika und ausgegräteten, gewaschenen Sardellen, welche man in feine Streifen schneidet.

287. Kartoffelsalat.

Der Kartoffelsalat darf erst kurz vor dem Anrichten bereitet werden, denn er schmeckt besser, wenn er noch nicht ganz erkaltet ist. Die Kartoffeln werden mit der Schale gekocht, dann geschält und gleich warm mit einem Löffel zerdrückt oder in Scheiben geschnitten, mit reichlich Öl gemengt und dann erst etwas feingewiegte Zwiebel, Salz, klarer Pfeffer und Weinessig dazu gethan. Auch kann man Sardellen, feingewiegte Kapern, eine Tasse heiße Milch oder Fleischbrühe und etwas Senf daran thun; durch die Fleischbrühe oder Milch bekommt der Salat etwas mildes und wird weniger sauer.

288. Krautsalat.

Von dem Rot- oder Weißkraut macht man die äußeren welken Blätter ab, schneidet jeden Kopf auseinander und den Strunk heraus und schneidet das Kraut auf dem Zettelmesser fein. Dann wird das feingeschnittene Kraut mit Salz untermengt, mit der Rührkeule etwas geklopft und mit Essig und Öl gemengt. Oder man läßt würfliggeschnittenen Speck zergehen, nimmt ihn vom Feuer weg, gießt Essig und etwas Wasser zu, läßt es aufkochen und gießt es kochend über das Kraut, streut etwas klaren Zucker darüber, untermengt es und läßt es zugedeckt bis zum Essen stehen;

dann heißt es gebrühter Salat; er wird mürber, als der bloß mit Essig und Öl angemachte.

289. Salat von Welschkohl.

Hierzu nimmt man bloß den inneren, festen Kern der Welsch=köpfe, schneidet aus jedem 4 Teile, kocht sie in Salzwasser, aber nicht zu weich und läßt sie dann auf einem Durchschlag ablaufen. Dann rangiert man sie in eine Salatiere und giebt Salz, Pfeffer, etwas feingewiegte Zwiebel, Essig und Öl darüber. Den äußeren, guten Abfall des Kohls benutzt man zu Suppe oder Gemüse für die Dienstleute.

290. Salat von Tomaten.

Man reibt eine Anzahl Tomaten mit einem sauberen Tuche ab, schneidet sie in dünne Scheiben und legt sie, nachdem man alle Kerne entfernt hat, breit auf eine flache Schüssel. Dann werden sie tüchtig mit Salz und Pfeffer bestreut und mit abgekühltem Essig, in dem man etwas Knoblauch gekocht hat, sowie mit Olivenöl be=tropft. So müssen die Scheiben 2—3 Stunden anziehen. Dann werden sie vorsichtig durcheinander gemengt, in die Salatschüssel gethan und mit etwas grünem Salat garniert.

291. Heringssalat.

Man nimmt 2 Heringe, wäscht und putzt sie rein, zieht das Fleisch von den Gräten und schneidet es in kleine Stücke. Nun schält man 8—10 Äpfel, schneidet sie nebst einer Zwiebel klein=würflig, thut den Hering dazu, gießt Öl und Essig darüber, mengt alles untereinander und giebt einen Theelöffel klaren Zucker dazu. Die Milch des Herings wird in etwas Essig klar gequirlt und gleichfalls über den Salat gegossen.

292. Sardellensalat oder russischer Salat.

Man nehme $^1/_4$ oder $^1/_2$ Pfd. Sardellen, wässere sie etwas ein und wasche sie dann rein aus dem Wasser, löse hierauf die Gräten heraus und schneide das Fleisch in kleine, längliche Stück=chen. Dann schneidet man kalten Kalbsbraten, Rindsbraten, oder

auch nur gekochtes Rindfleisch, gekochten Schinken und Cervelatwurst in feine Streifchen wie Nudeln, giebt dieses zu den Sarbellen, mengt dann noch eine feingeschnittene Zwiebel, Kapern, und
wenn man will, daumenbreit geschnittene Stückchen Bricken dazu
und gieße dann darüber feines Öl und guten Weinessig. Wenn
man die Salatiere damit gefüllt hat, verziert man sie obenauf mit
eingemachten Champignons, mit ganz kleinen Pfeffergurken, Kapern,
mit einigen zurückgelassenen Sarbellen, mit einer in Scheibchen
geschnittenen, halbweich gekochten, großen Möhre und mit hartgekochten und feingewiegten, oder in Scheibchen geschnittenen Eiern.

XIV. Verschiedene Arten Mus.

Apfelmus. (Siehe Kompotts Nr. 274.)

293. Kartoffelmus.

Die Kartoffeln werden roh geschält, gewaschen und in gesalzenem Wasser gekocht, das Wasser bald nach dem Aufkochen abgegossen und anderes kochendes darauf gegossen. Wenn die Kartoffeln nun ganz weich sind, daß man sie drücken kann, gießt man wieder einen Teil Wasser ab, damit das Mus nicht zu dünn wird und quirlt es nun mit einem Stück frischer Butter recht glatt. Beim Anrichten streut man würfliggeschnittene, in Butter schön hellbraun geröstete Zwiebel darüber, oder, wer diese nicht liebt, nehme geriebene, in Butter geröstete Semmel. Will man das Kartoffelmus feiner haben, so gießt man, sobald die Kartoffeln weich gekocht sind, alles Wasser ab und nimmt statt dessen kochende Milch darüber und zerquirlt es mit reichlich Butter und einigen Eidottern.

294. Hirsenmus.

Für 4 Personen nimmt man $^1/_2$ Liter Hirse, liest sie rein, quirlt sie mit warmem Wasser ab und läßt sie durch den Durchschlag wieder rein ablaufen. Nun setzt man $1^1/_2$ Liter Milch über's Feuer, läßt sie kochen, schüttet dann die Hirse hinein und läßt sie bei gelindem Feuer langsam ausquellen. Sollte das Mus zu dick werden, so gießt man noch etwas heiße Milch dazu. Man muß die Hirse mit einem hölzernen Löffel aber fleißig umrühren, weil sie leicht anbrennt. Beim Anrichten giebt man braune Butter darüber.

295. Griesmus.

Der Gries wird in etwas kalter Milch oder Rahm gequirlt; dann die kochende Milch unter Quirlen dazu gegossen und $^1/_4$ Stunde gekocht; durch das Kaltanquirlen des Grieses vermeidet man, daß das Mus klümprig wird. Auf $1^1/_2$ Liter Milch rechnet man $1^1/_2$ Obertasse Gries. Kurz vor dem Anrichten thut man etwas Salz und 1 Stückchen Butter daran, oder man macht auch Butter braun und gießt diese über das Mus und bestreut es mit Zucker und Zimt.

296. Reismus.

Man nimmt ¹/₂ Pfd. Reis, quirlt ihn mit kochendem Wasser einigemal ab, dann giebt man ihn in 1¹/₂ Liter kochende Milch, läßt ihn langsam während ¹/₂ Stunde ausquellen, rührt ihn mit einem hölzernen Löffel auf, damit er nicht anbrenne, doch so, daß der Reis schön ganz bleibt und giebt dann ein gutes Stück frische Butter und einen Theelöffel Salz dazu. Beim Anrichten giebt man Zucker und Zimt oder braune Butter darüber. Noch feiner schmeckt das Reismus, wenn man ein Stück Zimt darin verkocht.

297. Milchmus von Mehl und Wassermus.

Man rührt 5—6 Löffel feines Weizenmehl mit einer Tasse kalter Milch recht glatt und quirlt dasselbe dann in 2 Liter gute, kochende Milch, die man jedoch nur nach und nach hinzu giebt, damit das Mus nicht knotig werde. Nun läßt man den Topf nur noch ein paar Minuten auf dem Feuer stehen, aber nicht kochen, sonst wird es wie Stärke schleimig. Beim Anrichten giebt man braune Butter darüber. Wassermus wird wie das Milchmus bereitet. Sobald das Wasser kocht, wird das Mehl hineingequirlt, dann salzt man es, bratet in Butter einige würfliggeschnittene Zwiebeln und streut sie beim Anrichten darüber.

298. Lungenmus.

Die Lunge eines Kalbes wird zerschnitten, das Herz in vier Teile geteilt und das Blut rein herausgewaschen; wenn dies geschehen ist, kocht man Lunge und Herz in Salzwasser so lange, bis letzteres weich ist. Hierauf wird es aus der Brühe genommen, wenn es erkaltet ist, recht klein gewiegt, dann nebst einem Stück Butter oder gutem Bratenfett in ein Kasserol gethan und eine Viertelstunde geschmort. Es muß aber oft umgerührt werden, damit es sich nicht anlegt. Nun thut man noch für 6 Pfg. geriebene Semmel und etwas feingewiegte Peterfilie dazu, gießt von der Lungenbrühe dazu und quirlt alles, wenn es noch ein paarmal aufgekocht hat, mit einem Ei und ¹/₂ Löffel Mehl ab.

XV. Klöße.

299. Gewöhnliche Mehlklöße.

Zu 14 bis 16 Klößen weicht man für 12 Pfg. Semmel in
³/₄ Liter kaltes Wasser und wenn sie gut durchweicht ist, drückt
man sie mit den Händen recht rein aus und legt sie in eine tiefe
Schüssel. Nun thut man 160 Gr. Butter oder auch gutes Fett
in ein Kasserol, schneidet für 8 Pfg. Semmel kleinwürflig, thut
diese, wenn die Butter im Kasserol heiß ist, hinein und röstet sie
schön hellbraun. Ist dies geschehen, so läßt man die geröstete
Semmel erkalten, thut sie dann zu der ausgedrückten Semmel
in die Schüssel, nimmt so viel Weizenmehl, daß der Teig zu-
sammenhält, salzt es und macht Klöße von gewöhnlicher Größe
daraus. Der Teig darf aber nicht zu fest sein, sonst werden die Klöße
derb. Ein knappes Pfund Mehl genügt zu dieser Masse. Man
kocht sie nun in Salzwasser, hebt sie während des Kochens einmal
mit dem Rührlöffel und wenn sie im Wasser ganz in die Höhe
stehen, sind sie gut; es ist besser die Klöße unzugedeckt zu kochen.
Nach Belieben kann man beim Rösten der Semmel eine würfliggeschnittene Zwiebel mit hinzuthun. Man rechnet vom Anfang des
Siedens, daß die Mehlklöße noch ¹/₂ Stunde kochen, ehe sie gut sind.

300. Hefenklöße.

Auf 2 Liter Mehl nimmt man ¹/₂ Liter laue Milch und rührt
dies beides recht durcheinander; nun schlägt man 3—4 Eier ganz
hinein, nimmt 35 Gr. in Milch aufgelöste Hefe und einige Speiselöffel Zucker dazu, rührt alles wohl untereinander und läßt es am
warmen Ofen ¹/₂ Stunde gehen. Dann knetet man den Teig
tüchtig durch, thut etwas Salz und Muskat dazu, setzt den Teig
löffelweise auf ein mit Mehl bestreutes Küchenbrett, giebt, wenn es
nötig sein sollte, noch so viel Mehl dazu, bis der Teig Festigkeit
genug hat und läßt diese Häufchen noch einmal gehen. Dann thut
man sie in ein Kasserol mit kochendem, leicht gesalzenem Wasser
und kocht sie 8—10 Minuten. Wenn die Klöße in die Höhe steigen,
wendet man sie einigemal um, bann nimmt man sie heraus, reißt

jeben gleich auseinander, weil sie sonst leicht derb werden und giebt braune Butter darüber. Der Zucker kann in den Klößen auch wegbleiben.

301. Gewöhnliche Kartoffelklöße.

Man macht die gewöhnlichen Kartoffelklöße auf zweierlei Art, entweder bloß von geriebenen Kartoffeln und Weizenmehl, oder man mengt noch einen Teil geriebene Semmel dazu. In beiden Fällen hängt aber die Güte der Klöße von den Kartoffeln ab; es müssen schöne, große, mehlige Kartoffeln sein und besser ist es, man kocht diese schon am Tage vor dem Gebrauche ab. Im Frühjahr, wo die vorjährigen Kartoffeln zu Ende gehen und dieselben nicht mehr so gut sind, werden auch die Klöße weniger gut. Macht man die Klöße auf erstere Art, so kocht man 2 reichliche Liter Kartoffeln, reibt sie, wenn sie völlig erkaltet sind und sucht alle größeren Stückchen davon aus. Hierzu giebt man dann in eine tiefe Schüssel 2 gehäufte Eßlöffel Weizenmehl, einen knappen Eßlöffel voll Salz und 3 ganze Eier und mengt alles untereinander; dann giebt man noch zuletzt 200 Gr. würfliggeschnittene, in 130 Gr. frischer Butter oder Bratenfett schön hellgelb und hart geröstete Semmel dazu. Nachdem der Teig gehörig untereinander gearbeitet ist, formt man schöne, runde, nicht zu große Klöße daraus, indem man bei jedem Kloß etwas Mehl in die Hand nimmt und sie so recht fest drückt. Die Eier können hier auch wegbleiben, doch werden die Klöße dann weniger gut. Macht man dieselben auf die zweite Art, so wiegt man von den geriebenen Kartoffeln 2 Pfund ab, mengt darunter ½ Pfd. geriebene Semmel, giebt dazu Salz wie oben, 2 ganze Eier und ebensoviel würflig geröstete Semmel wie oben dazu und mengt alles gehörig untereinander. Beim Formen der Klöße nimmt man dann, wie erwähnt, etwas Mehl in die Hand und drückt sie recht glatt und fest zusammen. Man kocht die Klöße in kochendem Salzwasser eine reichliche Viertelstunde, nicht zugedeckt und wendet sie einmal. Zu beobachten ist noch, daß man die Klöße kurz vor dem Kochen formt, damit die gerösteten Semmelwürfel nicht weich werden, auch müssen diese etwas abgekühlt sein, ehe man sie zu den Kartoffeln mengt. Bei dieser letzteren Art dürfen die Eier nicht wegbleiben, weil die Klöße sonst leicht auseinander locken; sie sind noch lockerer und schöner. Die Masse giebt 16—18 Klöße.

302. Rohe Kartoffelklöße.

Am besten werden dieselben von 3 Sorten Kartoffeln bereitet. 10 große rote, 10 große weiße Kartoffeln werden geschält und in reichlich frisches Wasser gerieben, in dem die Kartoffeln 4—5 Stunden wässern müssen. Das Wasser muß aber 6- bis 8mal erneuert werden. In dieser Zeit kocht man 10 Kartoffeln und reibt dieselben, wenn sie erkaltet sind. Kurz vor Gebrauch röstet man in reichlich Butter oder Bratenfett für 8 Pfg. würfliggeschnittene Semmel und drückt durch einen nicht zu dichten, reinen, leinenen Sack die Kartoffeln so fest als möglich aus, breitet die ausgedrückte Masse in eine breite Schüssel aus, giebt 1½ Kaffeelöffel Salz, 1 große Tasse feinen Gries darüber und überbrüht alles mit einem Liter kochender Milch. Dann giebt man rasch die gekochten und geriebenen Kartoffeln dazu, ebenso die gerösteten Semmelwürfel, rührt die Masse gut durcheinander, formt mit der in kaltes Wasser getauchten Hand Klöße davon, thut sie in kochendes Salzwasser, worin sie genau ¼ Stunde kochen müssen, und giebt sie ohne Verzug zu Tisch.

303. Gebackene Kartoffelklöße.

¼ Stück Butter wird nebst 3 ganzen Eiern zu Schaum gerührt, etwas Muskatblüte und Salz dazu gethan und ein reichlicher Suppenteller voll geriebener Kartoffeln darunter gemengt; dann werden Klößchen davon geformt und in heißer Butter gebacken. Man giebt diese Klöße zu Rinds- oder Schöpsenbraten.

304. Klöße von abgedorrten Kartoffeln.

Geriebene und abgedorrte Kartoffeln werden gestoßen und gesiebt, 4 Obertassen davon in eine Schüssel gethan und 1 Liter kochende Milch darauf gegossen. Wenn es erkaltet ist, rührt man 4 Eier, Salz, Muskat und geröstete Semmelwürfel darunter, mit Mehl werden die Klöße rund gemacht, in Salzwasser 10—15 Minuten gekocht und mit brauner Butter begossen.

305. Wickelkloß von Kartoffeln.

20 Stück große Kartoffeln werden am Tage vor dem Gebrauch abgekocht, den anderen Tag gerieben und mit ½ Liter Milch, 6 ganzen

Eiern und reichlich Mehl zu einem Teig gemacht. Hiervon treibt man einen Kuchen auf, bestreicht ihn mit zerlassener Butter, streut für 9 Pfg. geriebene, in Butter geröstete Semmel darüber und rollt den Kuchen wie eine Wurst zusammen. Ist die Butter und geröstete Semmel in dem Kuchen erkaltet, so schneidet man drei= bis vier= fingerbreite Stücke daraus und läßt sie in Salzwasser kochen. Man rechnet, daß die Klöße, nachdem sie aufgekocht haben, noch 10 Mi= nuten kochen müssen. Diese Masse giebt 18—20 große Klöße.

306. Wickelklöße.

Man nimmt ¼ Liter Milch und 3 bis 4 Eier, quirlt dies untereinander und macht mit Mehl einen nicht zu festen Teig, treibt diesen ganz dünn auf, wie zu Nudeln und bestreicht ihn mit zer= lassener Butter. Nun bestreut man ihn mit geriebener, in Butter gerösteter Semmel, schneidet 3 Finger breite und 2 Hände lange Streifen, legt sie locker zusammen, drückt sie an den Seiten zu und kocht sie schnell in Salzwasser. Man giebt braune Butter darüber. Statt der geriebenen, gerösteten Semmel kann man auch ganz fein= gewiegtes, übriggebliebenes Fleisch etwas in Butter dünsten und in die Wickelklöße nehmen.

307. Butter= oder Semmelklößchen.

100 Gr. frische Butter wird mit 3 Eidottern zu Schaum ge= rührt, dann für 3 Pfg. geriebene und durchgesiebte Semmel, etwas Salz, etwas klare Muskatblüte und der steife Schnee von 2 Eiweiß dazu gegeben. Hieraus formt man kleine Klößchen und kocht sie in Fleischbrühe oder auch nur in gesalzenem, kochenden Wasser 5 bis 10 Minuten. Man giebt diese Klößchen in Suppen, zu Petersilien=, Blumenkohl=, Kohlrabigemüse und Leipziger Allerlei.

308. Griesklöße.

65 Gr. Butter werden zu Schaum gerührt, 4 Eier, ¼ Liter Gries, etwas gestoßene Muskatblüte, ½ Tasse kaltes Wasser und Salz dazu gegeben, dann mit einem Löffel eigroße Klöße abgestochen und in Salzwasser 1 Stunde gekocht. Das Kasserol, worin diese Klöße kochen, muß groß und reichlich Wasser darin sein, denn sie

quellen sehr auf, auch darf man das Kasserol nicht zudecken und muß die Klöße mit einem Rührlöffel einigemal umwenden. Man richtet geriebene, in reichlich Butter geröstete Semmel darüber an. Zu beobachten ist bei der Verfertigung der Griesklöße, daß der Gries recht fein ist; von grobem Gries bereitet, halten die Klöße nicht gut zusammen und kochen auseinander. Dies letztere geschieht auch, wenn das Wasser bei dem Hineinlegen der Klöße nicht vollständig kocht.

309. Ein großer Grieskloß.

¹/₂ Liter Gries wird mit 1 Liter Milch gebrüht; wenn es abgekühlt ist, werden 6 ganze Eier, Salz, Muskat und für 14 Pfennige feinwürflig geschnittene, recht fett geröstete Semmel dazu gerührt. Diese Masse wird in eine mit Butter bestrichene Serviette gebunden und eine Stunde in Salzwasser gekocht. Man giebt diesen Kloß zu Braten.

310. Thüringer Pfannenkloß.

2 Pfd. Schweinefleisch aus der Keule reibt man tags zuvor mit 1 Speiselöffel Salz und wenig Pfeffer ein und läßt es so durchziehen. In eine Schüssel thut man 2 Pfd. Mehl, rührt darin 15 Gr. in einer Obertasse Milch aufgelöste Stückhefe zu einem Hefenstück und läßt dieses ³/₄ Stunde gehen. Dann giebt man noch 2 Obertassen Milch, 1 Ei, 250 Gr. Butter, 1 Kaffeelöffel Salz und etwas Muskatblüte dazu, mengt einen nicht zu festen Teig und läßt diesen noch ³/₄ Stunde gehen. 20 schöne, große Birnen werden geschält und mit Zucker gut untermengt Dann nimmt man eine große, töpferne Pfanne mit gut schließendem Deckel, legt in die Mitte das Schweinefleisch, auf die eine Seite den Teig, auf die andere die Birnen, gießt die Pfanne halb voll kaltes Wasser und schiebt sie in die Bratröhre. Hier muß die Speise 3 Stunden bei mäßiger Hitze backen, so daß Kloß und Fleisch eine braune Rinde bekommen. Sollte die Sauce zu sehr einkochen, muß man etwas nachgießen.

311. Leberknödel.

1 Pfd. Kalbsleber wird gehäutet und ganz fein gewiegt, ebenso ¹/₂ Pfd. Rindermark. Dann mengt man unter diese Masse

etwas feingewiegte Zwiebel, Peterſilie und Majoran, brüht für 20 Pfg. Semmel (in Scheiben geschnitten) mit einem halben Liter Milch und rührt dies nebſt 6 Eiern und einem Speiſelöffel Salz ebenfalls darunter. Dann formt man Klöße in der Größe eines Apfels und kocht ſie ¼ Stunde lang in Salzwaſſer. Man kann dieſe Knödel auch klein formen, in Fleiſchbrühe kochen und in die Suppe geben. Es iſt ratſam, erſt einen Knödel zur Probe zu kochen. Wenn er zerfällt, muß man noch etwas geriebene Semmel zumengen. In Bayern giebt man dieſe Knödel zu Sauerkraut.

312. Reisklöße.

Man wäſcht und brüht 125 Gr. Reis und kocht ihn in einem Liter guter Milch gar. Dann läßt man ihn kalt werden, rührt vier ganze Eier, 65 Gr. geſtoßene, ſüße Mandeln, eine halbe abgeriebene Citronenſchale, etwas geſtoßenen Zimt, 65 Gr. Zucker und für 3 Pfg. geriebene Semmel dazu. Aus dieſem Teige macht man Klöße und bäckt ſie in Butter ſchön hellbraun; am beſten werden ſie in der Windbeutelform.

XVI. Über die vorteilhafteste und beste Verwendung übriggebliebener Speisen und des Resterfleisches; gewöhnliche Ragouts.

313. Fleischrester.

Ich schreibe in meinem Buche über die Benutzung übriggebliebener Speisen ein besonderes Kapitel, nicht allein weil junge, angehende Hausfrauen nicht immer hinreichende Erfahrungen gesammelt haben, um zu wissen, wie man Rester von Speisen gut benutzt und deshalb manches verderben lassen, was noch anzuwenden wäre, sondern auch, weil es von großem Wert ist, bei unerwartetem Besuch schnell noch eine hübsche, schmackhafte Speise von dem zu bereiten, was man eben im Hause hat. Dieses letztere ist besonders auf dem Lande von großem Vorteil, wo es schwer ist, sich in kurzer Zeit gutes Fleisch oder Fische zu verschaffen und wo man das, was man im Hause hat, zu Rate ziehen muß, um unerwarteten Besuch bewirten zu können und sich aus einer Verlegenheit zu helfen.

314. Ragout von dem zur Bouillon ausgekochten und übriggebliebenen Rindfleisch.

Eine sehr falsche Manier ist es, von mehreren Fleischarten zusammen in ein Ragout zu nehmen, weil es dann immer an Schmackhaftigkeit verliert, denn ein Ragout von Kalbfleisch schmeckt besser mit einer hellen Brühe, eines von Rindfleisch mit einer dunklen Brühe. Man röstet zum Rindfleischragout einige Löffel Mehl in Butter oder gutem Bratenfett schön hochbraun, verschwitzt darin eine feingeschnittene Zwiebel, füllt es dann mit Bratenbrühe oder Fleischbrühe auf und giebt etwas Gewürz und Essig dazu, daß die Sauce kräftig schmeckt. Hat man keine Fleischbrühe oder Bratenbrühe, so muß man die Knochen von dem Fleische klein pochen und recht tüchtig auskochen, denn bloß mit Waſſer ſchmeckt das Ragout ſchlecht. In der braunen Brühe kocht man das Fleiſch einmal auf. Beim Anrichten kann man es mit Perlzwiebeln, Champignons, kleinen Pfeffergurken, Kapern und Citronenſcheiben verzieren, welche Dinge aber in der Sauce einmal aufkochen müſſen.

315. Aufgewärmter Rindsbraten.

Wenn der Rindsbraten als ganzes Stück aufgewärmt werden ſoll, ſo legt man ihn in ein paſſendes, nicht zu großes Kaſſerol, giebt die kalte Bratenbrühe mit dem Fett darüber, deckt das Kaſſerol feſt zu und ſetzt es zeitig auf ein ſchwaches Feuer, damit der Braten allmählich heiß wird, aber nicht kocht, begießt denſelben dabei aber fleißig; es bedarf hierzu 1 bis 1 $1/_2$ Stunde Zeit. Soll der Braten in Scheiben gewärmt werden, ſo giebt man dieſelben in eine flache Bratpfanne, gießt die kalte Bratenbrühe darüber und ſtellt die Pfanne wohl zugedeckt in den Ofen und läßt den Braten während $1/_2$ Stunde allmählich heiß werden. Man muß aber auch hierbei das fleißige Begießen nicht unterlaſſen und den Braten nicht zum Kochen kommen laſſen, denn ſonſt wird er trocken und hart.

316. Aufgebratenes Rindfleiſch.

Hierzu wird das Fleiſch in dünne Scheiben geſchnitten, mit Salz, Pfeffer und klarer Zwiebel beſtreut, in Ei und geriebener Semmel umgewendet, in Schmelzbutter wie Kotelettes gebacken und um ein beliebiges Gemüſe gelegt. Oder man ſchneidet das übrig- gebliebene Rindfleiſch in ſchöne, halbfingerdicke Scheiben, taucht dieſe in zerlaſſene Butter, beſtreut ſie mit Salz und Pfeffer und bratet ſie ſchnell in der Eierkuchenpfanne auf beiden Seiten braun und richtet ſie dann auf einer Zwiebelſauce (ſiehe 246) im Kranze an.

317. Pudding von kaltem Rindfleiſch.

Man nimmt von übriggebliebenem Rindfleiſch 1 Pfund, wiegt es nicht zu fein, giebt dazu $1/_4$ Pfd. feingehacktes, friſches Schweine- fleiſch oder auch Speck, ferner eine feingewiegte Zwiebel, Pfeffer und Citronenſchale und 2—3 in Waſſer eingeweichte und wieder

ausgedrückte Mundsemmeln, etwas Salz, feingewiegte Petersilie
und 6 Eidotter und rührt alles untereinander; das Weiße der Eier
wird zu Schnee geschlagen dazu gegeben und die Masse nur in einer
mit Butter ausgestrichenen Form oder Serviette 1½ Stunde gekocht. Man giebt dazu eine Champignons- oder Senfsauce. Bei
dem Kochen des Puddings richte man sich nach Nr. 324.

318. Kalte Schüssel von Rindfleisch.

Ganz dünne Scheiben von Rindfleisch werden in eine halb-
tiefe Schüssel gelegt. Auf 8—10 Portionen Fleisch rechnet man
65 Gr. Sardellen, ebensoviel Kapern, 2 Zwiebeln und eine starke
Handvoll Petersilie; alles dieses wiegt man so fein wie möglich;
4 hartgekochte Eidotter rührt man dann mit 3 Eßlöffel Provenceröl
und ebensoviel französischem Senf ganz schaumig, giebt dann die
gewiegten Ingredienzien, etwas Salz und Pfeffer dazu und ver-
dünnt es mit gutem Essig etwas, aber nicht zu sehr und gießt es
2 Stunden vor dem Essen über das geschnittene Fleisch. Besonders
gut wird der Geschmack dieses Gerichtes, wenn das Fleisch noch
lau ist, und da man ersteres zum Frühstück oder kalten Abendessen
anwendet, wo man ohnedies größtenteils Bouillon in Tassen giebt,
kann man dies Fleisch gleich lau dazu benutzen.

319. Fleischklößchen.

Hierzu kann man mehrere Sorten gekochtes oder gebratenes
Fleisch untereinander nehmen. Man nimmt auf ungefähr 2 Pfund
feingewiegtes Fleisch 65 Gr. Butter, rührt diese zu Schaum, schlägt
4 Eier dazu, giebt das gewiegte Fleisch, etwas gewiegte Citronenschale, Zwiebel, Salz und Pfeffer, für 6 Pfg. geriebene Semmel,
oder noch besser 2 große, vorher abgekochte Kartoffeln und ½ Tasse
Fleisch- oder Bratenbrühe dazu, mengt dies alles wohl untereinander, formt flache Klößchen in der Größe von Kotelettes davon
und bäckt sie in Schmelzbutter aus; man giebt sie zu Gemüse und
Salat oder mit einer braunen Sardellensauce. Besser und saftiger
schmecken diese Klößchen, wenn man zu ungefähr 2 Pfd. des früher
gekochten oder gebratenen Fleisches noch ½ Pfd. frisches, feingehacktes Schweinefleisch mengt. Bei Rindfleisch nimmt man statt der
geriebenen Semmel etwas geriebenes Brot und giebt einige Kaffeelöffel voll Wein darunter.

320. Gekochte Fleischklößchen.

Man bereitet sie wie die vorigen, nur nimmt man hierzu Semmel und noch einen reichlichen Löffel feines Mehl und ein Ei mehr dazu, damit die Klößchen fest zusammenhalten. Man formt sie rund in der Größe eines Borsdorfer Apfels, kocht sie dann eine halbe Stunde in Fleischbrühe und giebt sie mit einer Sardellen-sauce ohne Eier (siehe Nr. 242), in welcher die Klößchen zuletzt einmal aufkochen müssen. Unter diese Klößchen kann man auch etwas Thymian fein wiegen.

321. Aufgebratener Kalbsbraten.

Man wärmt denselben in Scheiben geschnitten in einer tiefen, porzellanenen Schüssel, giebt die kalte Bratensauce darüber, deckt die Schüssel zu, setzt sie in den heißen Ofen, oder noch besser über kochendes Wasser und läßt den Braten bei häufigem Begießen während $\frac{1}{2}$ bis $\frac{3}{4}$ Stunde heiß werden aber nicht kochen, denn hierdurch würde er den ganzen Wohlgeschmack verlieren. Oder man wendet die Bratenscheiben in geschlagenem Ei mit Muskat, bestreut sie mit etwas Salz und geriebener Semmel, bratet sie in reichlich gelbgemachter Butter auf beiden Seiten möglichst schnell hellbraun und giebt sie sogleich zu Tische. Geschieht dieses Braten langsam, so werden diese Scheiben hart und trocken, während sie im anderen Falle zu Salat und Gemüse ein sehr wohlschmeckendes Gericht sind.

322. Schüsselragout von Kalbsbraten (sehr gut).

Man schneidet recht dünne Scheiben von Kalbsbraten, legt sie auf eine breite, etwas tiefe Schüssel, am liebsten eine von Zinn, streut darüber kleine, eingemachte Champignons, Kapern und kleine Pfeffergurken, legt darauf einige Citronenscheiben und einige Stück-chen Butter und stellt die Schüssel so warm, daß die Butter zergeht. Zu 8 Portionen Fleisch röstet man während der Zeit 3 Eßlöffel voll geriebener Semmel oder Mehl in 100 Gr. Butter schön hell-gelb, giebt hierein die gewiegte Schale einer halben Citrone, 8 Stück feingewiegte Sardellen, einen halben Eßlöffel voll feingewiegte Zwiebel, füllt es mit hinreichender Fleischbrühe oder Kalbsbraten-brühe auf, läßt es zusammen durchkochen, drückt dann den Saft einer halben Citrone baran, gießt ein Glas weißen Wein hinzu und wenn es wieder bis zum Kochen heiß geworden ist, gießt man die Sauce über das Fleisch. So muß man es nun noch ein paar Minuten in der heißen Röhre stehen lassen, bis der Braten vollkommen heiß ist. Wenn man Kalbsbraten bloß in der Bratenbrühe wärmt, ist babei zu beobachten, baß man ihn bünn schneibet, die Brühe gleich kochenb barüber weggießt und bann ben Braten nur heiß barinnen werden läßt; läßt man ihn kochen, so wird er braun und faserig.

323. Ragout fin von Kalbsbratenresten.

Man schneidet alle Überreste vom Kalbsbraten feinwürflig, thut sie in ein Kafferol und mengt 2 Eßlöffel Champignons und 1 Eßlöffel Kapern bazu, gießt 1 Weinglas weißen Wein barüber und stellt bies warm. In einem Tiegel schwitzt man 1 Eßlöffel Mehl braun, thut 6 ausgegrätete Sardellen, etwas Zwiebel und etwas Citronenschale, alles feingewiegt bazu, füllt bies mit Kalbsbratenbrühe auf, rührt alles glatt, läßt die Sauce aufkochen, gießt sie über das heiße Fleisch und läßt bies $^1/_2$ Stunde barin bünsten. Dann richtet man es in Muscheln ober in einer Schüssel an und verziert es mit etwas geriebenem Parmesankäse ober geröfteter Semmel und Blätterteigstückchen. Die Sauce ist auf $1^1/_2$ Pfb. geschnittenen Braten berechnet.

324. Pudding von Kalbsbraten.

Übriggebliebenen Kalbsbraten reinigt man von Haut und Sehnen und wiegt ihn ganz fein mit dem Wiegemesser. Auf ein Pfund Fleisch nimmt man für 8 Pfg. nicht ganz neubackene Semmel, schneidet bavon die Rinde und weicht die Krume eine Stunde in guter Milch. Dann schlägt man 160 Gr. Butter zu Schaum und rührt nach und nach bas Gelbe von 6 Eiern barunter, giebt etwas Salz, klaren Pfeffer und Muskatblüte barunter, rührt alsbann die ausgebrückte Semmel, bas Fleisch und zuletzt bas zu Schnee geschlagene Weiße ber 8 Eier baran. Nun nimmt man eine Serviette, bestreicht sie reichlich mit Butter, so weit als die Masse ungefähr sich barin verbreiten kann, legt sie in eine Schüssel, füllt die Masse hinein und bindet sie mit Bindfaden fest zu, doch so, baß der

Pudding 1 Finger breit Platz zum Aufquellen hat. So legt man ihn in einen Topf oder Kasserol, worin 6 Liter Wasser mit 2 Speise= löffel Salz kochen und läßt ihn 1½ Stunde unausgesetzt kochen, wobei man zu beobachten hat, daß das Gefäß immer voll Wasser und zugedeckt ist. Dann öffnet man die Serviette behutsam, stürzt den Pudding auf eine passende Schüssel und giebt eine Champignons= oder Sardellensauce mit Eiern (siehe Nr. 241 oder 244) darüber. Dieser Pudding schmeckt sehr gut. Kalt giebt man denselben mit einer kalten Senfsauce oder Sauce remoulade. (Nr. 238 und 240.)

325. Scheiben von Schöpsenbraten mit Zwiebeln.

Man schneidet von dem Schöpsenbraten dünne Scheiben, dann desgleichen 8—12 große Zwiebeln in Scheiben, läßt diese letzteren in Butter braun werden, stäubt etwas Mehl daran, giebt Salz, Pfeffer und 4 Anrichtelöffel voll guter Bouillon dazu, läßt es ein= kochen, bis die Zwiebeln dicklich werden und giebt dann die Schöps= scheiben hinein. Zu solchem Scheibenfleisch kann man auch Kohl= keimchen geben. Man blanchiert diese ½ Stunde in heißem und kaltem Wasser, läßt sie, nachdem sie ausgedrückt sind, in heißer Butter etwas dämpfen, stäubt hieran etwas Mehl, füllt Bouillon auf und läßt das Fleisch darauf heiß werden, aber nicht kochen.

326. Ragout von Schöpsen= oder Wildpretsbraten.

Diese beiden Braten kann man allenfalls zu einem Ragout bereiten. Man macht eine braune Brühe wie bei Rindsragout, muß aber dann beim Anrichten alles Fette von der Brühe ab= schöpfen, weil diese sonst nicht gut aussieht.

327. Hase en Salmi.

Man nimmt übriggebliebenen Hasenbraten und schneidet das Fleisch in dünne Scheibchen; auf gleiche Weise schneidet man 18 bis 20 abgeputzte Champignons in feine Scheiben. Nun thut man letztere in ein Kasserol, beträufelt sie mit Citronensaft, thut 60 Gr. frische Butter dazu und läßt dies so lange dämpfen, bis der Saft verdampft ist. Unterdessen macht man folgende Sauce fertig: Vier Stück kleine Zwiebeln werden feinwürflig geschnitten und in 80 Gr. Butter hochgelb geröstet, hierein giebt man 2 Löffel Mehl, rührt es um und läßt es noch ein paar Augenblicke dünsten, dann gießt man ¹/₂ Liter kräftige Fleischbrühe zu und läßt es ¹/₄ Stunde kochen. Hierauf rührt man die Sauce durch ein Brühfieb, thut eine Obertasse weißen Wein, einen Speiselöffel Weinessig, einen halben Speiselöffel Senf, ebensoviel klaren Zucker und nach Be= lieben eine Messerspitze geschabten Knoblauch dazu. Diese Sauce gießt man zu den gedünsteten Champignons, giebt dann den Hasen= braten dazu und läßt alles zusammen ¹/₂ Stunde heiß stehen aber nicht kochen. Beim Anrichten verziert man die Schüssel mit ge= rösteten Semmelscheiben oder Blättergebackenem. Von Hirsch, Reh und Fasanen kann man ein gleiches Gericht bereiten.

328. Rebhühner mit Sauce mayonnaise.

Übriggebliebene, gebratene Rebhühner werden tranchiert, dann ein paar Stunden in Essig, Öl, Salz und Pfeffer gebeizt und dann zierlich mit einer Sauce mayonnaise (Nr. 239) angerichtet.

329. Ragout von Gänsebraten.

Kalter Gänsebraten schmeckt als Ragout viel besser als in der Bratenbrühe bloß aufgewärmt. Man schneidet hierzu 8 Stück Borsdorfer Äpfel, nachdem sie geschält sind, in Würfel, schmort diese in Gänsefett weich, giebt dann einen halben Eßlöffel feinge= wiegte Zwiebel dazu, läßt diese ein paar Minuten darin mit dünsten, ohne daß sie braun wird und füllt es dann mit der Gänsebraten= brühe auf. Man würzt diese Brühe nun mit Pfeffer, legt den Braten hinein und läßt ihn heiß werden. Kurz vor dem Anrichten gießt man noch ein Glas weißen Wein daran. Hat man die Gans gleich anfangs mit Borsdorfer Äpfeln inwendig gebraten und davon hinreichend übrig behalten, so nimmt man diese zur Sauce.

330. Übriggebliebene gebratene Hähnchen, blaugesottenen Hecht und Lachs am besten anzuwenden.

Man giebt dieselben als kalte Schüssel sehr vorteilhaft mit einer Sauce mayonnaise (239), oder man bereitet von dem übrig= gebliebenen Fisch einen Pudding ganz nach dem Verhältnis wie den von Kalbsbraten. (Nr. 324.)

331. Haschee-Krapfen.

Man kann hierzu Überreste von Geflügel, Schweine- und Kalbfleisch nehmen, sei es gekocht oder gebraten und bereitet damit eine sehr wohlschmeckende Speise, wenn man etwas Mühe nicht scheut. Man bäckt 8 Stück gewöhnliche Omeletten, aber nur auf einer Seite, legt sie auf eine Schüssel und läßt sie etwas abkühlen. Unterdessen macht man von feingewiegtem Fleisch, etwas frischem Rindermark, ein wenig Zwiebel, Salz und geriebener Semmel ein Haschee, welches man über dem Feuer abrührt und es dann ebenfalls abkühlen läßt. Dann füllt man die Omeletten mit diesem Haschee, rollt sie zusammen und schneidet aus jedem 3 Stück; diese wendet man hierauf in geschlagenen Eiern und geriebener Semmel um und bäckt sie schön gelbbraun in Schmelzbutter. Zu Blumenkohl, Schoten, jungen Bohnen und Spinat giebt dies eine sehr schöne Beilage und kann selbst bei Mittagsessen als Mehlspeise gebraucht werden. Oder man läßt die gefüllten und zusammengerollten Omeletten unzerschnitten, legt sie in eine Assiette, bestreut sie mit gewiegter Petersilie, begießt sie mit einer Tasse guter Bouillon, läßt sie in der heißen Röhre damit anziehen und giebt sie so zu Tisch; es ist dies ein leichtes Abendessen. Die Omeletten müssen ohne Zucker gebacken sein; die Krapfen, wie sie angegeben sind, kann man auch nur aus einem feinen Nudelteig mit etwas reichlicher Butter machen. (Siehe Nudeln Nr. 234.)

332. Gewöhnliches Haschee.

Man wiegt Überreste von kaltem Fleisch, sei es gebraten oder gekocht, recht fein, schmort es dann mit einer feingehackten Zwiebel in Butter oder gutem Fett 10 Minuten, giebt dann 1—2 Löffel feines Mehl daran, läßt dies anziehen, füllt es mit 1—2 Tassen guter Fleisch- oder Bratenbrühe auf, giebt einen Löffel feingewiegte Petersilie, Salz und etwas klaren Pfeffer dazu, läßt es aufkochen und serviert es mit Salzkartoffeln.

333. Pastete von Haschee.

Übriggebliebenes Fleisch wird fein gewiegt; ebenso ein Teil Kapern und Sardellen, dann wird dieses mit einigen Eiern, geriebener Semmel, klarer Muskatblüte, Salz und Pfeffer vermengt.

Man macht dann einen Teig von 1 Pfd. Butter, 1 Pfd. Mehl, 1 Speiselöffel Arrak und 2 Tassen Milch. Eine mit Butter ausgestrichene Form wird mit diesem Teig belegt, das Haschee hineingefüllt, ein Deckel von Teig darüber gelegt, mit Eigelb bestrichen und 1¼ Stunde gebacken. Die Butter zum Blätterteig muß jedesmal ausgewaschen und mit einem Tuche getrocknet werden. Man giebt zu dieser Pastete braune oder weiße Sardellensauce.

334. Fleischpudding gebacken.

Zu 2 Pfd. Fleisch rührt man 125 Gr. Butter zu Schaum, giebt dann 6—8 Eidotter dazu, thut das feingewiegte Fleisch, für 6 Pfg. geriebene Semmel, etwas Pfeffer, Salz (aber ja keine Zwiebel, denn die Zwiebel giebt dem Pudding einen ranzigen Geschmack), Citronenschale und eine Obertasse Sahne hinein, verrührt dies alles tüchtig, dann giebt man das zu Schaum geschlagene der 10 Eier dazu, thut die Masse in eine mit Butter ausgestrichene und Semmel bestreute Form und bäckt den Pudding in 1½ bis 2 Stunden. Dann wird er gestürzt und mit Sardellenbutter oder Jus zu Tische gegeben. Zu diesem Pudding kann man Reste von verschiedenem Fleisch nehmen.

335. Nierenschnittchen.

In manchen Haushaltungen werden die Nieren und das daran befindliche Fett vom Kalbsbraten wenig oder doch nicht gern gegessen. Hat man solche übrig, so bereite man ein Haschee, wie schon bei den Haschee-Krapfen beschrieben ist, schneide dünne Semmelscheiben und streiche das Haschee fingerdick darauf, thue dann in einen breiten Tiegel Schmelzbutter, lege die Semmelscheiben dicht nebeneinander und lasse sie rasch backen. Man garniert sie gleichfalls um Gemüse.

336. Kleine Würstchen (Fritures).

Man macht ein Haschee von irgend einem kalten Braten, wie es bei der Haschee-Pastete angegeben ist, nur muß dieses, wenn es abgekühlt ist, recht steif sein. Hierzu werden große Oblaten in 4 Stücke geschnitten, jedes 7 cm. breit und 10 cm. lang, welche man dann auf beiden Seiten leicht mit Milch überstreicht, etwas Haschee der Länge des Stückes nach hineinwickelt und die Enden derselben zusammendrückt. Die ganzen Würstchen werden dann mit Ei bestrichen, mit klarer Semmel bestreut, etwas krumm gebogen und in heißer Schmelzbutter schön hellbraun gebacken. Beim An-richten bestreut man sie mit klarer, in Butter leicht gebratener Petersilie; man muß diese Würstchen gleich nachdem sie gebraten sind und zwar nach der Suppe zu Tisch geben; läßt man sie ge-backen länger stehen, so verlieren sie sehr an Geschmack.

337. Kartoffelpudding von Schinken.

Wenn man Reste von gekochtem Schinken hat, wiege man das Magere davon recht fein. Zu 1 Pfd. gewiegtem Schinken kocht man am Tage vorher 20 große Kartoffeln und reibt diese, wenn man am andern Morgen die Speise verfertigen will; 170 Gr. frische Butter wird dann zu Schaum gerührt, 6—8 Eidotter dazu geschlagen, der Schinken und die geriebenen Kartoffeln darunter gerührt und zuletzt der Schnee der Eiweiße dazu gegeben. Dann streicht man eine irdene oder blecherne Backform reichlich mit Butter aus, giebt die Masse hinein und läßt sie 1 Stunde backen.

338. Kartoffeln mit Braten und Parmesankäse.

Die Kartoffeln werden abgekocht, geschält und in dünne Scheiben geschnitten, diese legt man schichtenweise auf die blecherne Schüssel, worauf man den Reisrand bäckt, oder in deren Ermangelung in eine Omelettenpfanne, die gehörig mit Butter ausgestrichen wurde. Auf die Kartoffelscheiben wird dann eine Schicht in Scheiben ge-schnittener Schöps- oder Wildbretsbraten gelegt und darauf kleine Stückchen Butter, jedes in der Größe einer halben Haselnuß und so dicht wie möglich. Dieses bestreut man mit etwas Salz, weißem Pfeffer und feingeriebenem Parmesankäse, legt dann wieder Kar-toffelscheiben, wieder Braten, Butter und fährt so einigemal damit fort, zuletzt müssen aber Kartoffelscheiben mit Parmesankäse bestreut kommen. So setzt man dies eine halbe Stunde in die heiße Röhre, bis die oberen Kartoffeln schön braun aussehen, und giebt es dann zu Tische. Diese Speise ist als Gemüse oder auch als Einschieb-essen statt Mehlspeise zu betrachten.

339. Gebrauch der Knochen.

Alle Knochen von Braten, Fleisch und Geflügel klopfe man klein und koche sie noch einmal recht aus; sie geben eine brauchbare Brühe, um Ragout, dunkle Sauce und Gemüse, als: Möhren, Kohlrüben, Kohl und Linsen damit zu bereiten, aber nie darf man sie zu Reis, Nudeln, Gräupchen und feineren Gemüsen verwenden; diese bekommen dadurch ein graues Aussehen und einen unange= nehmen Geschmack. Das gewonnene Fett von den verschiedenen Fleischsorten darf man nie untereinander mengen, weil es bei dem Gebrauch desselben sehr verschieden ist, ob man Schweine=, Schöps= oder Rindsfett zu einer Speise nimmt. Das Schöpsfett kann man nur zum Einbrennen von Mehl und gröberen Gemüsen nehmen, zu feineren Gemüsen und Suppen muß man Rindsfett verwenden. Hat man eine bedeutende Quantität Fett von einer starken Schöps= keule, so ist es ein sehr gutes Mittel, dasselbe zu verbessern, damit man es zu jedem Gemüse und jeder Suppe verwenden kann, wenn man das Fett in $1/_2$ Liter oder 1 Liter, je nachdem man viel Fett hat, guter Milch so lange kocht, bis die Milch ganz verkocht ist und das reine Fett übrig bleibt.

XVII. Gelees und Cremes.

340. Gelee.

Man macht das Gelee oder die Cremes auf 3 verschiedene Arten steif oder stehend: entweder von Kalbsfüßen, welches am kräftigsten ist, oder von Hausenblase, welches das beste aber auch teuerste ist, oder von Gelatine. Zu dem Stand von Kalbsfüßen nimmt man zu 1 Liter Gelee 6 Kalbsfüße, läßt diese von dem Fleischer spalten, wäscht sie, brüht sie mit heißem Wasser, legt sie wieder kurze Zeit in kaltes Wasser, setzt sie dann mit 3—4 Litern Wasser aufs Feuer und läßt sie 4 Stunden sehr langsam kochen. Dann gießt man die Brühe ab, läßt sie erkalten, nimmt alles Fett ab und kocht die Brühe nun bis zu $^1/_2$ Liter ein, vermischt sie, wenn sie wieder etwas abgekühlt ist, mit dem Saft einer Citrone, einem halben Bierglas Wein und mit 4 Eiweiß oder 2 ganzen Eiern, welches letztere man vorher tüchtig zusammengequirlt hat, läßt sie wieder langsam bis zum Kochen kommen, zieht sie vom Feuer, läßt sie zugedeckt $^1/_2$ Stunde stehen und gießt sie nun durch eine Serviette, die man an die Füße eines umgekehrten Schemels gebunden hat, in eine darunter stehende Assiette oder Schüssel. Läuft die Brühe anfangs trübe durch, so gießt man sie wieder in die Serviette zurück. Zum Gelee von Hausenblase rechnet man auf 1 Liter 50 Gr. Hausenblase, zu Cremes dagegen nur 25 bis 30 Gr.; im Winter noch $^1/_8$ weniger. Man pocht dieselbe mit dem Hammer, pflückt sie in Stücke, weicht sie am Abend vor dem Kochen in kaltem Wasser (auf 50 Gr. $^1/_8$ Liter Wasser) und kocht sie am folgenden Tag langsam 1 bis 2 Stunden ein, hütet sie aber vor dem Überlaufen, was sie gern thut. Geklärt braucht dieser Stand nicht zu werden, man gießt ihn nur durch eine Serviette. Gelatine nimmt man etwas reichlicher als Hausenblase, vielleicht um den vierten Teil. Man löst die Gelatine auf, indem man sie mit kochendem Wasser, Wein oder Milch, wozu man dieselbe eben braucht, übergießt und sie auf dem Feuer unter häufigem Aufrühren so lange stehen läßt, bis sie vollkommen aufgelöst ist und gießt sie dann gleichfalls durch eine Serviette. Zum Auflösen von 50 Gr. Gelatine genügt $^1/_4$ Liter Flüssigkeit.

341. Saure Gelee zu Aspik.

Zu $2^1/_2$ Liter abgeklärter Gelee rechnet man 12 Stück Kalbsfüße, welche man mit einer großen Zwiebel, 2 Petersilienwurzeln, $^1/_2$ Kopf Sellerie, 2 Lorbeerblättern, der Schale von einer Citrone, einigen Pfefferkörnern, einigen Nelken und 2 Stück Ingwer in 7 Litern Wasser recht weich kocht und bis auf 3 Liter Brühe einkochen läßt. Diese Brühe wird durch ein Fleischbrühsieb in ein Kasserol gegossen und mit dem nötigen Salz und etwas feinem Essig nach Gutdünken abgeschärft. Dann setzt man sie wieder ans Feuer und fügt derselben, um ihr eine schöne, dunkle Farbe zu geben, etwas braun gebrannten Zucker bei. (Siehe folgende Nummer.) Wenn es wieder ein paarmal aufgekocht hat, rührt man $^1/_4$ Liter Wein, worin 4 bis 6 Eier stark abgequirlt sind, unter die Brühe, läßt sie wieder aufkochen und setzt sie dann zugedeckt vom Feuer weg, damit sie sich abklärt. Eine reine, nicht zu dichte Serviette wird nun gebrüht, auf einen Durchschlag gelegt und dieser auf einen Topf gesetzt; hierdurch läßt man die Brühe ganz langsam laufen, damit sie ganz klar wird; das Kasserol, worin die Brühe ist, muß aber immer heiß stehen; denn wird diese kalt, so läuft sie nicht gut durch. Sollte es gar nicht mehr laufen, so nimmt man den Satz, der in der Serviette ist, behutsam, ohne vieles Rühren, heraus und giebt ihn wieder mit in das Kasserol, wäscht wohl auch die Serviette einmal in heißem Wasser aus. Es bedarf ein paar Stunden, ehe die Gallerte alle durchgelaufen ist. — Ein umgestürztes Aspik wird dann auf folgende Weise gemacht: In eine dazu passende Form oder in ein gutes, verzinntes Kasserol mit glattem Boden gießt man 1 cm. hoch von dem beschriebenen Gelee und läßt es gerinnen. Wenn es steif ist, legt man nach eigenem Geschmack und Belieben Kapern, Petersilienblätter, hartgekochte, in Scheiben geschnittene Eier und Scheiben von Citronenschale darauf und begießt dieses mit einem Anrichtelöffel voll Gelee, damit es fest werde. Ist es wieder steif, so gießt man wieder 1 cm. hoch von dem Gelee hinein und wenn dieses erkaltet ist, legt man eine

Schicht Fisch, Rebhühner, Fasanen oder Gänseleber (was man nun zum Aspik bestimmt hat) darauf und gießt gleich so viel Gelee darüber, daß es bedeckt ist. Nachdem es wieder steif ist, folgt wieder eine Schicht Fisch oder Geflügel und so fährt man abwechselnd fort, bis die Form voll ist. Die letzte Lage im Gefäß muß Gelee sein. Ist dieses nun völlig kalt und steif geworden, so hält man das Gefäß eine Minute lang in heißes Wasser, wischt den Rand des Gefäßes ab und stürzt den Aspik auf die Anrichteschüssel, welche man mit Orangenblättern und Citronenscheiben verzieren kann.

342. Gelee braun zu färben.

Man läßt Zucker und etwas Wasser langsam kochen; wenn der Zucker braun werden will, muß man ihn beständig rühren, ist er ganz braun, gießt man Wasser zu und läßt es aufkochen; diese Flüssigkeit nimmt man unter Gelees, damit diese eine schönere Farbe bekommen.

343. Weingelee.

Dazu bedarf man einer Flasche Wein, $^3/_4$ Pfd. Zucker, einer guten Citrone und 30 Gr. Gelatine. Die Gelatine wird nach Nr. 340 aufgelöst, die Schale der Citrone mit einem scharfen Messer ganz dünn abgeschält, diese in einer halben Tasse kaltem Wasser zugedeckt $^1/_2$ Stunde hingestellt und dann aus dem Wasser herausgenommen. Ist die Gelatine aufgelöst, so wird sie mit dem Wein, dem Saft der Citrone, dem Citronenwasser und Zucker bis ans Kochen gebracht. Diese Flüssigkeit gießt man dann, wie bei dem vorhergehenden Gelee, durch, entweder in passende Gläser oder in eine Assiette, und stellt sie recht kalt, denn je schneller das Gelee erkaltet, desto klarer wird es. Will man dieses Gelee stürzen, so nimmt man 16 Gr. Gelatine mehr. Diese Masse reicht für acht Personen.

344. Citronengelee.

In 3 bis 4 Litern Wasser werden 6 Stück zerhackte Kalbsfüße ganz weich und bis auf $1^1/_2$ Liter Brühe eingekocht, welche man durch ein Haarsieb in ein Kasserol gießt und mit dem auf $^1/_2$ Pfd. Zucker Abgeriebenen von 2 Citronen, dem Zucker selbst, 4 Gr. Zimt und 20 Stück Nelken einigemal aufkochen läßt. Das Ganze von 4 Eiern oder das Weiße von 6 Eiern, letzteres zu halbsteifem Schnee geschlagen und eins oder das andere mit 1 Liter gutem, weißen Wein abgerührt, wird dann zu der Brühe gethan und muß einmal damit aufkochen. Man setzt sie alsbann vom Feuer weg, mischt den Saft von 2 Citronen barunter, läßt sie zu= gebeckt eine Viertelstunde stehen und gießt sie dann, wie bei dem Aspik erwähnt ist, durch eine Serviette. Statt der Kalbsfüße kann man auch Hausenblase nehmen. (Siehe Nr. 340.)

345. Allgemeine Regeln beim Kochen von Cremes.

Die meisten Cremes müssen recht rasch zubereitet werden; man nimmt deshalb zum Kochen berselben am liebsten ein eisernes, aber vollständig gut glasiertes Kasserol, es muß basselbe auch recht sauber gereinigt werden, damit die Creme keinen unangenehmen Rebengeschmack bekommt. Man bringt die Cremes nur bis zum Kochen und schlägt sie während dieser Zeit unausgesetzt mit dem Schaumbesen oder rührt sie mit dem Löffel; besser ist ersteres. Hat man das Kasserol dann vom Feuer genommen, so rührt man die Masse noch, bis sie ziemlich kalt ist, damit sich keine Haut bildet, und giebt die Cremes erst dann in die dazu bestimmten Assietten oder Gläser und stellt sie nun kalt.

346. Wein=Creme.

In einem Liter gutem, weißen Wein läßt man 4 Gr. Zimt, 20 Stück Nelken und das auf Zucker Abgeriebene von 2 Citronen auf dem Feuer wohl zugedeckt bis zum Kochen kommen, dann thut man $^3/_4$ Pfd. Zucker bazu und läßt ihn abkühlen. In einen Topf, der 3 bis 4 Liter hält, werden nun 7 ganze Eier und 8 Eibotter geschlagen, worunter man den Saft von 2 Citronen mengt, den abgekühlten Wein durch ein Haarsieb dazu gießt und biesen in ein großes Kasserol mit kochendem Wasser auf das Feuer stellt. Die Creme wird nun mit einem Schlagbesen zu dickem Schaum ge= schlagen oder mit einem Quirl gequirlt und sogleich in die tiefe Anrichteschüssel gegossen, worin sie, wenn sie erkaltet ist, zu Tische gegeben wird. Man kann, um der Creme noch mehr Festigkeit zu geben, 16 Gr. in sehr wenig Wasser aufgelöste Hausenblase oder 15 Gr. Gelatine (siehe Nr. 340) derselben beimischen. Diese Creme ist für 8 bis 10 Personen hinreichend.

10*

347. Citronen=Creme.

Man nehme 3 große Citronen, reibe sie gut auf einem Pfund Zucker ab, stoße diesen ganz fein, presse den Saft der Citronen aus, messe diesen ab und füge ebensoviel Wasser hinzu, quirle dies alles mit 15 Eidottern tüchtig durch, gieße es in ein Kasserol und lasse es unter fortwährendem Rühren oder Schlagen so lange auf dem Feuer, bis es ans Kochen kommt. Dann gebe man den steifen Schnee der 15 Eiweiß hinzu, vermische ihn gänzlich mit der heißen Masse, ohne sie aufkochen zu lassen, und richte sie dann gleich in den für den Tisch bestimmten Schalen an und garniere die Creme, wenn sie erkaltet ist. Diese Quantität reicht für 8—10 Personen.

348. Schokoladen=Creme.

$\frac{1}{2}$ Pfd. feine Vanillen=Schokolade und $\frac{1}{4}$ Pfd. Zucker werden in $\frac{1}{2}$ Liter Wasser eingeweicht und dann zu einer Creme auf dem Feuer abgerührt. Nachdem dies erkaltet ist, quirlt man ein reich= liches Liter gute, süße Sahne zu Schnee, läßt denselben auf einem Sieb abtropfen und zieht ihn kurz vor dem Anrichten unter die Schokoladen=Creme, füllt ihn in Assietten und belegt ihn mit spa= nischem Wind oder Biskuit. Um der Creme noch mehr Festigkeit zu geben, kann man 45 Gr. in 4 Löffel heißem Wasser gut auf= gelöste Gelatine ihm beifügen, welche man erkaltet mit dem Rahm= schaum zusammen darunter giebt.

349. Erdbeer=Schnee.

Man streicht 2 Liter schöne, frische Walderdbeeren durch ein feines Haarsieb oder in Ermangelung desselben durch eine nicht zu dichte, reine Serviette, damit kein Kern sich durchdränge, vermischt diesen Saft mit $\frac{1}{2}$ Pfd. feingestoßenem Zucker und dem steifge= schlagenen Schnee von $2\frac{1}{2}$ Liter gutem Rahm und giebt dieses, bergförmig angerichtet, auf einer mit spanischem Wind oder Biskuit garnierten Schüssel zu Tische. Auch kann man den Erdbeerschnee in Obertassen oder kleinen Punschgläsern servieren. Diese Masse reicht für 18 Personen.

350. Apfel=Creme.

Man bratet in einer nicht zu heißen Röhre 15 bis 20 schöne, große Borsdorfer Äpfel ganz mürbe, dann zieht man die Schale sauber ab und rührt das Fleisch der Äpfel mit Ausnahme des Kernhauses in einer Schüssel mit einem silbernen Löffel ganz glatt. Ist dies geschehen, so quirlt man ½ Liter 24 Stunden alte Sahne zu steifem Schaum, giebt hierunter etwas feingestoßene Vanille und klaren Zucker, beides nach eigenem Gutdünken, und rührt es unter das Apfelmus. Man füllt dann diese cremeartige Masse in eine Assiette und belegt sie entweder mit spanischem Wind oder anderem Konfekt oder bestreut sie auch nur mit Zucker. Statt des Rahmes kann man auch den steif gequirlten Schnee von 3 Eiweiß nehmen, ihn recht schaumig zu den Äpfeln rühren und einige Tropfen Arrak und das auf Zucker Abgeriebene einer Citrone dazu thun.

351. Rahm-Schnee.

1 Liter dicker Rahm wird zu Schaum geschlagen, dazu giebt man 30 Gr. in einer Tasse heißen Rahm aufgelöste Gelatine, ¼ Pfd. klaren Zucker (nach Belieben auch mehr), das Abgeriebene von einer halben Citrone und den Saft der ganzen, oder man nimmt statt der Citrone feingestoßene Vanille, dann gießt man diesen Rahmschaum in eine mit Milch gespülte Assiette und läßt ihn erkalten. Die Gelatine muß verkühlt sein, ehe man sie mit dem Rahmschnee vermischt.

352. Rum-Creme.

Man nimmt 8 Eidotter, rührt sie mit 1½ Löffel feinem Weizenmehl, 225 Gr. klarem Zucker, der auf Zucker abgeriebenen Schale einer Citrone und mit dem Saft derselben recht klar, fügt eine halbe Flasche Wein und 4 bis 5 Löffel feinen Rum hinzu, rührt hiervon auf gelindem Feuer eine Creme ab und vermischt diese, wenn sie etwas abgekühlt ist, mit dem steifgeschlagenen Schnee von 6 Eiweiß.

XVIII. Über Milch- und Eierspeisen und warme Mehlspeisen.

353. Bemerkung über die Heizung des Ofens.

Es ist bei dem Bereiten der Milch- und Mehlspeisen zu deren Gelingen von großer Wichtigkeit, daß der Ofen gut geheizt ist, daß er nicht zu heiß, aber auch nicht zu kalt sei; denn oft kann die beste Speise durch den Ofen total verdorben werden. Deshalb ist dabei zu beobachten, ob ein Gebäck viel oder wenig Hitze bedarf; Aschkuchen und Schlagkuchen bedürfen mehr Hitze als Torten, flache oder breite Kuchen von Hefenteig bedürfen mit Torten gleichen Grad Wärme; Sandtorte jedoch bedarf wieder weniger als andere Torten; Zucker-, Mandel- und Sandgebäck bedarf ganz wenig Hitze. Um den Ofen zu untersuchen, ob er zu einem Aschkuchen zu backen gut geheizt ist, lege man ein Stück weißes Papier hinein; wird es allmählich braun, so hat der Ofen die gehörige Wärme und man kann den Kuchen hineinschieben; dann braucht man auch nur ein- bis zweimal ein paar Stückchen hartes Holz auf das Feuer zu legen. Wird jedoch das Papier schnell schwarz, oder fängt an zu glimmen, so muß man diese Hitze erst vergehen lassen. Jedes Gebäck, sei es Torte, Aschkuchen, Blechkuchen oder Mehlspeise, wird auf einem Dreifuß oder Rost in die Röhre gestellt, oder in Ermangelung dieser auf 2 aneinander geschobene Mauersteine. Unter den Dreifuß oder den Rost wird grauer Scheuersand einen Fingerbreit gestreut, oder zwei dünne Dachziegel gelegt, damit das Gebäck von unten nicht zu viel Glut bekommt. Torten bäckt man am liebsten in breiten Blechformen, Aschkuchen in kupfernen oder irdenen; bei dem Ausstreichen der Formen ist zu beobachten, daß man sie mit einem feuchten Tuch rein auswischt und dann mit einem Pinsel oder einer Butterstreiche stark oder dünn, je nachdem es die Speise erfordert, mit klarer Schmelzbutter oder frischer Butter ohne Salz ausstreicht und dann mit geriebener Semmel oder Zwieback bestreut.

Das Salz in der Butter zum Ausstreichen hat den Nachteil, daß sich dieses an die Form anhängt und die Speise weniger gut heraus= geht. Will man eine Speise sehr wenig gebräunt haben, z. B. einen Pudding zur Suppe, so legt man in die butterbestrichene Form noch ein butterbestrichenes Papier. Bräunt ein Kuchen von oben zu sehr, dann muß man ihn mit Papier belegen; bei einem Aschkuchen ist dies gleich beim Hineinsetzen anzuempfehlen. Bei dem Backen thut die Erfahrung das meiste, und daß man den Ofen genau kennt, ob er stark oder wenig heizt. Jede Mehlspeise, welche, nachdem sie gebacken ist, gestürzt werden soll, muß, nachdem sie aus dem Ofen genommen ist, ein paar Minuten ruhig stehen bleiben und dann erst aus der Form gestürzt werden, weil sie auf diese Weise besser und sicherer herausgeht; dasselbe ist auch bei Aschkuchen, Reibe= kuchen und Torten zu beobachten.

354. Weiche Eier.

Die Eier werden erst mit Salz und Wasser rein abgewaschen, dann in kochendes Wasser gelegt und dieselben darin einige Minuten gekocht; sie genau zu treffen, ist immer eine Sache, die man erst lernen muß. Das Wasser muß über die Eier wegstehen, muß schnell wieder zum Kochen kommen und von da an nur noch eine Minute kochen, dann sind die Eier gut.

355. Eier auf Butter oder Spiegel=Eier.

Zu 6 bis 8 Eiern werden 60 Gr. Butter in einem flachen Tiegel übers Feuer gesetzt. Sobald die Butter nun wie Schaum in die Höhe steigt, schlägt man die Eier hinein, bestreut sie mit Salz und läßt sie bei gelindem Feuer so lange stehen, bis das Weiße fest ist. Auch kann man sie in der Windbeutelform bereiten und in jedes Näpfchen ein Ei schlagen, wodurch die Spiegel=Eier bei dem An= richten ein zierlicheres Aussehen bekommen.

356. Rühreier.

Für 4 Personen schlägt man in einen Topf 12 ganze Eier und quirlt diese mit etwas Salz, einer halben Tasse Rahm oder Milch, oder auch Wasser und etwas feingeschnittener Zwiebel oder Schnittlauch recht stark. Dann werden 120 Gr. Butter in einem

Kasserol übers Feuer gesetzt; sobald diese heiß ist und in die Höhe steigt, gießt man die gequirlten Eier hinein; wenn sie anfangen, etwas zu gerinnen, rührt man sie mit einem blechernen Löffel, indem man mit der scharfen Kante desselben immer über den ganzen Boden und Rand des Kasserols wegfährt, so lange, bis die Eier ziemlich fest sind. Dann nimmt man sie vom Feuer weg, rührt sie noch einigemal um, richtet sie gleich an und trägt sie zum Speisen auf, ehe sie hart und trocken werden.

357. Soleier.

Man kocht eine Anzahl Eier hart und legt sie, nachdem die Schale ringsum etwas brüchig geklopft ist, in eine Schüssel mit Salzwasser. Es muß soviel Salz im Wasser aufgelöst sein, daß die Eier darin schwimmen. In 2—3 Tagen sind sie gut, ein sicheres Zeichen dafür ist, daß sich die Eidotter, was man beim Auseinander= schneiden der Eier findet, anfangen sich grün zu färben.

358. Saure Eier.

Man schlägt 8—9 Eier auf Butter und läßt das Eiweiß hart werden; unterdes röstet man 2 geriebene Zwiebeln in Butter mit einem Löffel Mehl gelblich, gießt $1/4$ Liter Bouillon oder auch nur Wasser zu und läßt es mit einem Kaffeelöffel voll Senf und einem Glas Wein aufkochen, schmeckt dann die Sauce mit 18 Gr. Zucker, etwas Salz und 2 Speiselöffel Essig ab und richtet sie mit den heißen Eiern an.

359. Eierkuchen.

$1/2$ Liter lauwarme Milch, 6 bis 8 Eier und eine reichliche Obertasse Mehl werden tüchtig zusammen gequirlt; hierauf reibt man die Eierkuchenpfanne mit einer Speckschwarte aus, thut ein Stück Butter so groß wie eine große Walnuß hinein, läßt sie auf dem hellen Feuer heiß werden und in die Höhe steigen. Dann gießt man von der Eierkuchen=Masse löffelweise so viel in die Pfanne, als man die Kuchen dick haben will und bäckt sie bei gelindem Feuer, indem man die Pfanne öfter hin= und herschüttelt und den Kuchen einigemal mit einer Gabel sticht, damit er sich nicht anlegt, auch hebt man ihn während des Backens mit einem Messer am äußeren Rand in die Höhe und löst er sich nicht gut, so läßt man noch etwas Butter zwischen Kuchen und Pfanne gleiten. Ist der Kuchen auf einer Seite braun, so wendet man ihn, indem man die Pfanne aus freier Hand umschwenkt, wodurch der Eierkuchen von selbst auf die andere Seite fliegt, oder, wenn man sich dies nicht getraut, läßt man ihn auf einen Teller gleiten, den man auf der Fläche der linken Hand hält, legt dann ein kleines Stück Butter in die Mitte des Kuchens, deckt die Pfanne darüber, kehrt Teller und Pfanne geschickt und schnell um, nimmt den Teller ab und bäckt den Kuchen auf der anderen Seite schön hellbraun. Man legt dann einen auf den andern, bestreut sie mit Zucker und Zimt und giebt dazu eine süße Sauce oder Salat. Auch kann man die Eierkuchen nur auf einer Seite backen und dann gereinigte Korinthen, Apfelmus oder eingemachte Johannisbeeren hineinwickeln und sie mit Zucker bestreuen; diese heißen dann Plinsen. Diese Masse reicht für 4 Personen und giebt 8—10 dünne Eierkuchen.

360. Bayrische Eierkuchen.

3 Eidotter, 3 knappe Tassen Wasser, 3 gehäufte Löffel feines Mehl, etwas Salz wird untereinander gequirlt, dann der steife Schnee der Eiweiß dazu gegeben und dann gebacken wie in Nr. 359. Diese Masse giebt 5—6 Eierkuchen.

361. Französischer Eierkuchen.

65 Gr. Butter läßt man in einem Kasserol auf dem Feuer aufsteigen; sobald dies geschieht, nimmt man das Kasserol von dem Feuer, giebt einen gehäuften Speiselöffel voll feines Weizenmehl hinein und rührt es so lange, bis es ganz glatt ist, dann gießt man $1/4$ Liter kochende Milch in diesen Brei und rührt unausgesetzt so lange, doch immer außerhalb des Ofens, bis der Brei steif ist und sich rund um das Kasserol ablöst. Sobald derselbe nun etwas ver= kühlt ist, schlägt man 6 Eidotter dazu, verrührt diese, giebt das auf 100 Gr. Zucker Abgeriebene einer Citrone und den klargestoßenen Zucker darunter und rührt zuletzt den steifen Schnee der 6 Eiweiß dazu. Man bäckt diese Speise in einer mit Butter ausgestrichenen Form $1/2$ Stunde. Diese Speise schmeckt sehr gut. (Für 4 Per= sonen.)

362. Omelette mit Pilzen.

Man bäckt Eierkuchen ohne Zucker und Zimt (siehe Nr. 359) und füllt sie mit Gemüse von Steinpilzen oder Champignons. Man giebt eine Champignonssauce und gekochten Schinken dazu.

363. Gebackene Apfelscheiben.

Man nimmt hierzu 4 Obertassen saure Sahne, 4 Eier, eine reichliche Obertasse feines Mehl, Zucker nach eigenem Belieben und quirlt dies wohl untereinander. Große, schöne Äpfel werden geschält, in fingerdicke Scheiben geschnitten, das Kernhaus herausgestochen und eine Stunde mit Zucker und Zimt eingestreut stehen gelassen. Dann legt man die Scheiben in obige Eiermasse, damit sich der Teig überall anhängt und bäckt sie darauf mit reichlich Butter in der Eierkuchenpfanne unter öfterem Rütteln derselben auf beiden Seiten schön hellbraun; man bestreut sie dann stark mit Zucker und Zimt und giebt sie recht warm zu Tische. Statt der hier angegebenen Eiermasse kann man auch einen Backteig auf folgende Art bereiten: $\frac{1}{2}$ Pfd. feingesiebtes Mehl, 3 Eidotter, 2 Speiselöffel gute, dicke Hefen und 6 Speiselöffel klare, frische Butter werden mit $\frac{1}{2}$ Liter lauwarmer Milch, einem Speiselöffel voll Zucker und einer Prise Salz zu einer flüssigen Masse angerührt, fein geschlagen und an einem warmen Ort zum Gehen hingestellt. Sollte die Masse nicht flüssig genug sein, so gießt man etwas mehr Milch dazu. Hierein taucht man dann die Apfelscheiben und verfährt wie oben damit.

364. Windbeutel.

$\frac{1}{2}$ Liter Milch, $\frac{1}{2}$ Liter Mehl, 6 Eier, 1 Speiselöffel voll Butter und etwas Salz wird gut untereinander gequirlt. In jedes Näpfchen der Windbeutelform wird ein kleines Stückchen Butter, so groß wie zwei Haselnüsse, auch etwas frisches Rindsfett gethan, dann stellt man die Form in den Ofen und läßt die Butter zergehen. Nun gießt man mit der Masse jedes Näpfchen halb voll, stellt sie dann wieder in die Röhre, aber hoch auf den Dreifuß und läßt die Windbeutel in einer knappen Stunde bei mäßiger Hitze backen. Aus der Form herausgenommen, bestreut man sie mit Zucker und Zimt und giebt sie mit Eingemachtem oder einer süßen

Sauce zu Tische. (Siehe bie Saucen.) Diese Masse reicht für vier Personen. Das Rindsfett bezweckt, baß die Windbeutel von unten nur schwach bräunen.

365. Puffer.

Große, rohe Kartoffeln werden geschält, gewaschen, auf einem Reibeisen gerieben, eine Stunde gewässert und dann durch eine Serviette recht trocken ausgebrückt ober auch ungewässert ausgebrückt. Einen gehäuften Teller voll von diesen Kartoffeln rührt man mit 2 Löffel Mehl, 6 Eibottern, Salz und ein wenig saurer Sahne zu einem dicken Brei, giebt den steifgeschlagenen Schnee ber 6 Eiweiß dazu und bäckt mit geklärter Butter langsam dünne Eierkuchen, damit die Kartoffeln völlig gar werden. Man kann auch Speck und etwas Zwiebel würflig schneiden und mit unter die Masse geben.

366. Arme Ritter.

Für 3 Personen werden 15 Zwiebacke genommen, solche auf einen breiten Teller gelegt und mit $^1/_4$ Liter kochender Milch, worin 1 knapper Speiselöffel Zucker mit gekocht ist, gebrüht. Nach Ver= lauf einer halben Stunde, wenn die Milch ganz von den Zwiebacken eingesogen ist, quirlt man 2 ganze Eier mit einer knappen Tasse Milch und etwas Zucker und gießt dieses auf die umgewendeten Zwiebacke; nachdem auch dieses in die Zwiebacke eingedrungen ist, bestreut man sie auf beiden Seiten mit geriebenem Zwiebak, bäckt sie dann schnell wie Kotelettes in Schmelzbutter und bestreut sie mit Zucker und Zimt. Man giebt dazu eine Fruchtsauce oder Kompott und trägt sie recht warm zur Tafel. Bei dem Brühen der Zwie= backe muß man nach eigenem Urteil das Maß der Milch vermehren oder verringern, denn manche Zwiebacke sind dick, manche dünn; zerweichen dürfen dieselben nicht, sondern müssen nur angenehm locker werden.

367. Gewöhnlicher Auflauf.

$^1/_2$ Liter Milch, $^1/_4$ Liter Mehl, 6 Eier, 100 Gr. zerlassene Butter, $^1/_2$ Speiselöffel Zucker, etwas Salz wird gut untereinander gequirlt und in einer mit Butter ausgestrichenen Form $^3/_4$ Stunde gebacken.

368. Reis mit Mandeln.

200 Gr. Reis werden in 1 Liter süßem Rahm dick eingekocht; wenn er kühl ist, wird ¼ Pfd. Butter zu Schaum gerührt, 8 Eidotter, das Abgeriebene einer Citrone; 65 Gr. Zucker, etwas Zimt, 65 Gr. gestoßene, süße und 12 Stück bittere Mandeln dazu gegeben und dies ½ Stunde lang gut gerührt, dann der Reis darunter gemengt und noch ¼ Stunde geschlagen; zuletzt wird der steife Schnee der Eiweiß dazu gegeben und nun gleich in einer mit Butter ausgestrichenen Form gebacken. Diese Speise reicht für 6 Personen. Die Mandeln können auch wegbleiben.

369. Bayrische Dampfnudeln.

Man nimmt 1 Liter des feinsten Dampfmehles, rührt 5 Eßlöffel davon mit ¼ Liter Rahm, einem Ei und einer halben Kaffeetasse voll guter Hefen zu einem Hefenstückchen an und gießt dieses in eine gemachte Vertiefung zu dem übrigen Mehl in eine irdene Schüssel. Diese stellt man dann an einen warmen Ort und beachtet genau, ob die Hefe gehörig aufgeht; es bedarf hierzu ¾ Stunden Zeit. Ist dieses der Fall, so giebt man einen Theelöffel voll Salz darunter und rührt das Ganze recht stark, so daß es ein nicht zu fester Teig wird, der aber bennoch sehr zähe sein muß. Wäre er es nicht, so giebt man noch etwas Rahm dazu. Aus diesem Teig formt man mit den flachen Händen Kugeln von der Größe einer Walnuß, welche man auf ein mit Mehl bestreutes Brett hinlegt und sie eine Stunde lang warm stellt, damit sie gehörig aufgehen. Nun nimmt man ein großes Kasserol oder eine Backform mit recht glattem Boden, gießt es 1 cm. hoch voll Rahm, thut 200 Gr. schöne Krebsbutter und 50 Gr. Zucker dazu und läßt es zusammen aufkochen. Hierein legt man die Kugeln nun nicht zu dicht nebeneinander, deckt das Kasserol oder die Backform mit einem passenden Deckel gut zu und setzt es auf einem nicht zu hohen Dreifuß in die heiße Röhre, oder noch besser auf glühende Kohlen; im letzteren Falle muß aber der Deckel von Eisenblech oder Kupfer sein, daß man obenauf auch Kohlen legen kann. Auf diese Weise bäckt oder dämpft man die Kugeln in Zeit von 20—25 Minuten. Durch die Krebsbutter erhalten sie eine schöne Farbe, doch kann man in Ermangelung derselben ebensoviel frische Butter nehmen. Die beschriebene Masse ist für 8 Personen hinreichend. Man giebt dazu eine Rahmsauce mit Vanille oder Zimt.

370. Speise von Kartoffelmehl oder Schwammspeise.

Man nimmt hierzu 100 Gr. Butter, 100 Gr. Zucker, 10 Eier, 1 Tasse Kartoffelmehl, $^1/_2$ Liter Milch und das Abgeriebene einer Citrone. Die Butter wird auf dem Feuer bis zum Steigen heiß gemacht, dann das Kartoffelmehl hinein gerührt und so lange auf dem Feuer abgerührt, bis sich der Brei vom Kasserol ablöst. Als= dann wird die kochende Milch darunter gerührt und zwar so lange, bis sich die Masse ganz glatt und ohne Knötchen zeigt. Hierauf läßt man den Brei abkühlen, aber nicht völlig erkalten. Der Zucker wird dann mit den Eidottern zu Schaum gerührt, hierauf das Ab= geriebene der Citrone und der Mehlbrei dazu gegeben und zuletzt das zu Schaum geschlagene Eiweiß darunter gerührt. Man bäckt diese Speise in einer mit reichlich Butter ausgestrichenen Form in einer knappen Stunde; sie kann nicht gestürzt werden. Man giebt dazu Chaubeau (siehe Nr. 257).

371. Mehlspeise von Arrak.

$^1/_2$ Pfd. feiner, geriebener Zucker wird mit 18 Eidottern stark zu Schaum geschlagen, dann der Saft und das Abgeriebene einer Citrone und ein Weinglas Arrak dazu gethan und zuletzt der Schnee der 18 Eiweiß darunter gerührt. In einer mit Butter ausge= strichenen Form wird diese Speise in Zeit von 25 Minuten bei sehr mäßiger Hitze gebacken. Am besten ist sie, wenn sie in der Mitte noch etwas lauter ist, sie steigt sehr schnell, fällt aber auch eben so schnell, deshalb muß man sie gleich zu Tisch geben. Hat man zu Tisch mehrere Speisen, so muß man die Arrakspeise erst in den Ofen setzen, wenn die Suppe und ein Gericht gegessen ist. Man giebt sie nur mit Zucker zu Tische. Die Masse reicht für 12 Personen.

372. Saure Sahnen=Mehlspeise.

Ein reichliches Liter saure Sahne wird mit 8 Eidottern, vier sehr reichlichen Löffeln Mehl, Zucker und dem Abgeriebenen einer

Citrone ¹/₄ Stunde lang gequirlt, zuletzt der Schnee der 8 Eiweiß dazu gegeben und 1 Stunde gebacken. Man giebt hierzu eine rote Weinsauce oder Chaudeau.

373. Käsekeulchen.

8 Hände voll geriebenen Käse, 4 Hände voll Mehl, 8 Eier, 8 Löffel guten Rahm, 65 Gr. Zucker, 100 Gr. Butter, kleine Rosinen nach Belieben, etwas Salz und Muskat, das Weiße der Eier zu Schnee geschlagen. Daraus macht man einen Teig, formt ovale Klößchen davon und bäckt sie wie die Kotelettes in Butter in einem breiten Tiegel oder einer Pfanne, wendet sie und sind sie fertig, begießt man sie etwas mit heißer Butter und bestreut sie mit Zucker. Man giebt dazu Pflaumenbrühe oder ein beliebiges Kompott.

374. Guter Apfel=Auflauf.

200 Gr. Butter, 160 Gr. feingestoßene, süße Mandeln und 8 Eidotter werden schaumig gerührt, dann giebt man ¹/₂ Pfd. mit wenig Wasser weich gedünstete Äpfel, ¹/₂ Pfd. klaren Zucker, etwas Vanille und den steifen Schnee der 8 Eiweiß dazu, rührt es gut untereinander und bäckt es ³/₄ Stunde.

375. Apfelsinenspeise.

200 Gr. Semmel, 125 Gr. Butter, 10 Eier, 150 Gr. Zucker, ¹/₂ Liter Rahm, von einer halben Apfelsine das auf Zucker Abgeriebene und der Saft von der ganzen Apfelsine. Die Semmel wird von der Rinde befreit, die Krume in dem Rahm geweicht und eine Stunde stehen gelassen, dann thut man dies mit der Butter in ein Kasserol und rührt es über dem Feuer so lange, bis sich der dicke Brei vom Kasserol ablöst; hierauf läßt man ihn erkalten. Die Eidotter werden nun mit dem Zucker zu Schaum gerührt, der erkaltete Brei löffelweise nach und nach dazu gethan, dann der abgeriebene Apfelsinenzucker, der Saft der Apfelsine und zuletzt das zu Schnee geschlagene Weiße der 10 Eier tüchtig darunter gerührt. Man bäckt diese Speise in einer mit Butter ausgestrichenen und Semmel bestreuten Form bei mäßiger Hitze in Zeit von 1 Stunde; sie ist sehr empfehlenswert, weil sie sehr wohlschmeckend ist und nicht so leicht fällt; man giebt nur klaren Zucker dazu. (Für 8 Personen.)

376. Kirschspeise.

Für 18 Pfg. Semmel werden in 1 Liter Milch geweicht, ¹/₄ Pfd. Butter wird zu Schaum gerührt, 8 Eidotter nebst den ausgedrückten Semmeln und dem Schnee der Eiweiß dazu gegeben und diese Masse reichlich mit Zucker versüßt. Die Form wird dann stark mit Butter ausgestrichen und 2 Liter ausgekernte, saure Kirschen, aber ohne den ausgelaufenen Saft derselben, mit dem Teig schichtenweise hineingefüllt. Diese Speise bäckt reichlich ³/₄ Stunden und reicht für zehn Personen. Oder man nimmt ¹/₄ Pfd. Butter, rührt sie mit 8 Eidottern zu Schaum, giebt für 10 Pfg. geriebene Semmel, 200 Gr. klaren Zucker, etwas Zimt, ¹/₄ Liter Rahm, zuletzt den steifen Schnee der Eiweiß dazu und füllt diese Masse wie oben mit 2 Liter sauren Kirschen in die Form.

377. Pudding von Schwarzbrot.

Man rührt 10 Eidotter mit 250 Gr. Zucker recht schaumig, thut dann 4 gestoßene Nelken, etwas Zimt, das Abgeriebene einer Citrone und 65 Gr. feingewiegtes Citronat darunter, letzteres kann nötigenfalls auch wegbleiben; 160 Gr. trocken geröstetes, feinge= stoßenes Schwarzbrot feuchtet man mit einem Weinglas roten Wein an, rührt dieses recht tüchtig unter die Eiermasse und giebt zuletzt den steifen Schnee der 10 Eiweiß dazu. Man bäckt diese Speise in einer mit Butter ausgestrichenen und Brot bestreuten Form 1¹/₂ Stunde und giebt dazu entweder rote Wein= oder Kirschsauce. (Für 8—10 Personen.)

378. Apfelspeise mit Brot, auch Bettelmann genannt.

Man röstet in ¹/₄ Pfd. Butter so viel geriebenes, schwarzes Brot, als die Butter annimmt, schält ungefähr 18 schöne, große Äpfel, schneidet sie in Scheiben, legt Brot, Apfelscheiben, ¹/₂ Pfd. klaren Zucker, etwas klaren Zimt, das Abgeriebene einer Citrone, ¹/₄ Pfd. kleine Rosinen schichtenweise in eine reichlich mit Butter ausgestrichene und mit geröstetem Brot ausgestreute Form und läßt es 1¹/₂ Stunde backen. Statt des gerösteten Brotes kann man auch für 16 bis 18 Pfennige Semmel nehmen. Man reibt die Semmel und legt sie ungeröstet, schichtenweise mit Butter, Äpfeln und übrigen Zuthaten in die Backform. Man giebt diese Speise warm oder kalt bloß mit klarem Zucker zu Tische.

379. Gebackener Kürbis.

Man schält und zerschneidet einen Kürbis von mittlerer Größe, läßt ihn in Wasser weich kochen, gießt das Wasser davon ab und preßt ihn eine Nacht in einer Serviette aus. 2 Löffel Butter werden nun zu Schaum gerührt, 6 Eier, etwas Citronenschale, etwas Salz, etwas klare Muskate, 6 Löffel Kürbis, für 6 Pfennige in guter Milch eingeweichte Semmel wird dann dazu gethan und gehörig untereinander gerührt. Dann schüttet man diese Masse in eine mit Butter ausgestrichene Pfanne und bäckt sie 1 Stunde in der heißen Röhre. Der Zucker kann hierbei ganz wegbleiben, weil der Kürbis schon viel Zuckerstoff enthält. Gebackenen Kürbis ißt man in manchen Gegenden gern zum Schweinebraten.

XIX. Gekochte Puddings.

380. Allgemeine Regeln bei den gekochten Mehlspeisen oder Puddings.

Man kocht dieselben in einer mit Butter ausgestrichenen Blech=
form mit festschließendem Deckel oder in einer vorher gebrühten,
dann in der Mitte tellergroß mit Butter bestrichenen Serviette.
Erstere muß mit Semmel bestreut, letztere, so weit die Butter reicht,
leicht mit Mehl bestreut werden. Erstere füllt man $^8/_4$ voll, giebt
den Deckel darauf, setzt sie in ein Kasserol mit kochendem Wasser,
doch darf solches nur bis zur reichlichen Hälfte der Form reichen,
auf diese werden dann 2 Plättstähle gelegt, damit die Hitze den
Deckel nicht in die Höhe treibt. Bei dem Füllen des Puddings
in die Serviette hat man zu beobachten, daß die Masse zweifinger=
breit von dem Gebundenen entfernt ist, damit sie gehörig aufquellen
kann. Der Pudding in einer Serviette wird in einem Topf mit
reichlichem, leicht gesalzenem Wasser gekocht, welches im vollen
Kochen sein muß, wenn man den Pudding hinein thut. Das Wasser
muß während des Kochens des Puddings immer mit neuem, kochen=
dem ersetzt werden, nicht mit kaltem, damit der Pudding nicht aus
dem Kochen kommt. Der in einer Serviette gekochte Pudding muß
während des Kochens einigemal gewendet werden, damit er nicht zu
fest auf dem Boden des Topfes liegt.

381. Neunlot=Pudding.

Man nimmt 150 Gr. Mehl, 150 Gr. Butter, 150 Gr. Zucker,
150 Gr. Mandeln, darunter 6 Stück bittere, 9 Eier, das Abge=
riebene einer Citrone und $^1/_2$ Liter Milch. Das Mehl wird mit
der Hälfte Zucker und Butter in die kalte Milch gerührt und dann
in einem Kasserol auf dem Feuer so lange gerührt, bis es sich vom
Kasserol ganz ablöst; alsdann läßt man den Brei erkalten. Die
andere Hälfte Butter wird zu Schaum gerührt, dann die im Mörser

11

feingestoßenen Mandeln, Zucker, 9 Eidotter und das Abgeriebene
der Citrone dazu gethan und dann unter immerwährendem Rühren
der abgekühlte Mehlbrei, etwas klarer Zimt und ein halber Theelöffel Salz dazu gegeben, zuletzt das zu Schnee geschlagene Eiweiß
der 9 Eier. Man bäckt oder kocht diese Masse während 1 Stunde
in einer mit Butter ausgestrichenen Form oder Serviette. Bei
dem Anrichten stürzt man sie auf eine tiefe Schüssel, spickt sie, wenn
sie gekocht ist, mit länglich geschnittenen, süßen Mandeln und giebt
einen Wein-Chaudeau oder Vanillensauce darüber. Statt des
Mehles kann man auch Gries, Reis oder geriebene Kartoffeln
nehmen.

382. Pudding von Kartoffelmehl.

Man nehme $^3/_4$ Liter Milch, 200 Gr. Butter, 200 Gr. Zucker,
von einer Citrone die abgeriebene Schale und setze dies alles zusammen in einem Kasserol auf das Feuer. Wenn die Milch sich
zu erwärmen anfängt, nehme man 200 Gr. Kartoffelmehl, streue
dies allmählich mit der einen Hand unter beständigem Rühren der
anderen in die Milch und rühre diese Masse so lange fort, bis sie
steif wird und sich vom Kasserol ablöst. Man nennt dies Verfahren: einen Teig abbrennen. Ist die Masse verkühlt, so steche
man mit einem Löffel immer ein Stück davon ab, thue es in einen
Reibeasch und verrühre nach und nach die ganze Masse mit 12 Eidottern. Zuletzt giebt man das zu Schnee geschlagene Weiße der
12 Eier und etwas Salz dazu und kocht den Pudding in einer mit
Butter ausgestrichenen Serviette eine reichliche Stunde lang in leicht
gesalzenem Wasser. Ist dieser Pudding gut bereitet, so giebt er
dem schönsten Biskuit nichts nach; er wird mit einer Frucht- oder
Weinsauce zu Tisch gegeben.

383. Schokoladen-Pudding.

Man rührt 200 Gr. Butter zu Schaum, fügt nach und nach
unter fortwährendem Rühren 12 Eidotter, $^1/_4$ Pfd. Zucker, 100 Gr.
geriebene Schokolade, 160 Gr. geriebenes, ganz schwarzes Brot,
etwas feingestoßenen Zimt, Vanille und einige Gewürznelken hinzu,
rührt den ganzen steifen Schnee der 12 Eiweiß darunter, füllt die
Masse in eine mit Butter ausgestrichene und mit Semmel bestreute

Form mit Deckel und kocht sie nach Nr. 380 1¼ Stunde. Diese Speise ist sehr gut und wird mit Punsch= oder Weinsauce gegeben.

384. Korinthen=Pudding.

½ Pfd. gut gewaschene und wieder getrocknete Korinthen, ½ Pfd. feines Mehl, ¼ Pfd. Butter, 8 Eier, 2 reichliche Speise= löffel gesiebter Zucker, das Abgeriebene einer Citrone, eine Prise Muskatblüte, ebensoviel Salz, 180 Gr. altbackene, geriebene Semmel, ½ Liter Milch, 3 Speiselöffel voll Rum. Die Hälfte der Butter wird heiß gemacht, das Mehl mit der Milch zusammengequirlt, zur Butter gegossen und auf dem Feuer so lange gerührt, bis es sich vom Kasserol ablöst. Ist dieser Brei etwas abgekühlt, so wird zu= erst die andere Hälfte Butter dazu gerührt, dann die Eidotter, der Zucker und nach und nach das Übrige dazu gegeben. Der feste Schnee der 8 Eiweiß und der Rum kommen zuletzt unter die Masse. Dann wird sie gleich in die bereitgemachte Puddingform gefüllt und gut verschlossen 2½ bis 3 Stunden gekocht. Man giebt eine weiße Schaumsauce (Nr. 257) dazu. (Ist für 12 bis 14 Personen hin= reichend.)

385. Berliner Mehlspeise.

In 1 Liter Rahm quirlt man ½ Liter feines Dampfmehl, 375 Gr. feinen Zucker, das Abgeriebene einer Citrone und ein Stückchen ganzen Zimt. Man rührt dies alles in einem Kasserol auf dem Feuer so lange ab, bis es sich von dem Kasserol ablöst, läßt es kalt werden, rührt dann 12 Eidotter und zuletzt den Schnee der 12 Eiweiß dazu und kocht die Speise nach Nr. 380 in Zeit von einer Stunde. Man darf diese Speise nicht stehen lassen, denn sie fällt sehr schnell.

386. Englischer Plum=Pudding.

Man nimmt zu diesem Pudding 8 Eier, ¼ Liter frischen, süßen Rahm, 1 Pfd. feines Mehl, ½ Pfd. Nierentalg, ½ Pfd. Rindsmark, 1 Pfd. Korinthen, ¾ Pfd. Sultan=Rosinen, ¼ Pfd. gestoßenen Zucker, 100 Gr. geschnittenes Citronat, 1 geriebene Muskatnuß, 1 Weinglas guten Rum und 1 Theelöffel Salz. Talg und Mark wird klar gewiegt und in einem Reibeasch ganz weich

gerieben, das andere nach und nach dazu gethan und so lange ge=
rührt, bis es ein ganz feiner Teig ist. Nun wird die Masse in eine
mit Butter ausgestrichene Serviette fest eingebunden und in Salz=
wasser 5 Stunden gekocht. Dann legt man die Serviette mit dem
Pudding auf ein umgekehrtes Salatsieb, öffnet die Serviette und
stürzt die Speise auf die Anrichteschüssel, gießt etwas Rum dazu,
zündet diesen an und giebt den Pudding brennend zu Tisch. Man
giebt dazu klaren Zucker oder Chaudeau. Von dieser Masse können
10 Personen speisen.

XX. Von den kalten Mehlspeisen.

387. Kalte Mehlspeise.

1 1/2 Liter Milch wird bis zum Kochen gebracht, 2 knappe Taſſen Kartoffelmehl in wenig kaltem Waſſer eingerührt und mit 5 Eiern dann abgequirlt. Sobald die Milch kocht, wird 1/4 Pfd. Zucker, 1 Taſſe zerlaſſene Butter und eine auf Zucker abgeriebene Citronenſchale dazu gegeben. Wenn die Butter verkocht iſt, wird das eingekochte Kartoffelmehl dazu gegeben und auf dem Feuer tüchtig gerührt, bis es eine ſteife Maſſe iſt. Dieſe gießt man in eine mit Waſſer geſpülte Aſſiette oder Form und läßt ſie bis zum andern Tag recht kalt ſtehen. Geſtürzt, wird der Flammeri mit ein= gemachten Früchten belegt, mit kalter Vanille=, Rahm= oder Wein= ſauce gegeben.

388. Flammeri von Gries.

1 Liter Milch läßt man kochen, thut dann ſogleich 150 Gr. Gries, 2 Eßlöffel klaren Zucker, 12 Stück bittere, ganz feingeſtoßene Mandeln und das Abgeriebene einer Citrone dazu und läßt es einigemal aufkochen. Dann rührt man das zu Schnee geſchlagene Weiße von 4 Eiern darunter und ſtürzt es in eine tiefe Aſſiette, womöglich in eine geriefte. Will man den Flammeri verſpeiſen, ſo ſtürzt man ihn, wenn er erkaltet iſt, auf eine Schüſſel und giebt dazu eine Milch=, Himbeer=, Kirſch= oder Punſchſauce, die man entweder um den Flammeri herumgießt oder ſie in einer Sauciere dazu giebt. Statt des Grieſes kann man dieſe Speiſe auch von Reis bereiten, doch rühre man dieſen während des Kochens fleißig um, damit er ſich nicht anlege.

389. Rote Grütze.

Man kocht auf gelindem Feuer 1 1/2 Liter Fruchtſaft (von Kirſchen, Himbeeren und Johannisbeeren, wie man es gerade hat) mit 3/4 Liter Waſſer, 1 Glas weißem Wein und thut Zucker dazu, bis die Flüssigkeit genügend süß schmeckt. Nun nimmt man auf 1½ Liter Fruchtsaft 6 bis 7 Löffel Gries, Reismehl, Sagomehl oder Maizena, rührt es in die Flüssigkeit, während dieselbe nicht kocht, stellt sie dann wieder aufs Feuer, läßt den Gries oder das Mehl richtig kochen und ausquellen und giebt die nunmehr fertige Grütze in eine mit Wasser benetzte Form. Man giebt Vanillensauce, Rahmschnee oder bloß Sahne dazu.

390. Kalte Apfelspeise.

12 Stück schöne Borsdorfer werden geschält, das Kernhaus herausgestochen und in Wein und Zucker weich gedämpft, alles Flüssige wird dann davon abgegossen und man läßt die Apfel erkalten. Nun rührt man 1 Liter süße Sahne, 10 Eidotter, 1 Löffel Kartoffelmehl, Zucker und das Abgeriebene einer Citrone kalt ein und läßt es unter beständigem Rühren aufkochen. Wenn dies ganz abgekühlt ist, giebt man die Apfel in eine Form, belegt sie mit Eingemachtem, gießt die Creme vorsichtig darüber, schlägt das Weiße der 10 Eier zu steifem Schnee, bedeckt das Ganze damit, bestreut es mit klarem Zucker und läßt es in nicht zu heißem Ofen 10 Minuten stehen, damit der Schnee nur hellgelb bäckt. Erkaltet schmeckt diese Speise sehr gut. Die Apfel werden aufwärts gestellt, das Eingemachte in die Öffnung gefüllt.

391. Kalte Schüssel von Reis und Apfeln.

Man kocht ½ Pfd. Reis, nachdem er abgebrüht ist, recht weich und dick in 1 Liter Milch aus, thut Zucker, das Abgeriebene einer Citrone und 35 Gr. bittere, ganz feingestoßene Mandeln dazu und läßt ihn gut damit durchkochen. Zu gleicher Zeit kocht man ein dickes Apfelmus mit etwas Wein und Citronenschale. Sobald beides erkaltet ist, thut man es schichtenweise in eine Form; die letzte Schicht muß jedoch Reis sein. Wenn es völlig erkaltet ist und man will es verspeisen, so stürzt man es auf eine Schüssel und giebt eine Punschsauce dazu.

392. Reis-Creme.

¼ Pfd. Reis wird, nachdem er blanchiert ist, in einem Liter Milch mit etwas Zucker und einem Stückchen Vanille weich gekocht, nach dem völligen Auskühlen vermengt man ihn mit 15 Gr. auf gelöster Hausenblase oder ebensoviel Gelatine und $\frac{1}{2}$ Liter zu festem Schaum geschlagenen Rahm, welcher ebenfalls mit etwas Zucker versüßt ist. Dann streicht man eine Form oder Assiette mit Mandelöl, legt eine Lage von dem Reis hinein, dann eine Lage eingemachte Johannisbeeren, dann wieder Reis, stellt die Form auf Eis, damit die Speise steif wird, und stürzt dieselbe nach dem völligen Steiffein. Sie wird ohne Sauce gegeben.

393. Eine Schokoladenspeise.

Man nimmt $2\frac{1}{4}$ Liter Milch, 1 Pfd. Schokolade, 125 Gr. bester Gelatine, Zucker nach Geschmack und etwas Vanille. Milch, Schokolade und Zucker werden zusammen gekocht und dann die in einer Obertasse voll warmem Wasser aufgelöste Gelatine dazu gerührt. Die Form wird mit etwas Milch oder Wasser ausgespült, die Masse hineingethan und recht kalt gestellt. Den andern Tag wird sie auf eine Schüssel gestürzt und Schlagsahne herumgegossen. (Diese Masse giebt 5 Melonenformen voll und reicht für 24 Personen.)

394. Fürst Pückler (ausgezeichnet).

1 Liter Schlagsahne wird an einem kühlen Ort zu Schnee geschlagen und mit etwas feingestoßener Vanille und 50 Gr. Zucker vermischt. Hierauf verteilt man die Masse zu gleichen Teilen in 3 Assietten, vermischt den einen mit 125 Gr. feingeriebener Schokolade, färbt den zweiten mit etwa 4 Tropfen Cochenille rosa und läßt den dritten wie er ist. Für 30 Pfg. süße Makronen werden in Viertel geschnitten und dann in die verschiedenen Teile eingedrückt. — Eine mit einem gutschließenden Deckel versehene Blechform (am besten eine breite, etwas hohe Tortenform) wird mit weißem Papier ausgelegt, dann die obige Masse schichtenweise hineingefüllt (zuerst der Teil mit Schokolade, dann der rotgefärbte, zuletzt der weiße) und der Deckel fest aufgelegt. 10 Pfd. Eis werden in nußgroße Stücke zerschlagen und mit einem Teil desselben der Boden eines Eimers bedeckt. Auf dieses Eis setzt man die Form und umgiebt sie an den Seiten und oben mit dem übrigen Eis, zwischen welches man 6 Pfd. Viehsalz streut. Hierin muß die Form nun 5 bis 7 Stunden im Keller stehen bleiben. Dann nimmt man die Form heraus, wischt sie sauber ab, damit alles Salzige entfernt wird,

schlägt einen Augenblick ein in warmem Wasser ausgerungenes Tuch um dieselbe und stürzt die Masse schnell auf einen dazu passenden Teller, worauf das Papier sauber abgelöst wird.   (Diese Masse reicht für 10 bis 12 Personen.

395. Rum=Pudding.

$^3/_4$ Pfd. Zucker, $^3/_4$ Liter Sahne, 18 Eidotter, das Abgeriebene von 2 Citronen, $^1/_4$ Liter feiner Rum und 40 Gr. Gelatine.   Die Gelatine wird in Stücke geschnitten in einer Tasse lauer Sahne zum Auflösen warm gestellt; dann wird die Sahne mit dem Zucker der abgeriebenen Citrone und der aufgelösten Gelatine zum Kochen ge= bracht.   Die Eidotter werden mit einem Löffel Sahne gut gequirlt, in die vom Feuer genommene heiße Sahne durchgerührt und zuletzt der Rum darunter gemischt, wonach man das Rühren bis zum ziemlichen Erkalten fortsetzt.   Lauwarm gießt man diese Masse dann in eine mit Milch gespülte Form oder Assiette.   Völlig er= kaltet, wird der Pudding gestürzt, am liebsten folgenden Tags; er reicht für 14 bis 16 Personen.

XXI. Torten und anderes Gebäck.

396. Brottorte.

Man rührt 1 Pfd. klaren Zucker mit 20 Eidottern zu Schaum und giebt dazu ¹/₂ Pfd. süße und 30 Gr. bittere, mit 4 Eiern fein=gestoßene Mandeln, 100 Gr. feingeriebene Schokolade und rührt dies Alles wohl untereinander; dann fügt man etwas feingestoßenen Karbamom, Zimt und Gewürznelken, 65 Gr. gewiegtes Citronat, eine Citronenschale und 280 Gr. geröstetes, feingestoßenes und mit 3 Eßlöffel rotem Wein angefeuchtetes Schwarzbrot dazu. Man bäckt diese Torte während einer Stunde in einer mit Butter aus=gestrichenen und geriebenem Brot ausgestreuten Form und bäckt diese wie jede andere Torte bei nicht starkem Feuer. Von Karba=mom und Nelken nehme man sehr wenig.

397. Mandeltorte.

1 Pfd. süße Mandeln, worunter 65 Gr. bittere sind, werden gebrüht, abgezogen und auf dem Reibeisen gerieben, die Stückchen im Mörser gestoßen; dazu giebt man ³/₄ Pfd. klaren Zucker, das Abgeriebene einer Citrone und 15 Eidotter, welche letztere aber mit dem Zucker schon eine Zeitlang zu dickem Schaum gerührt worden sind, dann reibt man noch 4 große Kartoffeln, welche tags zuvor gekocht sind, und thut sie nebst dem steifen Schnee der 15 Ei=weiß zur Mandelmasse. Die Eier mit Mandeln müssen 1 Stunde gerührt werden, ehe man den Schnee hineingiebt, dann muß aber die Masse gleich in eine mit Butter bestrichene und mit Papier ausgelegte Form gefüllt und bei mäßiger Hitze eine Stunde ge=backen werden.

398. Biskuittorte.

Man nimmt 1 Pfd. Zucker, 3 ganze Eier, 12 Eidotter, 225 Gr. Kartoffelmehl, den Saft und das Abgeriebene einer Citrone und eine Prise Salz. Eier und Zucker werden zuerst schaumig gerührt, dann das Übrige während einer Stunde Rührens dazu gethan, zuletzt der Schnee von 6 Eiweiß; diese Masse füllt man in eine mit Butter ausgestrichene Form und bäckt sie bei sehr mäßiger Hitze eine knappe Stunde; die Röhre wird unter dem Dreifuß mit Sand bestreut, damit die Torte von unten nicht zu viel Hitze bekommt.

399. Sandtorte.

1 reichlich Pfd. Butter läßt man aufkochen und dann ruhig stehen, bis sie sich etwas abgekühlt hat; man schöpft hierauf das Unreine davon ab, gießt die Butter behutsam in den Reibeasch und läßt den Satz zurück. Wenn die Butter wieder steif geworden ist, fängt man an zu rühren und setzt dies $^3/_4$ Stunde lang fort; alsdann thut man nacheinander 10 ganze Eier, 1 Pfd. Kartoffelmehl, 1 Pfd. feingesiebten Zucker, das Abgeriebene einer Citrone und etwas Salz dazu und zwar immer abwechselnd 1 Löffel klaren Zucker, 1 Ei und 1 Löffel Mehl und rührt es noch $^1/_2$ Stunde. Kurz vor dem Einfüllen der Masse in die Form giebt man für 10 Pfennige ganz feingestoßene Vanille und ein Gläschen Arrak dazu. Man bäckt die Torte bei gelinder Hitze $1^1/_2$ Stunde.

400. Kartoffeltorte.

14 Eidotter, 225 Gr. Zucker und das Abgeriebene einer Citrone werden $^1/_2$ Stunde recht untereinander gerührt; alsdann giebt man 65 Gr. geriebene Semmel, 250 Gr. abgekochte und geriebene Kartoffeln und etwas feingestoßene und durchgesiebte Vanille nach und nach dazu. Zuletzt rührt man unter die Masse den Schnee von 7 Eiweiß, füllt sie in eine mit Butter ausgestrichene und mit Mandeln bestreute Form und bäckt sie bei gelinder Hitze 1 Stunde.

401. Englische Torte.

1 Pfd. ganz feines Dampfmehl, 1 Pfd. Butter, 1 Pfd. kleine Rosinen, 1 Pfd. Zucker, 12 Eidotter, der Schnee von 6 Eiweiß, 50 Gr. feingewiegtes Citronat, das Abgeriebene einer Citronenschale, etwas Zimt, ein Theelöffel Salz und ein Weinglas Spiritus werden wie bei einer Sandtorte abgerieben und 1 Stunde gebacken. Die Rosinen müssen rein abgewaschen und mit einem Handtuche

abgetrocknet werden, damit sie keine Nässe enthalten, und werden zuletzt unter die Masse gerührt.

402. Zuckerguß.

¹/₂ Pfd. ganz weißer Zucker wird ganz fein gestoßen, gesiebt und mit dem Weißen von 2 Eiern und dem Saft von ¹/₂ Citrone zu einem steifen Brei gerührt; dann steckt man rund um die fertig-gebackene aber völlig abgekühlte Torte einen Streifen steifes Papier, damit der Zuckerguß nicht an den Seiten herunterfließen kann, streicht den Guß recht gleichförmig einen Messerrücken dick über die Torte, belegt sie mit eingemachten Früchten oder bestreut sie mit buntem Streuzucker und stellt sie eine kurze Zeit in die heiße Röhre, damit der Zuckerguß fest wird, doch darf die Hitze im Ofen nur mäßig sein, damit der Guß nicht braun wird. Man kann dem Zuckerguß mit Weglassung des Citronensaftes einen anderen Ge-schmack und andere Farbe geben. Braun färbt man denselben mit etwas geriebener Schokolade, rosa mit einigen Tropfen Himbeer-, Johannisbeer- oder Preißelbeersaft, blau mit Veilchensaft, gelb mit etwas in einem Theelöffel Branntwein aufgelöstem Safran oder Citronenzucker.

403. Hefen und Hefenteig.

Zu einem wohlschmeckenden Gebäck sollte man nur immer Weißbierhefen nehmen und es ist nötig, daß man die Hefen schon den Tag vor dem Backen besorgt, damit sich dieselben gehörig setzen können. Das obenaufstehende Bier wird dann abgegossen; die dicken Hefen treiben besser und verhindern, daß das Gebäck einen bittern Geschmack bekommt, welches leicht geschieht, wenn das Bier dabei gelassen wird. Durch das Abwässern mit Wasser kann man ihnen noch mehr die Bitterkeit benehmen, welches vorzüglich gut bei den Braunbierhefen ist; sie verlieren durch das Abwässern nicht an Kraft, wenn man nur darauf sieht, daß die Hefen völlig jung sind. Noch lieber nimmt man aber jetzt Preßhefen; sie treiben weit mehr als jene, nur dürfen sie nicht zu lange gelegen haben, sondern müssen auch frisch verbraucht werden. Auf 1 Pfd. Mehl rechnet man 35 Gr. Stückhefen oder 3 Löffel dicke Weißbierhefen. Die

Stückhefen werden in kleine Stückchen gebröckelt, eine halbe Ober-tasse nur laues Wasser darauf gegossen und 1 Stunde darin weichen gelassen. Das Wasser wird dann größtenteils abgegossen, die Hefe wird klar gerührt, etwas laue Milch darauf gegossen und so ver-braucht. Bei allen Hefenteigen ist es besser, wenn man zuvor ein Hefenstückchen anrührt; man nimmt nämlich $1/8$ oder $1/4$ Liter laue Milch, quirlt diese mit den Hefen zusammen, gießt dies in eine ge-machte Vertiefung des zum Backen bestimmten Mehls und rührt nun soviel von dem Mehl hinein, daß es ein dünner Brei wird. Diesen bestreut man mit etwas Mehl und läßt ihn so lange auf-gehen, bis er hoch steht, aber ja nicht wieder einfällt, dann thut man die zum Gebäck bestimmten Sachen zu dem Teig. Durch das Ansetzen eines Hefenstückchens bekommen die Hefen erst eine gewisse Kraft, schwere Sachen, als Butter und Rosinen zu heben. Bei den Preßhefen ist noch zu bemerken, daß man bei dem Auswirken des Teigs die Milch so heiß nehmen kann, als es die Hände vertragen. Auch möchte ich noch auf Backpulver aufmerksam machen, vorzüg-lich auf das Pulver von Dr. A. Oetker, welches sehr gern zu kleineren Backwerken verwandt wird. Man rechnet durchschnittlich auf 1 Pfd. Mehl 20 Gr. Backpulver.

404. Reibekuchen.

$1/2$ Pfd. Butter wird zu Schaum gerührt, 10 Eidotter werden nach und nach dazu geschlagen und 1 Stunde lang gerührt, dann 65 Gr. Zucker, 65 Gr. süße, feingestoßene Mandeln, das Abge-riebene einer halben Citrone, 5 Speiselöffel voll guter, dicker Hefen oder 35 Gr. Stückhefen und 2 gehäufte Speiselöffel voll Kartoffel-mehl dazu gegeben. Mit feinem Weizenmehl macht man den Teig dann so dick, als er zu einem gewöhnlichen Aschkuchen sein muß, doch nicht zu steif. Man legt den Teig gleich in die mit Butter ausgestrichene und mit Zwieback ausgestreute Backform, läßt ihn darin gehörig aufgehen und bäckt ihn bei mäßiger Hitze $3/4$ Stunde. Dieser Teig geht oft 3—4 Stunden; man füllt die Form halb voll; sie darf nicht eher in den Ofen gesetzt werden, als bis der Teig an den Rand der Form gegangen ist; man kann den Teig zum Aufgehen etwas warm stellen. 1 Pfd. Weizenmehl ist meist hinreichend.

405. Aſchkuchen.

$^1/_2$ Pfd. Butter wird gut abgerührt und nach und nach 8 Eier, eine reichliche Obertaſſe klarer Zucker, 2 Liter Mehl, 2 Taſſen Rahm, 1 Speiselöffel Rum, 4 Speiselöffel dicke Hefen, eine halbe, gewiegte Citronenſchale, 35 Gr. bittere und 100 Gr. ſüße, feingehackte Mandeln, etwas Muskatblüte und ein Theelöffel voll Salz dazu gethan. Nachdem man den Teig noch $^1/_2$ Stunde tüchtig unter- einander gerührt hat, füllt man ihn wie den Reibekuchen in eine Form, läßt ihn gehen und bäckt ihn wie den vorigen in einer knappen Stunde bei nicht zu großer Hitze. Oder man macht den Aſchkuchen mit Roſinen und nimmt dazu $^1/_2$ Pfd. Butter, 8 Eier, 3 Löffel dicke Hefen, etwas Citronenſchale, ein reichliches Liter Mehl, 65 Gr. kleine und 65 Gr. große Roſinen, eine reichliche Taſſe Rahm, etwas Salz und 65 Gr. Zucker und bereitet und bäckt den Kuchen wie oben.

406. Striezel.

$^1/_4$ Liter Hefen, 1 Liter Milch, 200 Gr. Butter, 200 Gr. Zucker, 1 Kaffeelöffel Salz und 2 Liter Mehl werden zu einem Teig zuſammengemengt, gehörig durchgearbeitet, dann in die mit Butter ausgeſtrichene Form gelegt und dann muß der Teig gehörig auf= gehen, ehe man die Form in den Ofen ſtellt.

407. Oſterbrot.

Man nimmt 4 Liter feines Mehl, 1 Untertaſſe reichlich voll klaren Zucker, 130 Gr. Butter, 1 knappes Liter Milch und für 18 Pfennige gute Hefen. Davon macht man einen Teig ungefähr wie den Stollenteig, formt kleine Stollen daraus und bäckt ſie wie dieſe. Man beſtreicht ſie mit Milch.

408. Stollen zu backen.

Zu 8 Litern Mehl nimmt man $1^1/_2$ Liter gute, laue Milch, $1^3/_4$ Pfd. Butter, $^1/_2$ Liter gute Hefen, 1 Pfd. große und 1 Pfd. kleine Roſinen, 130 Gr. ſüße und 60 Gr. bittere, geſtoßene Mandeln, etwas Muskatblüte, 260 Gr. klaren Zucker, 1 knappen Speiselöffel voll Salz und eine feingewiegte Citronenſchale. Will man nun backen, ſo macht man den Tag zuvor alles dazu Gehörige zurecht,

vor allen Dingen muß man das Mehl in die warme Stube, nahe
an den Ofen sehen, damit dieses, wenn es gebraucht wird, nicht
kalt ist. Die kleinen Rosinen müssen einigemal mit warmem und
kaltem Wasser gewaschen werden und zwar so lange, bis das Wasser
hell bleibt, dann legt man sie auf ein leinenes Tuch, trocknet sie
mit einem anderen rein ab und liest sie dann recht rein, damit nicht
kleine Sandsteinchen darin bleiben. Die großen Rosinen werden
rein gelesen, dann schnell mit wenig lauwarmem Wasser gewaschen,
mit einem trockenen Tuche rein abgerieben und unter die gewaschenen,
kleinen Rosinen gemengt, damit sie mit diesen über Nacht etwas
anquellen. Das Mehl wird gesiebt, die Butter zerlassen, daß der
Bodensatz zurück bleibt, die Hefen müssen kalt gesetzt werden. Drei
Stunden vorher, ehe man den Teig zum Bäcker schickt, fängt man
an, denselben einzumachen; man thut 3 Teile des Mehls in den
gleichfalls über Nacht warm gestellten Backtrog, macht in der Mitte
des Mehls eine Höhlung, gießt in diese zuerst die Hefen und vermengt sie mit etwas Mehl. Nun macht man noch eine Höhlung
in das Mehl und gießt hierein die ganz lauwarme Milch und vermengt sie auch mit etwas Mehl, dann arbeitet man beides gut
untereinander, giebt die wieder abgekühlte Butter, Rosinen, Mandeln
und alles andere dazu und arbeitet alles mit beiden Händen recht
tüchtig untereinander und zwar so lange, bis der Teig anfängt
sich von den Händen abzulösen. Oder man setzt bei dem Einmengen
des Teigs ein Hefenstückchen an, indem man die Hefen, wie vorher
beschrieben, in eine kleine Vertiefung in das Mehl gießt, dann den
dritten Teil der Milch dazu giebt und nun mit einem Löffel rund
herum rührt, so daß von den Seiten der Vertiefung so viel Mehl
in die Milch und Hefen fällt, daß es ein dicker Brei wird. Diesen
bestreut man dann obenher ganz leicht mit Mehl und läßt ihn zugedeckt am warmen Ofen 1 Stunde oder noch etwas länger stehen,
bis die Hefe gehörig aufgegangen ist, dann erst mengt man die
anderen Zuthaten unter den Teig und läßt ihn hierauf noch zwei
Stunden gehen. Das tüchtige Kneten und Durcharbeiten des
Teigs ist eine Hauptbedingung zum Geraten der Stollen. Nun
breitet man in einen Korb ein weißes Tuch aus, bestreut es gut mit
Mehl, legt den Teig hinein und bestreut dann diesen ebenfalls mit
Mehl, setzt ihn an den warmen Ofen und läßt ihn so lange gehn,
bis er zum Bäcker getragen wird; sollte er zu rasch gehen, so se

man ihn von dem Ofen etwas weg. Von dieser hier angegebenen Masse bekommt man 3 schöne Stollen. Sobald dieselben nun aus dem Ofen kommen, so werden sie mit gut zerlassener Butter bestrichen, mit Zucker und Zimt bestreut, auch nach Belieben mit Rosenwasser besprengt; durch letzteres bleibt die Rinde gelinder; dann darf man aber Zucker und Zimt erst nach dem Rosenwasser streuen.

409. Teig zu einer großen Brezel.

Man nimmt hierzu $2^1/_4$ Liter Mehl, 1 Liter Milch, $^1/_2$ Liter dicke Hefen, $^3/_4$ Pfd. Zucker, 1 Pfd. Butter, 1 Pfd. kleine Rosinen, $^1/_2$ Pfd. süße, $^1/_4$ Pfd. bittere Mandeln, das Abgeriebene einer Citrone, etwas Muskat und Salz. Hiervon fertigt man einen Teig, wie bei den Stollen beschrieben ist, knetet ihn gut, formt die Brezel, läßt sie gehörig aufgehen, bestreicht sie dann mit Wasser, streut Mandeln darauf und bäckt sie in der Röhre oder beim Bäcker.

410. Oster-Quarkkuchen.

Hierzu nimmt man Hefenteig, wie er bei den Stollen Nr. 408 beschrieben ist. Man treibt davon einen dünnen Kuchen aus und giebt darauf folgenden Guß: man nimmt 12 Näpfchen guten, süßen Quark, bindet diesen in ein reines, leinenes Tuch, legt ihn zwischen 2 Kuchenbecken und beschwert diese eine Nacht über, damit alle wässerigen Teile ausgepreßt werden. Am andern Morgen, wenn der Kuchen gebacken werden soll, rührt man unter diesen ausge- preßten Quark 12 Eidotter, 200 Gr. zerlassene, frische Butter, 200 Gr. Zucker, 200 Gr. kleine Rosinen, 130 Gr. große dergleichen, 130 Gr. gehackte, süße Mandeln, 130 Gr. grobgeschnittenes Ci- tronat, die feingewiegte Schale einer Citrone, 1 Theelöffel voll klaren Zimt, etwas Muskatblüte, 1 Obertasse Rahm und $^1/_2$ Wein- glas voll Rosenlikör oder Punscheffenz und mengt alles wohl unter- einander. Um der Quarkmasse noch mehr Wohlgeschmack zu geben und sie noch gelber zu färben, löst man in der eben erwähnten Tasse Rahm für 10 Pfennige Safran auf, doch lieben nicht alle Leute den Geschmack des Safrans. Diesen Guß streicht man gleichmäßig über den Kuchen, schlägt rund herum einen breiten Rand über und bäckt ihn recht gut, nach dem Backen bestreut man den Kuchen stark mit Zucker. Statt des Quarks kann man auch ebensoviel Reibekäse nehmen, doch ist dabei genau zu untersuchen, daß der Käse weder zu scharf gesalzen ist, noch sauer schmeckt, wodurch der Kuchen allen Wohlgeschmack verliert, weshalb der Quark allemal vorzuziehen ist. Will man diesen Kuchen weniger gut haben, so verkleinert man die Zuthaten der Quarkmasse.

411. Grieskuchen.

Hierzu nimmt man Hefenteig, wie er bei den Stollen Nr. 408 beschrieben ist. Ist der Kuchen aufgetrieben, so bestreut man ihn mit 1 Pfd. Gries, worunter $^3/_4$ Pfd. Zucker und $^1/_2$ Pfd. gestoßene, süße Mandeln gemischt sind, gießt dann 185 Gr. zerlassene Butter darüber und bäckt ihn. Kommt der Kuchen aus dem Ofen, so bestreicht man ihn noch mit Butter und bestreut ihn mit Zucker und Zimt.

412. Guten Kartoffelkuchen zu backen.

Auf $2^1/_2$ Liter geriebene Kartoffeln nimmt man 1 Liter feines Weizenmehl, 340 Gr. Butter, 5 ganze Eier, 1 Tasse gute, dicke Hefen, 1 Tasse dicken Rahm, $^1/_4$ Pfd. Zucker und etwas Zimt. Von diesem allen macht man tags vor Gebrauch einen festen Teig und rollt dann am andern Morgen dünne Kuchen davon aus. Diese Masse giebt drei Kuchen; zum Bestreichen derselben braucht man 300 Gr. frische Butter, denn der Kartoffelkuchen muß fett bestrichen werden, wenn er gut sein soll; kommt er dann aus dem Ofen, so bestreut man ihn stark mit Zucker und Zimt.

413. Speckkuchen mit Brotteig.

500 Gr. gewöhnlicher Brotteig werden zu einem Kuchen aufgetrieben und mit kleinen Speckwürfeln bestreut. Dann wird $^1/_4$ Liter saurer Rahm mit 5 Eiern, einer Messerspitze Kümmel, etwas Salz und einer kleinen, feingewiegten Zwiebel gequirlt und dieser Guß über den Kuchen gegossen. Der Kuchen wird hellbraun gebacken und warm verspeist.

414. Mürber Teig.

In 1 Pfd. gesiebtes Mehl wird $^3/_4$ Pfd. gute, in recht kaltem Wasser ausgewaschene Butter in Stückchen hineingepflückt, 2 ganze

Eier, 2 Dotter, 35 Gr. Zucker und 1 Obertasse Rahm wird zusammengequirlt und dann mit Mehl und Butter untereinander gemengt. Der Teig darf nicht zu lange mit den Händen gearbeitet
werden, weil er sonst weniger gut wird. Man schlägt ihn dann in
ein Tuch und läßt ihn ½ Stunde recht kalt stehen, ehe man ihn
verwendet. Diesen Teig kann man zu Apfel=, Pflaumen= und
Kirschkuchen anwenden.

415. Butterteig oder Blätterteig.

Man nimmt 1 Pfd. Mehl auf ein Backbrett, macht in die
Mitte eine Grube und thut in dieselbe 2 Messerspitzen Salz, 2 Eier,
1 Likör=Gläschen Rum und dreimal so viel Wasser, schlägt dies
durcheinander und wirkt den Teig zu einem Brötchen so lange, bis
er von selbst wieder aufgeht, wenn man eine Vertiefung hinein-
brückt. Dann läßt man ihn 1 Stunde stehen, mandelt ihn breit
und verteilt darauf 1 Pfd. ausgewaschene, frische Butter, schlägt
alle 4 Ecken zusammen, mandelt ihn wieder aus und wiederholt
dies viermal. Nun wird er zu jeder beliebigen Bäckerei angewendet
und stets in einem nicht zu heißen Ofen hellbraun gebacken. Besser
ist, man macht diesen Teig schon tags vor Gebrauch, man muß
ihn aber dann an einem kühlen Ort aufbewahren. Noch ist bei
dem Auftreiben des Butterteigs zu bemerken, daß man das Treib-
holz immer von sich wegtreibt, nicht nach sich zurückzieht.

416. Guter Apfelkuchen.

Man nimmt ¾ Pfd. Butter, 1 Pfd. Mehl, 65 Gr. Zucker,
4 Eidotter, 2 Löffel dicke Hefen, 2 Löffel kalte Milch. Die Butter
wird ausgewaschen und der Teig wie bei dem Butter= oder Blätterteig öfter ausgerollt und wieder zusammengeschlagen. Die Äpfel
werden geschält, fein scheibig geschnitten, eingezuckert, etwas in die
warme Röhre gestellt, damit sie mürbe werden aber nicht dämpfen,
dann auf den ausgetriebenen Kuchen gelegt, 20 Minuten gebacken
und nun mit Butter bestrichen und Zucker und Zimt bestreut.

417. Pflaumenkuchen.

Zu Pflaumenkuchen nimmt man entweder mürben oder Blätterteig, wie er bei den beiden vorhergehenden Kuchen beschrieben ist,

12

ober einfachen Hefenteig, wie zum Striezel genommen wird. Die
Pflaumen werden entweder geschält, ober auch ungeschält gelassen,
bloß halb ober in 4—6 Stücke der Länge nach geschnitten und dann
der Kuchen dicht und sauber damit belegt und mit Zucker und feingehackten, süßen Mandeln bestreut. Sobald der Kuchen auf diese
Weise zurecht gemacht ist, schiebt man ihn gleich in die heiße Röhre;
steht er noch längere Zeit, ehe er gebacken wird, so zieht sich die
Feuchtigkeit der Pflaumen in den Teig und er wird kloßig. Bei
Obstkuchen ist es recht notwendig, in die Backröhre einige Dachziegel zu legen. Pflaumenkuchen bäckt ½ Stunde.

418. Kirschkuchen von gutem, mürben Teig.

Aus 1 Pfd. Mehl, ³/₄ Pfd. Butter, 1 Löffel klarem Zucker,
2 ganzen Eiern, 4 Dottern, einigen Löffeln Rahm ober Wasser
und 1 Messerspitze Salz knetet man schnell den Teig, schlägt ihn
in ein Tuch und läßt ihn ½ Stunde recht kalt stehen, dann treibt
man ihn auf einem mit Mehl bestreuten Papier zu einem 2 Messerrücken dicken Kuchen aus und bestreut ihn mit feingeriebenem
Zwieback, läßt jedoch einen daumenbreiten Rand frei, den man in
die Höhe stellt und durch einen Streifen starken Papiers, welchen
man rund um den Kuchen legt und zusammensteckt, in die Höhe
hält. 2 Liter gute, saure Kirschen werden hierzu ausgekernt und
auf einen Durchschlag gelegt, damit der Saft etwas ablaufe, dann
werden sie auf den Kuchen gethan, sehr stark gezuckert und in einer
heißen Röhre ½ Stunde gebacken. Hierauf schlägt man 10 Eiweiß
zu ganz steifem Schnee, versüßt ihn mit Zucker, färbt ihn mit Himbeer-
ober Johannisbeersaft schön rot und streicht diese Masse einige
Minuten, ehe der Kuchen aus dem Ofen kommt, über denselben
weg, bestreut ihn wieder mit Zucker und läßt ihn so in der heißen
Röhre 7—8 Minuten bräunen. Diesen mürben Teig kann man
auch zu Apfel= und Pflaumenkuchen verwenden.

419. Wasserkuchen.

1 Obertasse voll zerlassener aber nicht warmer Butter, 1 Obertasse voll Eier, 1 Obertasse voll Milch, ½ Tasse dicke Hefen und
1 Liter Mehl wirkt man zu einem Teige aus und bindet denselben
so in eine Serviette, daß er noch 2 Finger breit Raum zum Steigen

hat und läßt ihn so lange in einem Eimer mit kaltem Wasser liegen, bis der Teig auf die Oberfläche des Wassers kommt, was, wenn die Hefen gut sind, in 2 Stunden geschieht. Sobald dies geschehen ist, nimmt man den Teig aus der Serviette, legt ihn auf eine mit Mehl bestreute Kuchendecke, thut einige Löffel klaren Zucker, das Abgeriebene einer Citrone, 50 Gr. kleine, 16 Gr. große Rosinen, etwas Muskatblume und Salz dazu und knetet alles wohl durcheinander, doch ohne dazu viel Mehl zu nehmen. Man giebt diesen Teig nun auf ein mit reichlich Butter bestrichenes Papier, drückt ihn zu einem Kuchen etwas breit, bestreicht ihn mit Ei und bäckt ihn, nachdem man ihn noch eine knappe Stunde am warmen Ofen hat gehen lassen, bei guter Hitze auf dem Kuchenbleche ½ Stunde. Kommt er aus dem Ofen, so bestreicht man ihn mit Butter und bestreut ihn mit Zucker und Zimt.

420. Altenburger Platz.

Hierzu nimmt man ½ Liter Milch, 3 ganze Eier, 3 Eßlöffel zerlassene Butter, 3 Eßlöffel Zucker, 1 Eßlöffel Rum und soviel Mehl, daß sich der Teig auftreiben läßt; hiervon knetet man einen Teig und arbeitet ihn gut durch. Dann treibt man den Teig 2 Messerrücken dick auf, bestreicht ihn mit Butter und stellt den Kuchen einige Stunden in den Keller; hierauf sticht man ihn mit einer Gabel, bestreicht ihn noch einmal mit Butter und bäckt ihn schön hellbraun; wenn dann der Kuchen aus dem Ofen kommt, bestreut man ihn mit Zucker und Zimt.

421. Gräupchenkuchen.

Man nimmt hierzu guten Hefenteig, wie bei dem Stollen Nr. 408 angegeben ist. Zu den Gräupchen nimmt man zu einem Kuchen ½ Liter Mehl, 130 Gr. zerlassene, aber noch ganz heiße Butter und 2 Speiselöffel Zucker; dies arbeitet man gut untereinander, daß es ganz kleine Klümperchen werden, diese streut man dicht auf den ausgetriebenen und mit etwas Eiweiß bestrichenen Kuchen von Hefenteig. Wenn er aus dem Ofen kommt, so bestreicht man ihn reichlich mit Butter und bestreut ihn mit Zucker und Zimt. Noch besser schmecken die Gräupchen, wenn man 65 Gr. gröblichgestoßene, süße Mandeln darunter mischt.

12*

422. Spritzkuchen.

Man setzt ½ Liter Wasser mit ¼ Pfd. Butter, 2 Löffel Zucker, einem Stückchen Zimt und einer Citronenschale übers Feuer; wenn es kocht, thut man so viel Mehl (gewöhnlich ½ Liter) hinein, daß es ein fester Teig wird, brennt diesen auf dem Feuer recht tüchtig unter immerwährendem Umrühren ab und läßt ihn dann verkühlen.

Nun nimmt man Zimt und Citronenschale heraus, schlägt nach und nach 6 Eidotter und 6 ganze Eier dazu, füllt dann von dieser Masse immer einen Speiselöffel voll in die Spritze, spritzt es in die kochende Schmelzbutter, bäckt es bei öfterem Rütteln schön hellbraun, nimmt jedes mit der Gabel heraus und bestreut es mit Zucker und Zimt. Der Teig zum Spritzkuchen muß sehr steif abgebrannt werden, beinahe so, daß man ihn schneiden kann; hat man keine Spritze, so sticht man löffelweis von dem Teig ab und thut diese Klößchen gleich in die kochende Schmelzbutter, doch darf man nicht zu viel auf einmal hinein thun, weil sie sehr auflaufen.

423. Vanilleplätzchen.

1 Pfd. feiner Zucker wird mit 7 ganzen Eiern auf einer warmen Stelle ¼ Stunde gerührt und dann noch so lange, bis es wieder kalt ist; dann thut man 1 Pfd. feines Mehl und für 30 Pfg. gestoßene Vanille darunter, setzt von dieser Masse kleine Häufchen auf ein mit Wachs bestrichenes Blech und läßt sie so an einem warmen Ort 2 bis 3 Stunden stehen, dann bäckt man sie bei gelinder Hitze. Statt der Vanille kann man auch für 10 Pfg. Anispulver oder 16 Gr. feinen Zimt nehmen. Nach dem Backen läßt man sie 1 Stunde auf dem Blech stehen, ehe man sie abnimmt.

424. Magdalenenkuchen.

Man rührt hierzu ½ Pfd. Butter zu Schaum, giebt dann nach und nach ½ Pfd. klaren Zucker, 3 ganze Eier, 3 Eidotter und für 6 Pfennige Hirschhornsalz dazu, rührt es ½ Stunde immer nach einer Seite zu und giebt dann zuletzt ½ Pfd. feines Weizenmehl dazu. Dieser Teig wird nun zu einem ½ cm. dicken Kuchen ausgetrieben, derselbe auf ein mit Butter bestrichenes Kuchenblech gelegt, die 3 zurückgebliebenen Eiweiß und 2 Löffel feingeriebener Zucker werden so lange zusammengeschlagen, bis der Zucker ganz verschmolzen ist und hiermit der Kuchen über seiner ganzen Fläche bestrichen. Man bestreut ihn hierauf mit länglich geschnittenen Mandeln und bäckt ihn in einer heißen Röhre; der Kuchen muß noch warm zerschnitten werden.

425. Blitzkuchen.

200 Gr. Butter, 200 Gr. Kartoffelmehl, 230 Gr. Zucker, 1 Citronenschale, 3 Eier. Die Butter wird zu Schaum gerührt, das Eiweiß der letzteren wird zu Schnee geschlagen, dann macht man einen Teig mit dem oben Erwähnten, welchen man gut durcharbeitet, auf ein mit Butter bestrichenes Blech streicht und schnell hellgelb bäckt (ungefähr $1/2$ Stunde). Noch warm wird er mit gehackten Mandeln und klarem Zucker, oder auch nur mit letzterem bestreut und gleich geschnitten, weil er erkaltet leicht bricht. Der Kuchen wird nicht zu dick auf das Blech gestrichen und bei mäßiger Hitze gebacken.

426. Rädergebackenes.

Man macht von 1 Pfd. feinem Mehl, 4 Eiern, 65 Gr. ausgewaschener Butter, 65 Gr. klaren Zucker und 3 Löffel voll gutem Rahm einen Teig, der nicht zu weich und nicht zu fest sein darf, weswegen man nach Belieben etwas mehr Rahm nehmen kann. Dieser Teig wird zu dünnen Kuchen ausgetrieben, aus welchen man entweder mit der Schere oder mit einem Kuchenrädchen Figuren nach Belieben schneidet, Brezeln, Zöpfe, Hörner, Schleifen u. s. w., sie dann in kochender Schmelzbutter ausbäckt und mit Zucker und Zimt bestreut. — Es ist dies ein sehr schnelles, gutes Gebäck, was fast nie mißrät.

427. Pfannenkuchen.

Man schlägt 10 Eidotter in einen Rührasch, verrührt sie mit 65 Gr. klarem Zucker und $1/2$ Pfd. zerlassener, aber nicht heißer, frischer Butter ungefähr $1/2$ Stunde, dann giebt man 6 Eßlöffel gute, dicke Hefen, $1 1/2$ Liter lauwarmen, ungesottenen Rahm, $1 1/2$ Liter feines Mehl und einen Kaffeelöffel Salz dazu und schlägt und wirkt den Teig mit dem Kochlöffel so lange, bis er Blasen wirft. Nun bestreut man die Kuchendecke mit Mehl, giebt den Teig darauf und treibt ihn fingerdick aus. Mit dem Pfannen-

tuchenstecher oder mit einem nicht zu weitem Bierglas sticht man
darauf runde Platten aus, bestäubt ein Tuch mit Mehl, legt die
Platten einzeln darauf, giebt in die Mitte einer jeden etwas Eingemachtes, Johannisbeeren, Pflaumen- oder auch Apfelmus, legt
eine andere Platte darüber, drückt sie etwas fest, deckt ein anderes
Tuch darüber und läßt sie bei gehöriger Wärme gut aufgehen.
Nun thut man Schmelzbutter, auch etwas Schweine- oder Gänsefett
in ein Kasserol, läßt es gut heiß, aber nicht zu heiß werden, legt
die Pfannenkuchen 4—6 Stück auf einmal hinein, jedoch so, daß
die auf dem mit Mehl bestäubten Tuch gelegene Seite nach oben
kommt, deckt das Kasserol mit einem Deckel zu und bäckt sie auf
der einen Seite, dann wendet man sie, deckt sie nicht wieder zu und
läßt sie bei öfterem Rütteln des Kasserols vollends backen. Dann
nimmt man die Pfannenkuchen mit dem Schaumlöffel heraus, legt
sie auf Fließpapier und bestreut sie mit Zucker und Zimt. Während
des Backens darf die Butter nicht glühend werden, sonst bräunen
die Pfannenkuchen zu schnell und backen nicht durch; man giebt
deshalb zuweilen etwas neue Butter zu; man darf auch nicht zu
reichlich Butter nehmen, die Kuchen müssen bloß schwimmen; ist zu viel
Butter im Kasserol, so ziehen die Pfannenkuchen zu viel davon an.
Um das Auslaufen der Fülle zu verhüten, thut man in die Back-
butter einige Löffel Rum und sticht die Pfannenkuchen mit einer
Gabel, ehe man sie hinein thut; auch darf man die Pfannenkuchen
nicht zu lange gehen lassen, sonst bringt die Fülle heraus und ver-
birbt die ganze Butter.

428. Waffelkuchen.

Man nimmt 1 Liter ungekochten, guten Rahm, schlägt darein
12 ganze Eier und quirlt dies zusammen 10—12 Minuten. Dann
giebt man nach und nach 300 Gr. recht feines Mehl dazu und
quirlt noch einmal so lange, mengt die auf ganz wenig Zucker abgeriebene Schale einer Citrone, eine Messerspitze Salz und $\frac{1}{2}$ Pfd.
geschmolzene, abgeklärte, frische Butter bei und läßt es eine Weil-
stehen. Dann bestreicht man das Waffeleisen auf beiden Seiten
mit recht reinem, frischen Speck, thut von der Masse hinein, was
es faßt und bäckt die Waffeln schön hellbraun; sie werden dann
mit Zucker bestreut und so warm als möglich gegessen.

429. Brot zu backen.

Wenn man Brot backen will, so setzt man das Mehl den Tag zuvor in einem Backtrog in die warme Stube nahe an den Ofen, dann teilt man es in der Mitte von einander, nimmt zu 28 Liter Roggenmehl für 10 Pfg. Sauerteig und ungefähr 3 Liter warmes Wasser und säuert davon die Hälfte des Mehles an. Das Wasser muß gerade so warm sein, daß man die Finger darin leiden kann; beim Einsäuern muß man den Sauerteig gleich recht mit unter= einander mengen, so daß alles wie ein dicker Brei wird. Nun deckt man eine Decke über den Backtrog und über dieselbe noch das Backtuch. Am andern Morgen knetet man die zweite Hälfte des Mehls noch zu dem eingesäuerten Teig, nimmt wieder 2 Liter Wasser und arbeitet ihn so recht untereinander. Man muß wohl acht= geben, daß man nicht zu viel Wasser dazu gießt und deshalb darauf sehen, daß immer noch Mehl vorrätig ist, um dem Teig seine gehörige Festigkeit geben zu können. Nun läßt man ihn noch 1 bis 2 Stunden am warmen Ofen stehen und schickt ihn dann zum Bäcker, wo er vollends ausgewirkt und in Brote abgeteilt wird, die dann im Backofen gut gebacken werden.

XXII. Warme und kalte Getränke.

430. Punsch zu bereiten.

1 ½ Flasche weißer Wein, ½ Flasche Arrak, 3 Pfd. mit 1 Liter Wasser geläuterter Zucker, 3 bis 4 Speiselöffel voll Citronensaft, eine abgeriebene Citronenschale werden gut gemischt, in einer Terrine mehrere Stunden heiß gestellt, damit sich alles gut verbindet, und heiß in die Gläser gegeben. Kochen darf der Punsch aber nicht.

431. Eierpunsch.

In 1 Flasche leichten Wein läßt man ½ Pfd. Zucker zergehen, schlägt 8 ganze Eier dazu und schlägt dies mit einem Drahtbesen tüchtig durcheinander. Dann setzt man dies in einen so großen Topf, daß die Flüssigkeit denselben nur zur Hälfte füllt, in ein großes, mit heißem Wasser gefülltes Kasserol übers Feuer und schlägt es, bis es steigt. 1 Tasse voll Arrak und den Saft einer halben Citrone thut man in eine Terrine, setzt diese heiß, um den Arrak zu erwärmen, schlägt dann den Eierschaum mit dem Drahtbesen darunter und serbiert sogleich den heißen Punsch, damit der Schaum nicht fällt.

432. Negus (sprich Nikoß).

In ½ Liter Wasser und 2 Liter Rotwein setzt man 1 Pfd. Zucker mit dem Abgeriebenen und dem Saft von 2 Citronen und 3 Gr. geriebener Muskatnuß in einer Terrine oder einem reinen Kasserol über ein Kohlenfeuer. Sobald sich ein weißer Schaum zeigt, thut man 50 Gr. Bischoffessenz hinzu und serbiert ihn, nachdem er noch eine Weile gezogen hat, in Punschgläsern.

433. Chaudeau.

In einen 2 Liter=Topf giebt man ½ Liter weißen Wein, 6 Eier, 100 Gr. Zucker und quirlt dies auf mäßigem Feuer oder

noch besser in einem Kasserol mit heißem Wasser im Ofen so lange,
bis es ein dicklicher Schaum und der Topf balb voll wird, dann
wird dies mit dem Saft und dem Abgeriebenen einer Citrone und
35 Gr. frischer Butter abgeschmeckt und gleich in gewärmten Tassen
oder Gläsern serviert. Die Butter kann auch wegbleiben, doch
macht sie das Getränk angenehm.

434. Warmbier.

1 Liter Bier, $^1/_2$ Liter Milch, 4 Eibotter, $^1/_2$ Citronenschale,
1 Stückchen Butter in der Größe einer Walnuß, etwas klaren
Zimt, 1 Prise Ingwer, 1 Speiselöffel voll Weizenmehl, 1 knappes
Theeköpfchen Zucker und 1 Messerspitze Salz quirlt man kalt wohl
durcheinander, setzt es an das Feuer und läßt es bei häufigem
Quirlen bis zum Kochen kommen, aber ja nicht überkochen, weil
Eier und Milch dann gerinnen. Um den Geschmack zu erhöhen,
kann man einige Löffel Rum hinzuthun.

435. Schokolade mit Milch.

Zu 2 Liter Milch nimmt man 350 Gr. Schokolade, bricht
diese klein oder reibt sie fein, quirlt sie nach und nach in die kochende
Milch und läßt sie vom Feuer etwas entfernt so lange anziehen,
bis sich die Schokolade ganz aufgelöst hat. In etwas kalte Milch
quirlt man dann 8 bis 9 Eibotter recht tüchtig, gießt diese bei beständigem Umrühren in die Schokolade und schüttet die fertige
Schokolade dann zweimal, hoch gehalten, aus einem Topf in den
anderen, wodurch die Schokolade am meisten Schaum bekommt.
Statt der Milch kann man auch Wasser nehmen, braucht dann aber
70 Gr. Schokolade mehr.

436. Mandelmilch.

$^1/_2$ Pfd. süße und 17 Gr. bittere Mandeln werden geschält,
mehreremal in frischem Wasser abgewaschen, mit etwas Wasser in
einem Mörser ganz fein gestoßen, dann mit 2 Litern Wasser ver-
dünnt, durch eine vorher gebrühte Serviette gedrückt und nach Belieben mit feingestoßenem Zucker versüßt.

437. Limonade.

Auf ein knappes Liter kaltes Wasser rechnet man den Saft von 2 Citronen, das auf Zucker Abgeriebene ¹/₂ Citrone und giebt dazu den nötigen Zucker.

438. Apfeltrank.

Man schält 12 Borsdorfer Äpfel und kocht sie in ¹/₂ Liter Wasser 1 Stunde lang in einem neuen, irdenen Topfe, wohl zuge= deckt. Dann drückt man sie durch ein reines, leinenes Tuch, giebt 2 Gr. klare Muskatblüte, etwas geriebenes Brot, 2 Gläser guten, weißen Wein und so viel Zucker hinzu, als nötig ist. Dieser Apfel= trank ist für Kranke sehr angenehm.

439. Kaffee zu bereiten.

Zu den besten Kaffeesorten gehören Mokka, Java oder Minado. Man brennt den Kaffee in der dazu gehörenden Maschine schön braun, nicht zu hell oder zu dunkel und nicht zu viel auf einmal, da gebrannter Kaffee bei längerem Stehen als 8 bis 10 Tage leicht an Aroma verliert. Auf die Person rechnet man 17 bis 18 Gr. gemahlenen Kaffee. Kocht man für mehrere Personen zugleich, so nimmt man etwas weniger. In ein irdenes, ganz fettfreies Gefäß thut man den gemahlenen Kaffee, gießt sofort stark kochendes Wasser darauf und stellt das Gefäß heiß, doch darf der Inhalt nicht kochen. Nach ¹/₄ Stunde gießt man den Kaffee langsam durch einen Kaffeetrichter, am besten einen sogenannten Karlsbader Trichter aus Porzellan, andernfalls durch einen solchen aus Blech, ohne zu rütteln, damit das Getränk klar bleibt, und bringt dasselbe schnell auf den Tisch. Bleibt der zubereitete Kaffee länger stehen, so verliert er sehr an Geschmack. Zum Durchgießen kann man auch einen Kaffeesack aus Stoff nehmen, doch muß derselbe stets sauber und trocken sein und täglich in fettfreiem Gefäß ausgekocht werden, weil der Kaffee sonst einen häßlichen Beigeschmack bekommt. Von den Surrogaten, die öfters in den Zeitungen angepriesen werden, möchte ich höchstens einen geringen Zusatz von Feigenkaffee (nach österreichischer Art) empfehlen. Man serviert den Kaffee mit Milch oder Sahne und Zucker.

440. Thee zu bereiten.

Am meisten zu empfehlen ist schwarzer Thee, Pecco oder Suchong. Auf die Person ist 1 Theelöffel getrockneter Thee zu rechnen. Man thut den Thee in eine Theekanne, übergießt ihn mit etwas kochendem Wasser und läßt ihn 2 Minuten ziehen. Dann gießt man das nötige Wasser nach. Der zubereitete Thee muß bald getrunken werden, da er, wenn er längere Zeit zieht, dunkel wird und bitter schmeckt. Thee wird mit Arrak oder Rum, Sahne (Milch) und Zucker serviert.

XXIII. Das Einmachen und Einsieden von Gemüsen, Früchten und Obstsäften.

441. Anweisung Gefrorenes zu machen.

Um Gefrorenes zu verfertigen, bedarf man an Gerätschaften einer zinnernen oder blechernen Gefrierbüchse, 28 cm. hoch und 14 cm. weit, mit einem wohlpassenden Deckel mit Griff, eines 42 cm. langen, kupfernen Spatens zum Umrühren der Gefriermasse und eines möglichst hohen Eimers. Außerdem braucht man nach Verhältnis der Gefriermasse reichlich nußgroß zerklopfte Stücke Eis und Vieh- oder Futtersalz. Das zerklopfte Eis wird eine Hand hoch in den Gefriereimer geschüttet, zwischen welches man 4 bis 5 Hände voll Viehsalz streut. Hiermit kann man jede Art Eis bereiten und es ist nicht schwer, es wohlschmeckend und gut zu fertigen, auch hat es für eine Hausfrau den großen Gewinn, daß es viel wohlfeiler als bei dem Konbitor kommt. Auf dieses setzt man die Gefrierbüchse und wirft um dieselbe rund herum von dem übrigen kleingestoßenen, mit Salz vermengten Eis, so daß die Büchse ganz im Eis steht, obenauf streut man auf das Eis noch ein paar Hände Salz, wodurch es noch schneller gefriert. Man läßt hierauf die Büchse ¼ Stunde stehen und schüttelt sie mit dem Griff einigemal hin und her, doch so, daß sie auf dem Eise stehen bleibt. Dann öffnet man den Deckel, steckt mit der einen Hand den Spaten hinein und dreht mit der anderen die Büchse rund herum, so daß sie immer im Eise um den Spaten und zwar so schnell als möglich herum läuft, denn hierauf kommt viel an; die Masse gefriert nicht allein schneller, sondern sie wird auch schöner und zarter. Man muß sich aber wohl in acht nehmen, daß kein Eis in die Büchse fällt; um dies zu vermeiden, thut man wohl, wenn man ein leinenes Tuch um die Büchse legt. Während des Drehens muß der Spaten den Boden und die Seiten der Büchse gut bearbeiten, damit er das sich ansetzende Gefrorene immer abstoße. Sollte es sich zu stark ansetzen, so hält man mit dem Drehen ein, stößt es mit dem Spaten an den Seiten und Boden los und zerdrückt die Stücke. Hierauf läßt man die Büchse wieder ¹/₄ Stunde stehen, dreht und rührt die Masse dann wieder und fährt so fort, bis die gefrorene Masse steif, aber nicht klumpig ist, so daß sie sich wie Butter schneiden läßt. Dann streicht man die Masse in der Büchse glatt, deckt den Deckel darauf und läßt sie im Eimer stehen, belegt diesen noch mit einer dicken Schicht Eis und Salz und setzt ihn in den Keller. Ist die Masse gut gefroren, so hält sie sich auf diese Art 3 bis 4 Stunden. Wenn das Eis gebraucht wird, wird die Gefrierbüchse in kaltes oder laues Wasser gehalten, dann so gut als möglich auf eine Schüssel oder Assiette gestürzt oder man füllt es aus der Büchse gleich in Tassen oder Gläser und präsentiert es so, oder endlich man füllt das Ge= frorene aus der Büchse in blecherne Formen, als Melonen, Birnen, Äpfel u. s. w., drückt es dann recht fest, deckt die Formen mit dem Deckel zu, umwickelt sie mit Papier, bindet sie mit Bindfaden zu und legt sie in das Eis im Gefriereimer; doch bedarf man auf diese Weise mehr Eis, weil das Gefrorene in der Form noch einmal ge= frieren muß. Will man nun das in der Form nochmals Gefrorene zu Tisch geben, so wickelt man die Form in dem Keller aus dem Papier, trocknet sie ab und schlägt schnell ein in heißem Wasser ausgerungenes Tuch darum, nimmt den Deckel geschwind ab und stürzt die Masse auf einen passenden Teller. Zu den folgenden Quantitäten von Gefrorenem bedarf man ungefähr 12 Pfd. Eis und 6 Pfd. Viehsalz.

442. Gefrorenes von Vanille.

Man rührt 1 Liter Rahm, 125 Gr. feingestoßenen Zucker, 2 Gr. kleingeschnittene Vanille und die auf Zucker abgeriebene Schale einer Citrone untereinander und läßt dies ¹/₂ Stunde lang= sam bei öfterem Umrühren kochen. Unterdessen quirlt man 8 Eidotter mit ein wenig Wasser so lange, bis es Schaum wird, gießt es unter die Sahne und läßt es bei fortwährendem Rühren einmal auf= kochen; es gerinnt sehr leicht, deshalb muß man immer rühren. Alsdann wird es durch ein Haarsieb in eine Schüssel gegossen, vollends kalt gerührt, dann in die Gefrierbüchse gegossen und damit verfahren, wie in Nr. 441 angegeben ist. Sehr zu empfehlen ist es, wenn man von Vanille-Eis einen Ring gefrieren läßt, diesen stürzt, dann innen hinein große, reife, schöne, leicht eingezuckerte Gartenerdbeeren häuft und die Schüssel sofort auf den Tisch giebt.

443. Gefrorenes von Schokolade.

Man reibt 65 Gr. Zucker und 200 Gr. Schokolade unter einander, quirlt es mit 4 Eidottern klar, kocht 1 Liter gute Milch oder Sahne auf und rührt sie kochend zu dem Übrigen. Hierauf streicht man die Masse durch ein Haarsieb und läßt sie, wie schon angegeben ist, gefrieren (siehe Nr. 441).

444. Gefrorenes von Apfelsinen.

Man reibt von 8 Apfelsinen die gelbe Schale auf Zucker ab und drückt den Saft derselben dazu, desgleichen den Saft von 2 Citronen, thut ½ Pfd. geläuterten Zucker und ein kleines Weinglas feinen, süßen Wein dazu, rührt es gehörig untereinander und giebt es in die Gefrierbüchse (siehe Nr. 441).

445. Zucker zu läutern zum Einmachen der Früchte.

6 Pfd. Zucker, oder nach Bedarf mehr oder weniger, werden in Stücke geschlagen, mit 1½ Liter frischem Wasser, in welches man das Weiße eines Eies gut abgeschlagen hat, übergossen und auf dem Feuer in einem irdenen Kasserol eingekocht. Während dieser Zeit rührt man den Zucker, bis er sich völlig aufgelöst hat, mit dem Schaumlöffel wiederholt um und wenn er zu kochen anfängt und aufsteigt, gießt man 1 Obertasse voll kaltes Wasser hinein, wenn er wieder aufsteigt, gießt man nochmals so viel kaltes Wasser zu, läßt ihn nochmals aufsteigen, gießt wieder kaltes Wasser zu und nun nimmt man den Zuckersaft vom Feuer weg. Das Eiweiß wird sich als zusammengezogener Schaum auf der Oberfläche des Zuckers zeigen und alle unreinen Teile in sich aufgenommen haben. Derselbe wird nun durch einen Filtriersack oder ein reines Tuch gegossen und nun kristallhell aussehen. Man kocht diesen Saft dann dicker oder dünner ein, je nachdem es die verschiedenen Früchte bedürfen. Man kann diesen geläuterten Zuckersaft in größeren Quantitäten kochen und ihn aufheben, so daß man nicht bei dem jedesmaligen Einmachen von Früchten genötigt ist, Zucker zu läutern. Eine

Hauptsache bei dem Einmachen der Früchte ist, daß man den Saft sehr langsam einkocht, daß man neues irdenes, aber ausgekochtes Gefäß oder kupfernes, innen verzinntes, nimmt, doch dürfen in letzterem die Früchte nicht über Nacht stehen bleiben. Man thut gut, immer kleine Einmachbüchsen zu nehmen, damit die angebrochenen nicht lange offen stehen bleiben. Der Zuckersaft ist dann genug eingekocht, wenn er sich beim Hineintauchen eines hölzernen Löffels wie ein dünner Faden ziehen läßt.

446. Birnen ohne Gewürz einzumachen.

1 Schock saftige Birnen werden geschält, in Hälften geschnitten, das Kernhaus vorsichtig herausgenommen und mit $^1/_2$ Liter Wasser, $^1/_2$ Liter Essig und $1^1/_2$ Pfd. Zucker so lange gekocht, bis sich der Saft zieht, dann läßt man die Birnen im warmen Ofen noch 4 bis 5 Stunden stehen. Nach Belieben kann man etwas Zimt mit kochen lassen. Man nimmt Muskateller- oder Rettichbirnen und kann sie unzerschnitten lassen, wenn sie nicht sehr groß sind.

447. Heidelbeeren einzumachen.

Gute, reife Heidelbeeren werden recht rein gelesen, damit alle Blätter und andere Unreinigkeiten entfernt werden, gewaschen und auf einem Durchschlag rein abtropfen gelassen. Dann schüttet man sie in ein Kasserol, läßt sie $^1/_4$ Stunde sieden und füllt sie warm in Weinflaschen mit etwas weiten Hälsen bis oben ganz voll und setzt die Stöpsel nur leicht auf. Nach einem Tage haben sich die Heidelbeeren etwas gesetzt und oben eine schwache Kruste bekommen; man gießt nun in jede Flasche einen reichlichen Kaffeelöffel voll guten Rum, stöpselt sie recht fest zu und verpicht und verwahrt sie an einem kühlen, luftigen Ort. Die Flaschen müssen aufrecht gestellt werden, damit der Rum obenauf stehen bleibt. Will man die Beeren verspeisen, so nimmt man mit einem Hölzchen die Kruste, die unter dem Rum steht, weg und versüßt die Beeren, nachdem man sie in eine Schüssel geschüttet, mit Zucker und Zimt nach Geschmack. $1^1/_2$ Liter gesottene Heidelbeeren geben eine Weinflasche voll. Es ist zwar etwas mühsam, die Beeren aus den Flaschen zu schütteln, aber auf diese Weise verwahrt, verderben sie nie und halten sich mehrere Jahre.

448. Himbeeren einzumachen.

Man rechnet auf das Pfund Beeren 1 Pfd. Zucker, die Beeren werden gereinigt in eine Terrine gelegt, mit dem ganz feingestoßenen Zucker bestreut und zugedeckt eine Nacht so stehen gelassen. Alsdann bringt man in einem Kasserol sie 3 Tage nacheinander zum Feuer und läßt sie jedesmal nur bis zum Kochen kommen, jedoch nicht bis zum Überwallen, damit die Beeren ihr gutes Aussehen behalten und verwahrt sie dann wie anderes Eingemachtes.

449. Himbeersaft.

Um diesen Saft recht hell zu erhalten und daß er nicht geleeartig wird, quetscht man die Himbeeren und zerreibt sie in einem Reibeasch ganz auseinander; so läßt man sie 3—4 Tage an einem kühlen Ort stehen. Dann preßt man sie durch ein reines, leinenes Tuch und läßt den daraus gewonnenen Saft wieder einige Stunden stehen, damit sich die schleimigen Teile setzen. Man nimmt nun zu $1/_2$ Liter Saft 1 Pfd. feinen Meliszucker, stößt oder reibt diesen fein und rührt ihn mit dem Saft 1 Stunde lang immer nach einer Seite hin; hierauf füllt man ihn in gläserne Flaschen, stöpselt sie leicht, damit etwas Luft eindringen kann und stellt sie 3—4 Tage in die Sonne. Das Unreine im Saft wird sich nun abstoßen und derselbe völlig klar werden. Man füllt nun diesen Saft durch einen Trichter mit Sieb in reine Flaschen, stöpselt sie fest, verpicht sie und hebt sie im Keller oder an einem anderen kühlen Ort auf. Man verwendet diesen Saft zu Saucen an Mehlspeisen.

450. Johannisbeeren, auch Schüttelbeeren genannt.

Dies Rezept zeigt die beste und leichteste Art, die Johannisbeeren einzumachen und ist dieselbe daher jeder andern Art vorzuziehen. Man rechnet hierbei auf das Pfund Beeren 1 Pfd. feinen Meliszucker. Die Johannisbeeren werden gewaschen, auf ein Sieb zum Abtropfen gelegt und durch eine Gabel von den Stielchen abgestreift. Der Zucker wird ganz fein gestoßen und mit den Johannisbeeren untermengt. Ist dies geschehen, so thut man die Beeren in ein passendes Kasserol und bringt dies übers helle Feuer. Während genau $1/_4$ Stunde kocht man die Beeren unter beständigem, sanften Rütteln des Kasserols, ohne sie zu schäumen oder mit dem Löffel

zu rühren, doch darf man nie mehr als 1 Pfd. Beeren in das
Kasserol thun, damit dieselben ganz gleichmäßig durchkochen. Etwas
abgekühlt füllt man die Beeren in die Einmachegläser, legt Wachs=
papier darauf und bindet Blase darüber. Diese Beeren behalten
ganz ihre schöne rote Farbe und ziemlich ihre runde Gestalt und
halten sich 2 Jahre, ohne daß sich der Zucker, wie bei anders ein=
gemachten Johannisbeeren, wieder verdickt.

451. Johannisbeersaft.

Dieser Saft wird wie der Himbeersaft bereitet; man rechnet
auf 1 Pfd. Saft 1 Pfd. Zucker und verfährt in allem wie in
Nr. 446 angegeben ist.

452. Kirschen in Dampf.

Auf 1 Pfd. Kirschen ½ Pfd. Zucker. 1 Liter Kirschen ist
1 knappes Pfd. Man nimmt hierzu schöne, frische Ostheimer
Kirschen (die beste saure Kirsche), legt sie auf ein breites Sieb, über=
gießt sie mit Wasser, damit sich das Unreine abspühlt und läßt sie
abtrocknen. Hierauf zieht man behutsam die Stiele aus und legt
alle schadhaften Früchte beiseite; die guten giebt man in kleine
Einmachegläser (denn angebrochene Gläser halten sich nicht), schüttelt
sie fest und überstreut sie mit etwas von dem oben angegebenen
klaren Zucker. Den größeren Teil des Zuckers kocht man mit einer
Tasse voll Wasser zu einem dünnen Zuckersaft, mit welchem man,
wenn er etwas verkühlt ist, die Früchte übergießt, so daß der Saft
bis zur Hälfte des Glases steht. Dann überbindet man die Gläser
mit alter, reiner Leinwand und darüber doppelt zusammengelegtes,
angefeuchtetes Pergamentpapier. So setzt man die Gläser in ein
tiefes Kasserol mit kaltem Wasser, legt rund um die Gläser Heu,
damit sich keines berührt und stellt es in den heißen Ofen. Hier
müssen die Früchte so lange unzugedeckt kochen, bis der Saft mit
den Früchten gleich steht, ungefähr 15—20 Minuten. Das Wasser
im Kasserol muß reichlich die Hälfte der Gläser bedecken; ist es ein=
gekocht, muß heißes Wasser nachgefüllt werden. Die Gläser müssen
dann im Kasserol völlig erkalten, herausgenommen, trocknet man
sie sauber ab und schüttelt sie die ersten Tage etwas, damit sich die
Früchte senken und der Saft vollkommen darüber tritt. Man hebt

die Gläser an einem kalten, trockenen Ort auf. Ammern macht man auf gleiche Weise ein, doch müssen diese früher verbraucht werden, weil sie sich weniger halten.

453. Saure Kirschen mit Zucker eingemacht.

Man kernt die sauren Kirschen mit einem spitzigen Hölzchen vorsichtig aus, damit nicht zu viel Saft verloren geht und nimmt auf das Pfd. davon $^1/_2$ Pfd. Zucker. Dann nimmt man auf das Pfd. Zucker 1 Obertasse Wasser, läßt den Zucker darin auflösen und siedet und schäumt ihn. Hierauf werden die Kirschen in 2—3 Teilen hineingethan, damit der Zucker durch die ganze Masse kalter Kirschen nicht kalt werde. Man läßt sie nun darin weich kochen, nimmt sie dann mit dem Schaumlöffel heraus und legt sie in einen reinen Napf. Die aufgeschlagenen Kirschkerne werden in ein Leinwandsäckchen gebunden und in dem Saft so lange mitgekocht, bis dieser dicklich ist. Dann werden sie herausgenommen, der heiße Saft über die Kirschen gegossen und wenn sie erkaltet sind, in die Einmachegläser gethan. 2 Liter Kirschen geben nach dem Auskernen etwa $1^3/_4$ Pfd. an Gewicht.

454. Pflaumen in Dampf eingemacht.

Schöne, große, völlig reife Pflaumen werden mit einem reinen Tuch abgewischt und der Stiel zur Hälfte abgeschnitten. In allem übrigen richtet man sich nach den Kirschen in Dampf. Man kann die Pflaumen auch schälen, indem man dieselben auf ein Sieb legt, sie mit reichlich kochendem Wasser brüht und die Schale dann gleich abzieht. Aprikosen und Pfirsiche macht man am besten auf gleiche Weise ein; man nimmt diese Früchte aber in der ersten Reife, nicht überreif, schält sie mit einem feinen Messer, teilt sie in 2 Hälften und läßt selbstverständlich den Kern zurück.

455. Ausgekernte Pflaumen mit Essig.

Man schneidet die Pflaumen auf, löst den Kern sauber heraus, wiegt sie dann, nimmt auf 6 Pfd. Pflaumen $^1/_2$ Liter Essig, 2 Pfd. Zucker, 16 Gr. Zimt und 9 Gr. Nelken. Der Essig wird mit dem Zucker geläutert und geschäumt, dann das Gewürz mit aufgekocht und heiß über die Pflaumen gegossen. Zugedeckt läßt man sie bis zum andern Tage stehen, gießt dann den Saft rein ab, kocht ihn ein paarmal auf, schäumt ihn, läßt die Pflaumen einmal darin aufwallen und füllt sie etwas abgekühlt in die Einmachgläser, welche man hierauf mit Sorgfalt verbindet und verwahrt.

456. Pflaumenmus einzukochen.

Man nimmt völlig reife Pflaumen, die gut von den Kernen gehen, bricht die Kerne aus und thut sie nach und nach in den Kessel. Mit einer Muskelle müssen sie nun fortwährend gerührt und beständig im Kochen erhalten werden und muß das Mus an der Seite des Kessels mit einem Löffel öfters losgemacht werden, damit nicht zu viel verloren geht. Auch muß man fortwährend bis auf den Boden des Kessels rühren, damit das Mus nicht an= brenne; um dies noch sicherer zu vermeiden, ist es gut, wenn man auf den Boden des Kessels einige ganz reingewaschene Kieselsteine von der Größe einer Walnuß legt; diese stoßen dann beim Um= rühren das sich anlegende Pflaumenmus immer los. Wenn das Mus nun 3 Stunden gekocht hat, so nimmt man auf 3 Körbe voll Pflaumen 35 Gr. gestoßene Nelken, dazu ¹/₂ Pfd. getrocknete und in Stückchen geschnittene Citronenschale und 1¹/₂ Schock welsche Nüsse mit der grünen Schale; ein Korb hält ¹/₈ sächsischen Scheffel Pflaumen. Die grüne Schale wird von den Nüssen abgelöst und mit zerkocht. Man kocht das Pflaumenmus 10—12 Stunden; es darf nicht zu dick, aber auch nicht zu dünn sein und es kommt hierbei auf die Pflaumen an, ob sie schneller oder langsamer ein= kochen; das Feuer darf nicht zu stark, sondern immer mehr gleich= mäßig sein. Ist das Mus dann fertig gekocht, so nimmt man das Feuer unter dem Kessel weg und füllt das Mus in steinerne Töpfe, worin es sich am besten hält, oder in gewöhnliche, vorher ausge= kochte, irdene Töpfe; während des Einfüllens muß man das Mus im Kessel aber öfter umrühren, weil dieser noch heiß ist und dasselbe also immer noch anbrennen kann. Die gefüllten Töpfe setzt man, nachdem man die obere Fläche recht glatt gestrichen hat, in die warme Röhre und läßt die Oberfläche etwas verharschen; zur besseren Verwahrung kann man die Töpfe auch mit Pech zugießen und dann mit Papier verbinden. Will man das Mus gewürziger haben, so thut man noch 15 Gr. klaren Zimt und Ingwer daran. Sind

13*

die Pflaumen sehr rot und nicht schön blau, so ist es sehr zu em-
pfehlen, wenn man einige Hände Fliederbeeren kocht und wenn die
Beeren zerspringen, durch ein leinenes Tuch den Saft zu den
Pflaumen im Kessel drückt, wodurch man vermeidet, daß das
Pflaumenmus rot wird.

457. Preißelbeeren einzumachen.

Preißelbeeren macht man am besten zu Ende September ein,
weil sie dann ihre volle Reife haben. Man liest alle grünen
Blättchen und faulen Beeren heraus und wäscht sie in reichlich
Wasser, worin etwas Soda aufgelöst ist, rein ab, läßt sie auf dem
Salatsieb rein abtropfen und brüht sie hierauf mit kochendem Wasser,
worin man die Beeren einige Minuten liegen läßt; die Beeren
verlieren durch das Brühen ihren herben Geschmack. Nachdem
dieselben wieder rein abgetropft sind, nimmt man auf 1 Maß oder
6 Liter 1½ Pfd. Zucker, schlägt diesen in Stücke und kocht ihn mit
½ Liter Wasser bei öfterem Schäumen etwas dick ein, thut dann
die Beeren, 9 Gr. Zimt und einige Gewürznelken dazu und kocht
sie bei wiederholtem Abschäumen einmal auf. Dann nimmt man
sie vom Feuer und rührt sie während ½ Stunde mit der hölzernen
Rührkeule unter Hinzufügung ½ Pfd. klaren Zuckers langsam um.
Über Nacht läßt man sie stehen, doch nur in einem irdenen Gefäß
und rührt sie vor dem Einfüllen in die Einmachetöpfe noch einmal
eine kurze Zeit um. Man legt obenauf ein mit Rum befeuchtetes
Papier, bindet dann die Töpfe gut zu und verwahrt sie an einem
kühlen, luftigen Ort.

458. Bohnen zu trocknen.

Gute, frische, junge Bohnen werden abgezogen, fein schiefrig
geschnitten und nach und nach in kochendes, leicht gesalzenes Wasser
gegeben. Man kocht sie, bis sie fast weich sind, läßt sie rein ablaufen und schüttet sie auf ein reines, trockenes Tuch, daß sie gut
abtrocknen. Dann legt man sie auf starkem Papier in die nur
warme Kochröhre und trocknet sie unter öfterem Wenden fertig.
Beim Gebrauch wässert man den Bedarf in weichem Wasser, gießt
es nach ungefähr 5 Stunden ab und läßt die Bohnen in guter
Fleischbrühe mit Bohnenkraut und etwas in frischer Butter gelblich

geröstetem Mehl und 1 Kaffeelöffel gehackter Petersilie weich
dämpfen. (Siehe Nr. 202.)

459. Rote Rüben in Essig eingelegt.

Man kocht rote Rüben, nachdem sie gewaschen sind, in Salz=
wasser weich, putzt sie schön ab und schneidet sie so, daß ein Ende
so dick wie das andere ist.   Nun streut man in einen Topf eine
Obertasse geschnittenen Meerrettich, giebt 1 Löffel Karve (Kümmel)
dazu, legt die roten Rüben darauf, übergießt sie mit 1 Liter
kochendem Essig und $^1/_4$ Liter von der Brühe, in welcher die Rüben
kochten, oder nach Verhältnis der Rüben mehr oder weniger Brühe
und Essig.   Die Rüben bleiben, auf diese Weise eingelegt, röter,
als wenn man sie beim Einlegen in Scheiben schneidet.   Man
schneidet sie erst beim Gebrauch.

460. Champignons in Essig.

Man putzt die kleinen, noch geschlossenen Champignons, läßt
aber die Stiele daran, damit der Pilz fest zusammen bleibt, dann
wäscht man sie, um ihnen ihre ganze Weiße zu erhalten, in Wasser,
worein der Saft einer halben Citrone gedrückt ist, läßt sie aber
nicht im Wasser liegen, sondern läßt sie schnell auf dem Durchschlag
abtropfen.   Dann kocht man sie in leicht gesalzenem und mit etwas
Essig oder Citronensaft gesäuerten Wasser, letzteres dient auch dazu,
um die Champignons weiß zu erhalten.   Wenn sie zugedeckt eine
Viertelstunde bei gelindem Feuer gekocht haben, gießt man sie auf
einen Durchschlag und legt sie dann auf reine, leinene Tücher,
damit sie völlig abtrocknen; während dieser Zeit kocht man guten
Weinessig mit Estragon, Basilikum, Pfefferkörnern, Nelken, Mus=
katblüte und etwas Salz.   Die abgetrockneten Champignons legt
man hierauf in die Einmachegläser und gießt den abgekühlten Essig
durch das Brühsieb über die Champignons.   Nach einigen Tagen
gießt man den Essig wieder ab, kocht ihn mit den aufgehobenen
Kräutern und Gewürz wieder auf, giebt, wenn es nötig ist, noch
mehr Essig dazu und füllt ihn nachher heiß, aber mit Weglassung
des Gewürzes, über die Champignons, so daß er darüber wegsteht.
Völlig erkaltet, werden die Gläser mit Talg zugegossen, mit Papier

zugebunden und an einem kalten Ort verwahrt.   Man nehme nur
kleine Portionsbüchsen.

461. Pfeffergurken einzumachen.

Man nimmt hierzu kräftige, frische, grüne Gürkchen, einen
Finger lang und stark, wässert sie eine Nacht, wäscht sie recht rein
und läßt sie im Salatsieb ganz rein ablaufen.   Unterdessen schneidet
man Dill, Pfefferkraut, Estragon, etwas Thymian und Lorbeerblätter und legt damit die Gurken schichtenweise in Fäßchen oder
steinerne Töpfe und streut dazwischen immer grobgestoßenen Pfeffer
und einige Nelken.   Hierauf gießt man kochenden, guten Weinessig
darüber, in welchem man soviel Salz mitgekocht hat, daß es wie eine
scharfe Fleischbrühe schmeckt, läßt es einen Tag stehen, gießt dann
den Essig wieder ab, kocht ihn auf und füllt ihn wieder kochend auf die
Gurken, dann läßt man sie völlig erkalten, spündet die Fässer zu,
gießt, wenn es Töpfe sind, solche mit Schöpstalg zu, verbindet sie
mit Papier und hebt sie im Keller auf.   Auf 7 Liter Gurken nimmt
man 35 Gr. grobgestoßenen Pfeffer, 8—12 Stück Nelken, $\frac{1}{4}$ Liter
Salz und 5 Liter Weinessig.   Bekommt der Essig nach einiger Zeit
ein weißes Häutchen, so nimmt man dies ab, kocht den Essig mit
etwas neuem Essig und Salz auf und gießt es dann kalt wieder
über die Gurken.

462. Senfgurken.

Hierzu nimmt man große, lange, ausgewachsene Gurken,
schält sie, schneidet sie in 2 Hälften der Länge nach und nimmt mit
einem silbernen Speiselöffel das Mark und die Kerne rein heraus.
(Das Mark muß so rein als möglich ausgeschabt werden, weil es
sonst später den Essig trübe machen würde.)   Dann salzt man sie
stark ein und läßt sie über Nacht stehen.   Am andern Morgen
trocknet man sie rein ab und schichtet sie in die Einmachebüchsen
und streut dazwischen Senfkörner, kleingeschnittenen Estragon,
Thymian, Basilikum, Lorbeerblätter, Schalotten, in Würfel geschnittenen Meerrettich, weißen, ganzen Pfeffer, einige Neuwürzkörner und Nelken.   Dann kocht man guten Weinessig mit Salz,
gießt diesen verkühlt darüber und wiederholt das Aufkochen des
Essigs 3 Tage nach einander.   Auf 1 Liter Essig nimmt man

1 Speiselöffel Salz. Man verwahrt die Gurken mit Schweinsblase; nach 14 Tagen sind sie gut.

463. Salz- oder saure Gurken.

Schöne, grüne Gurken von mittlerer Größe, mehr lang als
dick, werden rein abgewaschen und mit Dill, sauren Kirschblättern
und grobgestoßenem Pfeffer in die dazu bestimmten Fässer schichtenweise eingelegt. In ein Eimerfaß gehen 4 bis 4$^1/_2$ Schock Gurken.
Die Fässer werden hierauf vom Böttcher zugeschlagen und man
gießt oben durch das Spundloch die dazu bereitete Brühe über die
Gurken. In 10 Liter kochendes Wasser giebt man $^1/_2$ Liter Salz
und 1$^1/_2$ Liter Essig, rührt es gehörig untereinander und füllt damit
die Fässer voll, doch kann man, wer die Gurken nicht gerne sauer
ißt, die Quantität des Essigs verkleinern oder ganz weglassen.
Ohne die Fässer zuzuspünden, läßt man sie 6 bis 8 Tage an einem
kühlen, trockenen Ort stehen, bis sie nicht mehr gären und aufstoßen,
dann spündet man sie zu, wäscht sie von außen rein ab und stellt
sie in den Keller. Nach Verlauf von 3 Wochen untersucht man
die Fässer, ob sie noch richtig voll sind, und sollte dies nicht der
Fall sein, so füllt man abgekochtes Salzwasser nach; während des
Winters wendet man von Zeit zu Zeit die Fässer. Es versteht sich
von selbst, daß vor dem Einlegen der Gurken jedes Jahr die Fässer
rein ausgescheuert werden müssen; man stellt dieselben dann einige
Stunden mit kochendem Wasser hin, gießt dies ab und füllt sie dann
mit kaltem Wasser, läßt auch dies ein paar Stunden darin und
benimmt auf diese Weise den Fässern jeden dumpfen Geruch.

464. Perlzwiebeln einzumachen.

Diese kleinen Zwiebeln werden 24 Stunden in Wasser geweicht,
damit man sie wie Mandeln abziehen kann. Wenn dies geschehen
ist, löst man Salz in Wasser auf, daß es stark genug ist, um ein
Ei zu tragen, und läßt die Zwiebeln zweimal 24 Stunden in dieser
Lauge liegen, dann läßt man sie wieder ganz rein davon ablaufen.
Man kocht nun guten Weinessig mit Kräutern und Gewürz, wie
bei den Steinpilzen Nr. 465, mehreremal auf, gießt dann denselben
durch das Brühsieb über die Zwiebeln, läßt sie darin weich kochen

und hebt sie in kleinen Büchsen oder Gläsern auf. Man gießt Talg oder feines Provenceröl darüber und verbindet sie mit Papier. Diese Zwiebeln werden zu feinem Ragout oder Russischem Salat verbraucht.

465. Steinpilze.

Hierzu nehme man kleine Pilze, welche noch fest und geschlossen sind, schneide die Stiele etwas ab, putze sie, wasche sie gut ab und koche sie in Wasser, welches mit etwas Salz und Essig vermischt ist, einigemal über, kühle sie dann in kaltem Wasser ab und lasse sie auf einem Siebe abtropfen. Dann kocht man Weinessig mit Pfeffer, Lorbeerblättern, Estragon, Schalotten, Muskatblumen und etwas Salz einige Minuten; wenn der Essig dann verkühlt ist, legt man die abgetropften Steinpilze in die Einmachebüchsen und gießt den Essig darüber. Nach einigen Tagen gießt man denselben wieder ab, läßt ihn aufkochen und giebt ihn wieder abgekühlt über die Pilze, dann gießt man die Büchsen mit Schöps- oder Rindstalg zu und verbindet sie mit starkem Papier.

466. Mixed pickles.

Man nimmt junge Gemüse, z. B. Blumenkohl, den man in kleine Röschen zerteilt, kleine Gurken, ganz junge Karotten, Bohnen, Perlzwiebeln, Schalotten, Radieschen, Spargelstückchen und einige Paprikaschoten, putzt und wäscht sie sauber und kocht sie, ausgenommen Gurken und Radieschen, in stark gesalzenem Wasser halbweich, legt sie dann auf ein Sieb und läßt sie ganz trocken abtropfen. Dann schichtet man alles untereinander in Gläser, kocht genügend Essig mit etwas Dill, Estragon, Thymian und reichlich Pfefferkörnern und gießt den Essig so heiß als möglich darüber. Die Gläser verbindet man dann mit Schweinsblase. Der Essig muß über die Gemüse weggehen. Nach 3 bis 4 Wochen sind die Mixed pickles gar. Man giebt sie zu Rindsbraten, Beefsteaks, Kalbsteaks, Hammelbraten und gekochtem Fleisch.

467. Grüne Schoten mit Zucker aufzubewahren.

Junge Gartenschoten werden aus den Schalen gestrichen und die Kerne mit klarem Zucker bei gelindem Feuer und fleißigem Umrühren ziemlich weich gedünstet; auf 1 Liter Schotenkerne rechnet man einen Speiselöffel voll Zucker. Dann schüttet man sie auf einen Durchschlag und läßt sie rein ablaufen; ist dies geschehen, so bringt man sie auf mit Papier belegte Horden und läßt sie in einer sehr verkühlten Röhre trocknen, nicht in der Sonne. Hierauf füllt man sie in Weinflaschen, stöpselt sie gut, verpicht sie und hebt sie in einem trockenen Keller auf. Will man sie im Winter kochen, so werden sie den Abend vorher eingewässert, am andern Morgen in demselben Wasser zugesetzt und wenn das Wasser kocht, wird es abgegossen und die Schoten dann wie frische behandelt.

XXIV. Verzeichnis der Fremdwörter und der bei der Kochkunst vorkommenden Kunstausdrücke, sowie gleichbedeutender Namen.

Abziehen (oder legieren). Man zieht eine Speise ab, indem man Eidotter mit kaltem Wasser, mit etwas Mehl, oder auch ohne letzteres, recht untereinander quirlt und es dann unter die heiße Suppe oder Sauce rührt.

Aspik, eine Gallertspeise, kalte Fleisch- oder Fischspeise mit gallertartigem Überzug.

Assiette, ein größerer Teller zu Salat, Kompott 2c.

Barbieren, einen Fisch, heißt denselben nicht nur schuppen, daß die Schuppen einzeln heruntergehen, sondern mit einem scharfen Messer die Schuppen mitsamt der Haut abschneiden.

Beefsteaks (spr. Bihfftehks), Rindfleischschnitte, namentlich von der Lende, die zu dem so benannten Gericht gebraucht werden.

Blanchieren (spr. blangschieren), so viel als weiß machen, siehe Rezept Nr. 2.

Boeuf à la mode (spr. böff a la mob), gedämpftes oder geschmortes Rindfleisch.

Bouillon (spr. bulljong), Fleischbrühe.

Braunkohl, wird auch Grünkohl genannt.

Bullenkalb, das männliche Kalb.

Chaudeau (spr. Schoboh), (eigentlich warmes Wasser), Glühwein, warme Weinsauce.

Cinq minutes (spr. Säng minüt's), ein Fleischgericht von Kalb-, Schweine- und Rindfleisch (deutsch heißt es eigentlich „fünf Minuten", von der Zeit, in der es bereitet werden soll).

Creme (spr. krähm), ein Schaumgericht, z. B. von Eiern, Milch, Mandeln 2c.

Dessert (spr. deffähr), Nachtisch, Schlußmahl, besteht aus Konfekt, Torten, Eis, feinem Obst, Butter und Käse.

Dressieren, einer Sache zu einem bestimmten Gebrauch eine gewisse Gestalt geben oder sie zurichten. Man dressiert ein altes
Huhn, junge Hühner, Kapaunen 2c., indem man den Brustknochen flach drückt, die Keulen zurückschiebt und übers Kreuz
mit einem Holzstift befestigt, die Flügel auf den Rücken zurück-
biegt und Kopf, Magen und Leber darunter steckt.

Farce (spr. farße), die Fülle für gewisse Speisen, die man aus
kleingehacktem Fleisch, Semmel, Gewürz 2c. zusammensetzt.

Farcieren, die bestimmte Speise mit dieser Zusammensetzung
füllen.

Frikandon, eigentlich Fricandeau (spr. frikangdoh), ein gespicktes
und gedämpftes Stück Kalbfleisch.

Frikassee (spr. frikasseh), Schnittfleisch, klein geschnittenes Fleisch
mit einer Brühe.

Friture (spr. fritür), in einer Pfanne gebräunte Butter, Schmelzbutter, siehe Rezept Nr. 3.

Garnieren, einfassen, belegen, verzieren (ein Gemüse 2c.) mit
etwas, z. B. Spinat mit halbdurchschnittenen Eiern.

Gelee (spr. Scheleh), Gallerte, Gefrorenes, ein dicker Saft.

Gewürz, darunter versteht man Pfeffer, Nelken, Ingwer und
englisches Gewürz.

Glace (spr. glaß), ein Guß von Gallerte oder dick eingekochtem
Zucker, auch Gefrorenes.

Glacieren, das Überziehen des Fleisches, der Fische, der Torten
mit der eben erwähnten Gallerte oder dem Zuckerguß; es geschieht vermittelst eines feinen Pinsels. Kalte Mehlspeisen
glaciert man, indem man sie ganz gleichmäßig mit feingeriebenem Zucker bestreut und diesen dann durch einen darüber
gehaltenen glühenden Stahl schmilzt und in eine glänzende
Kruste verwandelt.

Grillieren, auf dem Rost braten. Es geschieht über einem
Kohlenfeuer und giebt dem Braten eine schöne, saftige, braune
Farbe.

Grünkohl, dasselbe wie Braunkohl.

Hachee (spr. hascheh), das Gehackte.

Herzkohl, wird auch Welschkohl oder Wirsingkohl genannt.

Jus (spr. schüh), Brühe, namentlich Fleischbrühe.

Kardamom, ein Gewürz aus Ostindien, ähnlich dem Ingwer.

Karviol ist Blumenkohl; in Süddeutschland ist die erste Bezeich‍nung gebräuchlich.

Kompott, eingemachtes und gedämpftes Obst.

Konsommee (spr. Kongsommeh), **Kraftbrühe.**

Kotelettes, Rippenstückchen.

Legieren, soviel wie Abziehen (siehe dieses).

Maccaroni, gerollte Nudeln, namentlich wie sie in Italien gern gegessen und dort am besten fabriziert werden.

Maraschino, ein feiner italienischer Likör von ‍ den zerstoßenen Kernen saurer Kirschen.

Marinade, eine saure Brühe, die man namentlich zur Aufbe‍wahrung von Fischen anwendet; siehe marinierte Heringe Nr. 184.

Mutschenkalb, das weibliche Kalb.

Omelette, Eier- oder Pfannenkuchen.

Panieren heißt einen Braten, eine Fleischspeise entweder nur mit Semmel oder Brot bestreuen oder sie auch erst mit geschlagenem Ei oder zerlassener Butter bestreichen und dann mit Mehl oder geriebener Semmel bestreuen. — Man paniert auch eine Backform, indem man sie mit Butter ausstreicht, dann mit geriebener Semmel bestreut und nun erst die Mehlspeisen- oder Tortenmasse hineinfüllt.

Plumpudding, ein Pudding, eigentlich mit Pflaumen (von plum, die Pflaume auf Englisch) oder Rosinen.

Porree, spanischer Lauch, ein zwiebelartiges Küchengewächs.

Ragout (spr. raguh), ein Fleischgericht, Mischgericht, eigentlich eine Sache, der man wieder Geschmack gegeben hat.

Roastbeef (spr. rohstbihf), Rostbraten, geröstetes und halbdurch‍gebratenes Rindfleisch.

Rokambole, eigentlich Rockenbolle oder Roggenzwiebel (nur fran‍zösiert), auch Schlangenknoblauch oder spanische Schalotte genannt.

Roulade (spr. rulade), das Gerollte, Rollfleisch (von Kalb, Rind).

Sauce (spr. Sohße), Brühe.

Sauciere (spr. Sohßiäre), Geschirr, um die Brühen auf den Tisch zu bringen.

Schalotte (eigentlich échalotte), eine Lauchzwiebel, französische Zwiebel.

Servieren (spr. ſerwieren), anrichten.

Soja, der Name kommt eigentlich von einer Bohne aus Japan
her, aus welcher die Japaneſen eine Kraftbrühe bereiten. Man
braucht den Ausdruck aber auch von Saucen, die man aus
Pilzen, namentlich aus Champignons, bereitet.

Welſchkohl oder Wirſingkohl, dasſelbe wie Herzkohl.

Wurzelwerk, darunter verſteht man Sellerie, Kohlrabi, Möhren,
Peterſilienwurzeln und Zwiebeln.

Alphabetisches Register.

Die Nummern bedeuten die Zahlen der Seiten, auf denen die
angeführten Speisen zu finden sind.

14

14*

Druck von H. Aderhold, Weida.